朱湘年谱

编著 余世磊

时代出版传媒股份有限公司
安徽教育出版社

图书在版编目（CIP）数据

朱湘年谱/余世磊编著.—合肥:安徽教育出版社,2019.12
ISBN 978-7-5336-9057-1

Ⅰ.①朱… Ⅱ.①余… Ⅲ.①朱湘(1904—1933)—年谱 Ⅳ.①K825.6

中国版本图书馆 CIP 数据核字（2019）第 289609 号

朱湘年谱
ZHUXIANG NIANPU

出　版　人：费世平
策划编辑：何　客
责任编辑：金　雯
装帧设计：袁　泉
责任印制：陈善军

出版发行　时代出版传媒股份有限公司　安徽教育出版社
地　　　址　合肥市经开区繁华大道西路 398 号　邮编：230601
网　　　址　http://www.ahep.com.cn
营销电话　(0551)63683012,63683013
排　　版　安徽时代华印出版服务有限责任公司
印　　刷　安徽联众印刷有限公司

开　　本　650 毫米×960 毫米　1/16
印　　张　22.75
字　　数　300 千字
版　　次　2019 年 12 月第 1 版　2019 年 12 月第 1 次印刷
定　　价　48.00 元

（如发现印装质量问题,影响阅读,请与本社营销部联系调换）

1927年,朱湘摄于北京

朱湘祖居——安徽省太湖县弥陀镇百草林

编修于1917年的《朱氏宗谱》

《太湖县志》中对朱湘之父朱延熙的记载

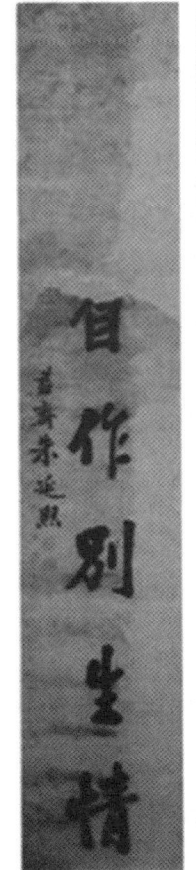

朱延熙手书对联

编修于1917年的《朱氏宗谱》中对于朱湘的记载

清华留美学校甲子级同学合影

清华文学社合影，后排右一似为朱湘

清华学校《清华周刊》,经常发表朱湘的作品

1923年清华学校世界语学会合影,右二为朱湘

清华学校大礼堂

1923年,朱湘在清华学校

1927年,朱湘与霓君在北京

朱湘在劳伦斯大学时与柳无忌租住的房子

朱湘留美期间留影

霓君在长沙

朱湘与霓君回长沙合影,穿军服者为霓君之侄

安徽省安庆市安徽大学旧址敬敷书院

朱湘与霓君在安庆

朱湘在安徽大学

朱湘一家在安庆

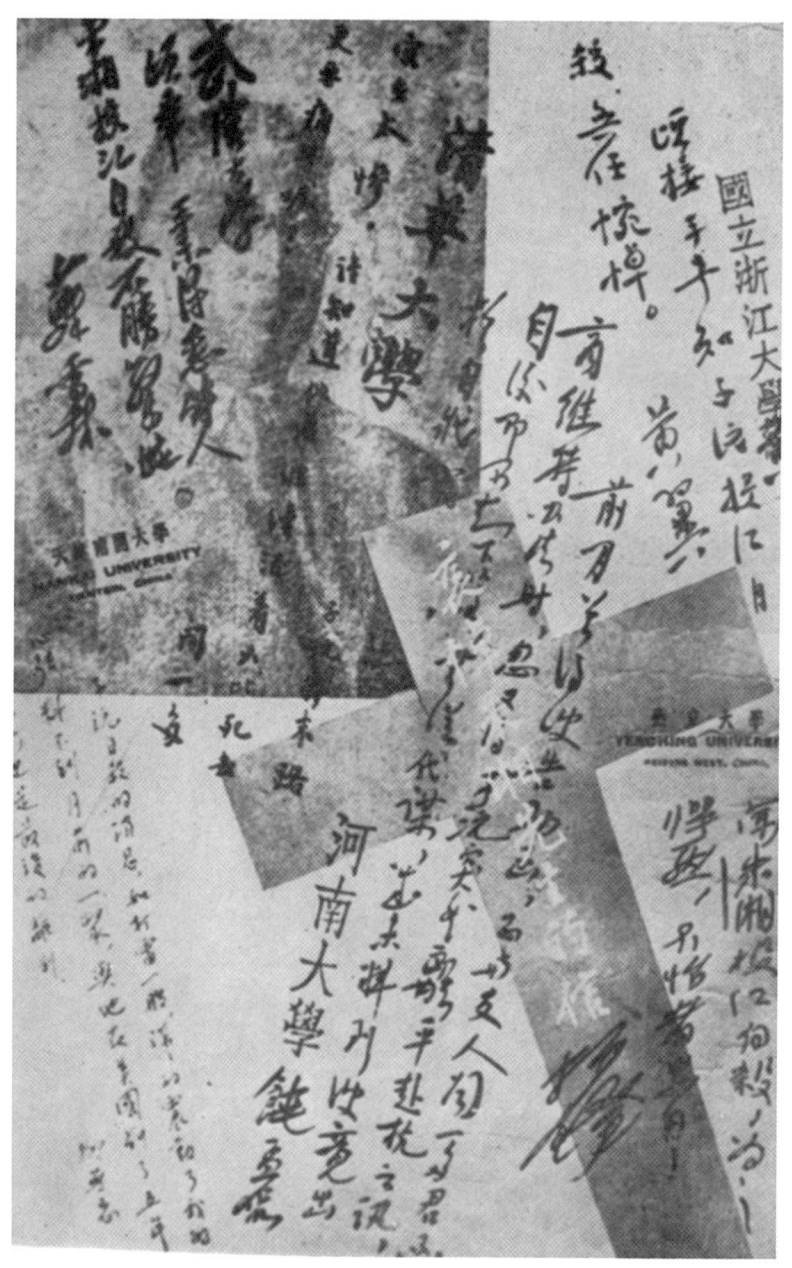

1934年2月出版的《青年界》"朱湘纪念专号"卷首

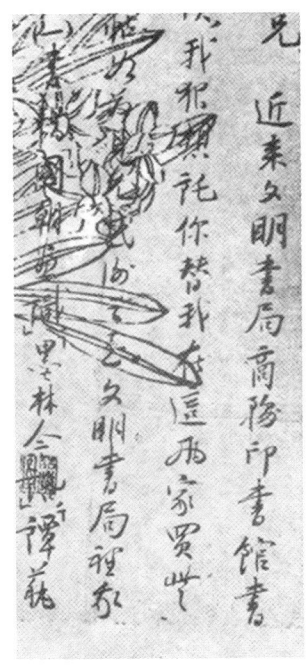
朱湘致霓君书信手迹

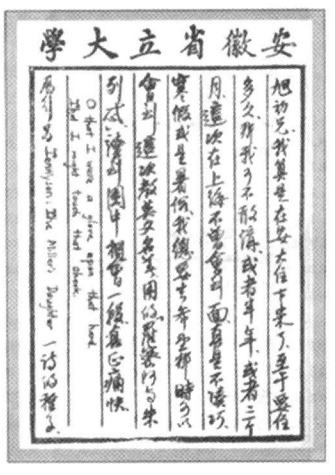
朱湘致赵景深书信手迹

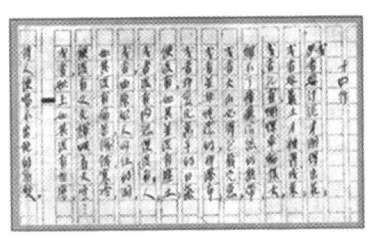
朱湘《十四行诗》手稿

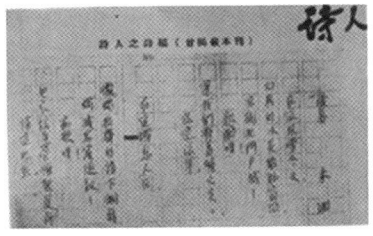
朱湘生前发表的最后一首诗《岁暮》手稿

景深兄：

接到文学周报第五零第二十三号和第二十四号给我两个饱览你译的意大利童话。盖留检文革我倒意看过去完全是中文的语气毫无生硬的欧化词语比他影更搀一竿赶将来荣鼋甫短篇小说全集脱稿之候我相信一定能在文坛上放一异采创造一种新的白话让他能通用于我们所感的新环境中通种白话比水浒红楼梦儒林外史的那植更丰富柔刻但同时还不失去中文的语气便奥古文中的左俄英文中的务繁你道篇译文所取的涂径我看来是康庄大道作神化之时俾奥右文中的左俄英文中的务繁你能够一样没有元度译的小村子简直可以说是一篇「散文诗」「散文诗」在中国很时髦似的是老实说一句作者蹀多简直没有一个是懂得作他的节奏须地辞藻这是「散文诗」的原素富中节奏最重要因写有殿地有辞藻不过是散文我须要加上节奏「散文诗」这名词方有存在的根据元度的译文好处他使在牺牲和谐我近来不忤作多少事只是对着窗子看外边绿草如今却是无闻无见了芝域烟湖所以如此江般小巧柔弱的身躯在何来苍叶的树枝上跳躺四月的春莺早晨总到抱红乌啊映啊不歇若见恨怖们侯麻雀南现在想必已哑飞鬈了。

弟子沉 四月七日，于芝加哥

— 346 —

评『寂寞的国』

朱湘

静之兄我对于你的第二诗集寂寞之国有许多话想说好像劳跟者在春天—把忍不住要扬—两句嘴—

这本诗分两辑我意思以为好韩寂寞之国那一片绿荫底下已经有醒有睡多如叔父说的故事不能徒听者在春天的微温和的海洋底下各篇在当年诗境上都是有特采的作品前辑的诗诚然有我把我的心灵见到了像夏天太阳—样隐了当阴诚然四生这熟红的打声—样栄他们也相信者诗境在这美隆上都是有特采的作品前辑的诗诚然有诗所含有的微妙色案们在正形各色的秋叶实在无庸中长—到影帆便渐有各形各色的见舆—叠手是代表作品

让我从技术方面来评这个诗集技术之於美人，雕瑟之於璞玉，这辑诗中向雷荼灸的见舆—叠手是代表作品—方面柜是清湘的因帼搁方面又是精极的因帼综合作在总说—辑中任其自

— 691 —

朱湘发表在刊物上的作品

部分朱湘作品展示

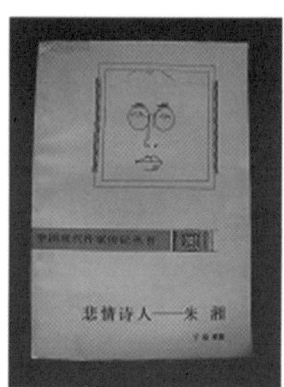
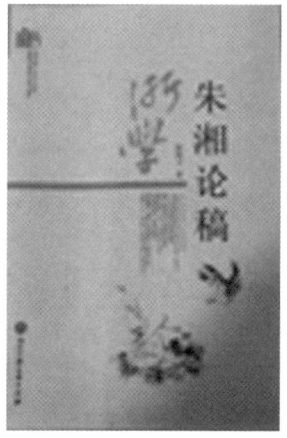

部分朱湘研究著述展示

 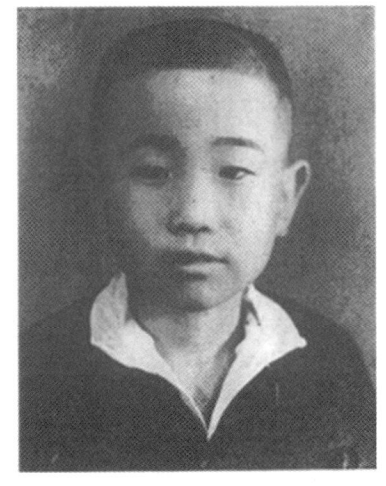

霓君与小东、小沅在长沙　　　　朱湘长子小沅

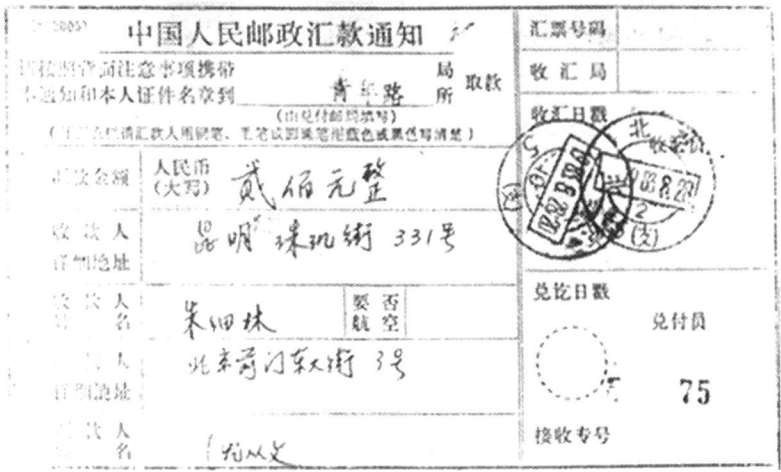

沈从文寄给朱湘孙子朱细林的汇款单

詩人朱湘之死

朱海士（小沅）口述
朱細林筆錄

一、關於我的家世

我比著名現代詩人朱湘的遺孤朱小沅。

我的妹妹朱小東，和我，忍受著同樣的苦命。

寄居於我們的母親，終於帶著曾經過體弱多病、孤苦零丁地長眠於昆明西郊的一坯荒土上。

風雨咽著她半個世紀的哭聲。她看著我們，在受著痛苦的煎熬，仍日子⋯⋯

一九七四年四月十四日，那是一個令人心酸的日子。

一九三三年十二月五日，我的父親因為無法忍受的痛苦，投入了長江，和江水一同逝去，留下了我們家人知道的地方⋯⋯

樓沉重的悲哀。

如今的我，掙扎在死亡的邊緣，頻頻地向我招手，死神頑梗地有什麼藝－

「來吧，小沅，這裏沒有生的痛苦，只有死的快樂！」

「真的嗎？那麼，我來了，投入你的懷抱，我便可看見我的父親、母親，還有從一九三二年三月十八日經家裏緊的我的兒子佑林，我們多麼的快活⋯⋯

燈－已經半明半暗，快熄滅了最後一線光。

我怕來不及－在燈滅了的時候。

趕快告訴我的兒子細林，用一紙死人用過的筆寫下我去的時候：一九七八年三月二十一日的早晨，我他是我們－－死去了的和留在人間的唯一見證！

唯一的見證！

他也許是唯一可以信賴而又是繼我們希望繼承我、四代人的重托在他身上，多麼沉重呀！

我希望在去的時候，最後看他一眼，還看那尚未出世的小孫子（他在一九七九年四月六日誕生－－朱家的水苗。想到這裏，我是多麼的高興。

我兒子細林還沒有老婆。

我怎麼？真的，十年前，二十年前，更遠的時候，我子還有這個傻呢！

於是，我笑了－－無奈的。

我的父親，一位梳清秀、才華橫溢的年輕詩人，正好似走動搖動著雙手，好像說：「來吧，孩子，你看，他也像你一樣，問的清楚明白。就意知道我為什麼要生下來的那時候，我看見做個個千任性、有關生的詩句，我也不知道怎樣感謝他了，也不知得老高。那時候，我⋯⋯

*

在一個炎熱、滿載著綠樹翠鬱的江南一座城市一個百年來遭受著帝國主義的鐵蹄，一座又一座的礦井緊接的城市－－一九二五年端午節的正午，我出生了。

我出生的地點是上海寶山甲的一個亭子間。離我家不遠，還住著一個當時中國文壇的郁達夫先生。聽大人說，我在母親懷裏时候，家裏很不遠，也都住過這樣名的雜誌杜皮膚，有件事我不知道，在我慢慢的歡笑、在父親、母親的笑聲中，還有些稚氣的粉紅，隨著我在她的臂懷裏輕輕、逡巡旋轉這陌生的世界、我件東西都不知道。

這陌生的驚聲，在父親、母親眼中的一種親切的驚喜。

我家不遠，還有一些朋友的生活，在父親不留意中，我悄悄走過去。

「怎麼？真的，十年前、二十年前、更遠的時候，我也是生在家中。」

我的父親，一位梳清秀、才華橫溢的年輕詩人，可以就要生下來，你看，也可以說清楚明白了。我喜歡坐下來，生不幹什麼－－我真想回去。

於是，我笑了－－無奈的。

我的父親，一位梳清秀、才華橫溢的年輕詩人⋯

唉⋯⋯我怎麼了。我怕我不能夠⋯⋯，絞絡成了一個生的疑竇、一個死的疑竇。我和我父親的任務，那麼，那是多少的疑竇沒流成，我啊，一份的痛苦任務，那麼，票掛在太陽拱於升起的時候，唱出我們沒有唱完的歌聲！

如果，我家不完，或是不教為出的的苦⋯⋯

*

1984年6月16日由朱小沅口述、朱细林整理的《诗人朱湘之死》发表于中国香港《南北极》第169期

罗念生、柳无忌等1931年摄于纽约

闻一多

赵景深

2013年5月,首届朱湘学术研讨会在诗人的家乡——安徽省太湖县召开

首届朱湘学术研讨会与会人员参观朱湘故居

目录

序言 …………………………………………………………… 1

朱湘简介 ……………………………………………………… 4

谱前

家世 …………………………………………………………… 1

年谱

1904 年　1 岁 ………………………………………………… 8
1905 年　2 岁 ………………………………………………… 10
1906 年　3 岁 ………………………………………………… 12
1907 年　4 岁 ………………………………………………… 13
1908 年　5 岁 ………………………………………………… 15
1909 年　6 岁 ………………………………………………… 17
1910 年　7 岁 ………………………………………………… 19
1911 年　8 岁 ………………………………………………… 20
1912 年　9 岁 ………………………………………………… 21
1913 年　10 岁 ……………………………………………… 24
1914 年　11 岁 ……………………………………………… 25
1915 年　12 岁 ……………………………………………… 30
1916 年　13 岁 ……………………………………………… 33
1917 年　14 岁 ……………………………………………… 35

1918 年	15 岁	37
1919 年	16 岁	39
1920 年	17 岁	44
1921 年	18 岁	47
1922 年	19 岁	53
1923 年	20 岁	59
1924 年	21 岁	73
1925 年	22 岁	89
1926 年	23 岁	113
1927 年	24 岁	144
1928 年	25 岁	161
1929 年	26 岁	191
1930 年	27 岁	212
1931 年	28 岁	228
1932 年	29 岁	237
1933 年	30 岁	247

谱后

朱湘身后 …… 265

附录

朱湘著作年表 …… 309
参考文献 …… 335

序言

少年时,曾迷上写诗,因而知道诗人朱湘,且与他是同县人,深感骄傲。

二十世纪九十年代,第一次去拜谒诗人的故乡——弥陀镇百草林,在皖鄂交界的深山,浓重的秋雾里,但见萧竹一丛,瓦屋几间,心中满是神圣与敬仰。

一直到现在,每与人谈及诗人,总会生起感慨:诗人仅活了30岁。30岁的我,人生似乎还是一个非常蒙昧的状态。而诗人,留下大量的文学作品,名垂中国文学史。其才气,其成就,其格调,其经历,堪称一个传奇。

假令诗人不死,平安活到老年,其文学、其学术之造诣,我觉得我是无法想象的。

我的家乡——位于皖西南的太湖县,是一块文化厚土,出高僧,出诗人。石庞、赵文楷、李振钧、朱湘……都是纯粹的诗人,其中朱湘因诗而难容于俗,因情而自伤,英年早逝,令人扼腕。

与诗人同乡,有近水楼台之便。多年来,我一直在关注、搜集关于诗人的资料,发现公开发表的文字中,错误、矛盾之处甚多。为此,我曾写过《朱湘研究的以讹传讹》等文章,做过一些更正。

2006年,我去北京出差,归途在河北沧州遭遇车祸,大难不死,养伤在家。无事,便集中精力搜集、整理诗人的资料,尝试为诗人作年谱、写传记。在那些日子里,我站在时间和空间之外,看在历史中沉浮、挣扎的诗人,陪他伤心,伴他流泪,为他的命运感到不平,为他的人格生出敬意。

诗人有性格上的弱点,但他的精神是高贵的。他对国家和人民,对诗歌与艺术的爱,是何其赤诚!他在生命的最后阶段,其实处于一种非常清醒的状态。苟活于世未尝不可,但为了生命的尊严与诗歌的纯洁,他选择了自尽,用生命写成了一首千古绝唱。

2011年,在太湖县志办主任章顺国兄的支持下,《朱湘年谱》内部出版。2013年,太湖县有关部门组织召开了首届朱湘学术研讨会。我们有很多想法,想为诗人、更主要的也是为繁荣地方文化做一些事情,但受经费限制,这些纪念活动难以继续。

在首届朱湘学术研讨会上,著名现代文学研究专家陈子善老师应邀出席并发表讲话。他对内部出版的《朱湘年谱》予以肯定,并希望建立一个朱湘研究的文献保障体系,尽快推动《朱湘全集》、《朱湘研究文集》等丛书的问世。

时日如飞,一转眼又过去6年。诗人的乡亲没有忘记他,在太湖县委宣传部和文化旅游体育局领导的重视和关怀下,决定将《朱湘年谱》公开出版。我对2011年编印的《朱湘年谱》内部版进行了一次全面修改和补充。

朱湘,这个名字从来不曾被风尘湮没;相反,他一直在被人关注、研究,他的著作每年都有出版,关于他的研究文章常有发表,他的佚文也不断被发现。不时有同道的朋友,与我交流有关他的资料。这些年来,我也有了一些新的发现和研究。这次借《朱湘年谱》内部版修正之机,我补充了近年来最新的发现与研究成果。

这本年谱是自诗人沉江以来,无数诗人的敬仰者和研究者劳动的总和,而我不过一个整理归纳者。我想,这本年谱也许能为今后的研究者和希望了解诗人者提供一些有益的参考。

需要说明的是,本年谱在写法上,不受传统年谱格式的局限,而是尽可能罗列有关朱湘的生平描述文字,并夹杂一些笔者的评述,作平铺式的记述。另增《谱前》《谱后》及相关文字,交待朱湘家世、身后、著述等。旨在为读者提供阅读上的方便与轻松,让读者对朱湘生平有更详实而形象的了解。

感谢太湖县委宣传部和文化旅游体育局领导对本书的支持,感谢顺国兄多年来带着我参与研究朱湘的工作,感谢香港我的本家余冠汉、合肥章玉政、黑龙江谢华等朋友提供的大量资料,感谢所有领导、朋友一直以来对这项工作的支持;感谢安徽教育出版社第一时间接受书稿,编辑朋友对乡贤文献的重视令人感佩;感谢我的家人,多年来他们给予了我太多支持与关心。

本书一定还存在许多不足或错误之处,诚望得到各位方家指正,以便今后予以修改。

余世磊

2019年7月30日

朱湘简介

朱湘(1904—1933),安徽省太湖县人,诗人,评论家,翻译家,伟大的爱国者,中国现代新诗形式运动的先驱者之一。柳无忌誉之为"诗人的诗人"。

朱湘家世显赫,父、伯均为翰林,外祖父为清末名臣张之洞之弟。1904年生于湖南沅陵父亲的任上,3岁丧母,在孤独中长大,形成了狷介、孤傲、敏感的性格,却不乏真诚、热情、温柔。他从小跟随任职于湖南长沙海关的父亲,目睹西方列强在中国的野蛮侵略行为,从而在心中种下爱国的种子,格外痛恨列强对中国的欺凌。6岁接受私塾启蒙教育。

1912年,朱湘随父亲回到故乡安徽太湖县弥陀寺,在故乡读书两年有余。1914年,父亲病故,跟随大哥到南京生活,就读于江苏省立师范附属小学。1917年考入南京工业大学预科班。1918年,他在二嫂薛琪瑛的帮助下,到上海青年会补习英语。1919年考入清华学校。

在清华学校期间,朱湘对诗歌产生浓厚的兴趣,加入包括闻一多、梁实秋等在内的清华文学社。其文学创作崭露头角,在《小说月报》等报刊发表作品。因为沉迷于文学创作,与学校严格的规章产生冲突,1924年朱湘因违纪被学校开除,到南京、上海独自谋生,创作大量的诗歌、评论和译作,扬名文坛。他与刘霓君结为夫妇,开始他们爱恨交加的婚姻之旅。

1925年6月朱湘到北京,与闻一多、徐志摩、刘梦苇等发起一场中国新诗形式运动,对中国新诗的发展作出了卓越贡献。1926年9月,他返回清华学校读书,成为学校文学活动的带头人,作品创作与发表源源不断。

1927年8月朱湘赴美国,与柳无忌等就读于劳伦斯大学。在美期间,因不满外国人对中国人的侮辱,他愤而退出劳伦斯大学和芝加哥大学,后就读于俄亥俄大学。在美期间,对爱妻和挚友的思念,使其写下的大量书信,成为后人喜爱不已的真情篇章。他面对国家的贫弱,曾思考"实科救国"。

在强烈的爱国心和思乡情驱使下,朱湘未完成学业,1929年10月回国,受聘于安徽大学,以满腔的热情投入教学,度过了一段安宁美好的时光。因学校多变故、个人愿望难以满足等原因,朱湘与校方产生矛盾,被解聘失业。此后,他曾往北京、上海、天津、武汉、杭州等多地求职,均以失败告终。在此汗漫游期间,其创作活动一直活跃,用深刻的生命体验写下大量具有创新色彩的新诗作品。

当所有的理想成为泡影,为了保全生命和诗歌的尊严,1933年12月4日清晨,朱湘在上海开往南京的轮船上沉江自尽,年仅30岁,用生命写下一首绝唱,在当时的中国社会引起强烈反响。

在仅仅十余年的创作生涯中,朱湘著有诗集《夏天》、《草莽集》、《石门集》、《永言集》,散文评论集《中书集》、《文学闲谈》,书信《海外寄霓君》、《朱湘书信集》,译作《路曼尼亚民歌一斑》、《英国近代小说集》、《番石榴集》等。其诗歌纯美而富音乐性,其评论泼辣而见解独到,其书信细腻而一往情深,其译作准确而生动形象,一直受到读者的喜爱,至今不时被再版。

谱前：家世

朱湘，安徽省太湖县人。

宋朝一代鸿儒、程朱理学创始人朱熹为朱湘上28代祖。

朱熹后代的一支居江西德安，后又迁至湖北蕲州（今湖北省蕲春县蕲州镇），耕读传家，繁衍不息。蕲州自南宋末成为州治，经济发达，人口众多。朱元璋建立明朝后，为巩固后防，于洪武二年（1369年）设守御千户所于蕲州城。不久，又从安徽凤阳迁入数千户，改守御千户所为蕲州卫，大兴军屯。州城附近长江两岸的百里荒滩，变成了数万亩良田。多年来，随着人口的不断增加，蕲州居民逐渐感到耕田不足，又一连碰上几个灾年，饥民遍野。朱家先祖朱希奎面对一家嗷嗷多口，缺衣少食，便想寻找出路。

明嘉靖年间，蕲州出过一位伟大的医学专家李时珍，写成巨著《本草纲目》。当地居民素有采药之风，明清以来，这里就有"千家万户悬菖艾，出门十里闻药香"的药市景象。朱希奎略懂风水和医学，耕种之余，以替人看风水、采草药补贴家用。由蕲州往东北走，就是大别山区，山高林密，物产丰富，生长着大量的草药。朱希奎经常披蓑戴笠，进大别山去采集草药，十天半月方归。

离蕲州约100里地，有一个小集镇，属安庆府太湖县，名叫弥陀镇，因唐代金、张二禅师建了一座弥陀寺而得名，200多户人家、店铺，聚集在一个山冲里,被一片肥沃的水田包围。朱希奎进山采药,偶尔歇宿于弥陀镇,对周围地理情况非常熟悉。离弥陀镇一里地,有一个山洼,是块宝地,而无人家居住,朱希奎便想到把家迁到这里。山洼中可以开垦出很多田地,是自家在蕲州田地的几倍,离弥陀镇又不远,居家过日子方便。

万历十六年(1588年),又是一个大旱年,颗粒无收,民不聊生,而官府的各种赋税,有增无减。离蕲州不远的安徽宿松县出了个名叫刘汝国的人,聚了500多个农民,揭竿而起,自称"顺天安民王"。蕲州农民刘少溪、余孟新等率领一班饥民,纷纷响应,到处打家劫舍。兵荒马乱,朱家的日子就更难过了。朱希奎下定决心,与兄弟几人举家迁往人少地多的太湖县山区弥陀镇,结草为屋,开荒种田。

太湖县地处安徽省西南,于南朝宋元嘉年间始建县,《南畿志》云:"因其地有大湖,故名。"此地连吴楚,襟带江淮,据大别山而望长江水。三分为平原,原上一马平川,方田如格,鱼壮蟹肥,稻米飘香;七分为山地,山里层峦叠嶂,云遮雾绕,鹿跃獐跑,古木森森。离弥陀镇约30里地的司空山,如一笋拔地而起,直插云天,堪称奇观。秀美的风光,引李白、白居易、黄庭坚等名流来此,流连不去,写下了许多赞美太湖山水的诗篇。此处的佛教文化更是源远流长,二祖慧可曾卓锡县内狮子山、司空山,传道布禅,使禅宗得以发扬光大,衍化成著名的"一花五叶"。临济宗的大师守端、清远曾以县内白云山、龙门山为道场,声名远播海内外。

朱希奎眼力不错,离弥陀镇一里地的这个小山洼,确实是个居家过日子的好地方。虽离弥陀镇很近,但被山隔开,自成一体,闹中取静。山洼呈半圆形,房屋就筑在这半圆里,如坐一把太师椅中,俗称"椅形之地"。屋前空地很大,空地边栽上些香樟、红枫、毛竹之类,不过几年,便是密密、高高的一蓬,从外边看上去,被树木、竹林遮掩,白天不见人家,夜晚难见灯火。空地下是一片略微倾斜的洼地,他将洼地开垦成水田,并挖了一口很大的池塘,池塘边再开凿一眼水井,无论生活还是灌溉,用水都非常方便。周围山上则开辟出旱地,土质肥沃,冬种小麦,夏栽山芋。这里虽处洼地,但周围山并不高,阳光充足,出行方便。

朱家辛勤耕作,每年粮食除自给外,还略有节余,家境也日渐富裕。朱希奎把孙子朱发显送到镇上一家私塾读书,期望孙辈将来能取得功名,光宗耀祖。朱发显受祖父的影响,对四书五经无多大的兴趣,倒喜爱上了医学。朱家就藏有一套李时珍的《本草纲目》,朱发显一接触到这部巨著,迷恋不已。朱希奎结合《本草纲目》,也常给孙子讲授一些汤头歌诀之类。朱发显通过自学,成为一位当地颇有名气的医生。朱发显成家立业后,决定离家行医,一来挣些钱养活一家老小,二来通过游医增长自己的见识和医术。

朱发显到了花甲之年,回到了家中,利用外出游医挣得的一些钱,重新盖了几间很大的瓦房,自名"息游山庄",又在弥陀镇上开了一家很大的药铺。朱发显不但医术高深,而且医德高尚,给穷苦人看病,经常不收钱,颇有名声。附近四里八乡的人,都专门到弥陀镇找朱发显看病,药铺开得十分红火。当时的一位知县奉养其老母于任上,一天,老母突然得了一种怪病,在县城找了许多郎中,都没有治好。知县听说朱发显的名声,抱着试一试的心情,把朱发显请到县衙。朱发通过显望闻问切,了解了知县老母的病情,开了几剂药方,居然药到病除。知县十分感激,专门带了几个衙役,行了百余里山路,将一块写有"百草林"三个金字的匾额送到了朱家。"百草林",取神农尝百草之意,表达对朱发显医术高深的赞美。从此,朱发显的名声大振,人们把"息游山庄"改称"百草林"了。

清嘉庆十二年(1807年),朱湘的祖父朱名盛出生。朱名盛继承了祖业,仍在弥陀镇上行医。嘉庆、道光年间,地处大别山南麓的太湖这个小县之中,可谓喜事不断。嘉庆元年(1796年),与弥陀镇相距不到20里的玉望村,出了一个状元,名叫赵文楷。赵文楷曾作为钦差大臣,出使中山国(今日本冲绳),为新登基的国王尚温行册封礼,紧接着,在道光九年(1829年),太湖县城城西的树林冲又出了一个状元,名叫李振钧。几乎每科,太湖都有登皇榜者,一时可谓人文鹊起,科甲蝉联。这也极大地刺激了朱名盛,他想到,朱家在太湖也算得上一个大户人家,但行医只能算作"中九流",无论如何,也该出个读书人。

朱名盛生了四个儿子,长子朱延蒸,次子朱延薰,三子朱延照,四子朱延熙。朱名盛十分注重对子女的培养,在家中办起了私塾,专门请了名师,教授子女及侄辈。而且,他还十分注重自身品德修养,作晚辈的楷模。他日常行医,急病家之所急,想病家之所想,尽量少花病家的钱,并且乐行布施,对于周围穷苦人家,不但看病不收钱,而且常有接济。家中经常供养讨饭的"叫花子",有些"叫花子"死了,朱名盛请人收尸,专门选了一块山埋葬,这块山至今还在,人称"叫花子山"。行医之余,朱名盛很少外出,潜心在家督促子女读书。有人劝朱名盛:"你要利用自己的医术,多挣些钱,为子女留些家产。"朱名盛听了,仰天大笑:"养儿不如我,留钱做什么?养儿胜过我,留钱做什么?"朱家这种良好的家风,深深地影响了其后代,在当地一直有口皆碑。

朱家延续到朱湘的父亲这一辈,达到鼎盛时期。

道光二十六年(1846年),朱名盛的第二子朱延薰出生。朱延薰,又名忠燕,号舜琴,是朱湘的伯父。出生后,他一直不会说话,家里人还以为他是个哑巴。直到8岁的一天他突然开口说话。他进入私塾读书,老师每授一篇文章,他仿佛以前读过一样,很快就能背出。12岁那年,父亲朱名盛带着他到县城参加县试,得了全县案首。当时的太湖知县蔡锷看了他的考卷,感到非常惊异,不相信出自一个12岁少童之手,勉励他树立远大的志向,不要满足于今天取得的成绩,还赏了他8两银子作为笔墨费。从这以后,朱延薰读书更加用功,凡经史诸子百家无不贯通,不仅以制艺为长,还善写诗词歌赋。弱冠之后,朱延薰游学于省内外,与桐城的吴汝纶、休宁的程桂坡结为兄弟,共同探讨诗学及宋儒理学。光绪元年(1875年)考取举人。

咸丰二年(1852年),朱名盛的第四子朱延熙出生。朱延熙,又名忠烺,号益斋,即朱湘的父亲。朱延熙6岁进私塾,18岁参加乡试,考取举人。此后,他也经历了"屡上春宫不第"的经历,于光绪六年(1880年)大挑巢县教谕。在社会底层的经历,使朱延熙对晚清的政局有了更深刻的认识。

光绪十二年(1886年),朱延薰和朱延熙兄弟双双踏上进京赶考之路。皇榜揭晓,弟弟朱延熙榜上有名,考取进士,选翰林院庶吉士,而哥哥朱延薰却意外地落榜了。朱延薰没有气馁,终于在下一科即光绪十五年(1889年)己丑科张建勋榜考中进士。兄弟双双成为进士,在四乡八里传为佳话,喜报传到弥陀镇,年迈的朱名盛终于实现了自己的愿望,乐得合不拢嘴。

朱延薰考取进士后,选庶常,授职编修。在翰林院期间,前辈李鸿藻、汪鸣銮大人等亲切地称朱延薰为"博雅君子",江西一位姓兰的翰林看了朱延薰的文章,说北宋后再也没有第二个人能写出这样的文字,虽然有些过奖,但也可知其文笔非凡,可惜他的文章没有流传下来。晚清时期,国事危艰,朱延薰针对时政,多次上书,请求改革,但未被采纳。忧国忧民的朱延薰常常夜不能寐,身体日渐变坏。光绪十九年(1893年)冬,朱延薰病情加重了,怀着满腔忧郁,告疾还乡。一路走走停停,大年也是在路上过的,直到第二年正月才抵达太湖县城。此时,朱延薰已经病入膏肓,留在县城休养治病。一日,自知即将大去,令侍者帮忙沐浴更衣,面向北方端坐,溘然而逝,享年仅49岁,诰授奉政大夫。朱延薰之子朱文竹后来也取得功名,供职于内廷军机处。

朱延熙同样被选为庶常,授职编修,曾任乡试磨堪官,国使馆协修、纂修,功臣馆纂修,文渊馆校理等职。朱延熙为人正直,刚正不阿,目睹当时腐败的社会现实,他极其愤慨而忧虑,多次上疏请求治理。因他任职勤勉,钦加五品衔,京察一等记名。

朱延熙在家时,娶同乡余可行的女儿余氏为妻,生育一男二女,男名朱文寅,不到两岁便夭折了,长女嫁湖北蕲州安庐滁相道陈烺之孙、江苏候补知府陈芝芬,次女嫁国学生张普庆之子张福茨。光绪十五年(1889年),余氏不幸在家病故。古云"不孝有三,无后为大",家人就将朱延熙的堂兄朱忠勋的四子朱文焯过继给朱延熙为子,这就是朱湘的大哥。

朱延熙一人在京为官,生活起居诸多不便。湖广总督张之洞之弟、湖北候补知府张之清家有一女张氏,尚待字闺中。这位张氏姑娘生于同治七年(1868年),性格温和,聪明伶俐,受到家庭的熏陶,诗词歌赋无一不会。张之清也无子,只生了几个女儿,对这位女儿尤其宠爱。同僚欲为朱延熙娶之,到张府上一说,张之清也久闻朱延熙的名声,立即答应了这门婚事。张氏嫁到朱家,先后为朱延熙生了三个儿子,取名朱文长、朱文良、朱文祜。因朱文寅早夭,生于光绪十七年(1891年)的朱文长便成为朱湘的二哥。三哥朱文良,生于光绪二十二年(1896年)。四哥朱文祜,生于光绪二十七年(1901年)。张氏还生有二女,长女嫁与江西翰林、署湖南辰永沅兵备道况桂馨次子况寿昌,次女嫁与山东胶州翰林、贵州提学使、三品京堂柯劭忞次子柯昌沂。

张氏去世后,朱延熙又纳室冯氏,生一女,长大成人后成为一名医生。

朱延熙在京任职时,将继子朱文焯带在身边读书。朱文焯后来取得功名,到南京两江总督府任职。有位安徽休宁的同乡举子来京考试未第,生活无着,朱延熙便将他带到府上,办了一个家塾,让他一边教授几个孩子,一边自学,等待下科考试。张氏夫人把家操持得井井有条,对子侄要求极严。几个孩子后来都有文名,据《朱氏家谱》记载:"朱文焯,清花翎同知衔,江苏候补知府;朱文长,清花翎四品衔,候选同知;朱文良,花翎同知衔。"

光绪二十八年(1902年),朱延熙终于结束了近20年的翰林院生活,出任陕西乡试正考官,是年考试,选得许多经术之士。这年底,朱延熙出任湖北武昌盐巡道,掌管督察本地盐商行息、审评盐价、水陆运输、按时上报盐政等事宜。朱延熙同样以出色的工作,受到总督兼伯岳张之洞的赞许,上报朝廷,钦加二品顶戴,赏戴花翎,嘉奖军机处两次存记。

光绪二十九年(1903年)的初秋,朱延熙再次奉调湖南辰州盐巡道。朱湘就生于朱延熙在湖南的任上。(参见《朱氏宗谱》、《太湖县志》以及笔者采访)

家世简表

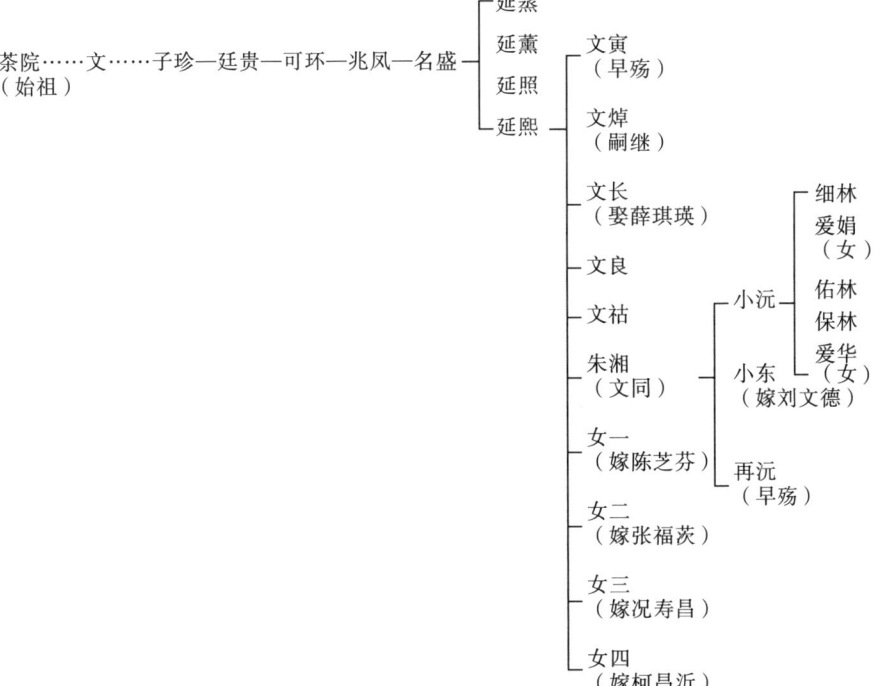

1904 年 1 岁

5月

20日（农历四月初六） 出生于湖南省沅陵县。

按朱氏家族辈分，父亲为朱湘取谱名文同，有期望"天下大同"之意，因生在湖南，名湘。太湖《朱氏宗谱》对朱湘有记载：

文同，忠烺六子，名湘，字秋帆，号楚生。

6月

9日 父亲朱延熙任长沙关监督。

据《湖南省志》第四卷《政务志·外事》（湖南人民出版社1996年版）记载：湖南巡抚赵尔巽正式委任盐法长宝道朱延熙为长沙关监督，总税司赫德任命夏立士为长岳关税务司。朱延熙根据夏立士的意见制订《长沙通商口岸租界章程》和《长沙通商租界设立巡捕总章程》。

中旬 朱延熙发布《开关告示》,宣布:"择于五月十八日(农历,公历为7月1日),定期开关。"

本月 朱湘随父迁往长沙,住长沙府盐道衙门后院。

7月

1日 朱延熙主持开埠庆典仪式,长沙正式开埠设关。

1905年 2岁

3月

24日（农历二月十九） 刘霓君出生于湖南长沙。

刘霓君，初名采云，江西武宁人，其父是前清翰林，与朱湘的父亲朱延熙同朝为官，后又同供职于长沙。两家关系笃好，在儿女未生之前，就为儿女指腹为婚。

刘采云小时候曾被父亲送往学校读书，惹来不少非议。

本年

父亲朱延熙工作繁忙，很少顾及家庭。母亲张氏多病，也难以照顾朱湘，使朱湘很小就落于寂寞的境地。

朱延熙任湖南盐法长宝道兼长沙关监督，上任之初，他仔细考察了长沙城内外的地理情况。美、日欲以北门为租界，在朱延熙看来，北门一带比较荒凉,让给他们倒无关紧要。很快,他与永泷久吉签订了《长沙通商口岸租界章程》及《附属章程》,规定了租界的地界。但是英国人对此极为不满,借口北门一带是"洼下"之地,易受水灾,声称通商租界应在城池之内,率先向湖南巡抚和长沙知府要挟,德、法等国也随声附和,弄得朱延熙焦头烂额。

英国人的要求没有被满足,又向湖南巡抚院提出"重要抗议",并向清政府外交部提出交涉,重申改变通商租界。但以朱延熙为主的许多湖南官员坚持认为:"华洋杂居,彼此龃龉,实无法保护,后患何可胜言?"据此予以力争,不同意改变租界地段。这种交涉持续了两年之久。

除办理海关道和盐法道的工作外,朱延熙还要担任着长沙、宝庆两府的行政监督任务。虽事繁杂,却事无巨细,认真对待。其侄朱文竹在《先叔父荣禄公传》中记述:

>文件衡至,必亲逐阅一通,随即核实施行,虽酷寒不辍,恒至中夜,后始竣,而翼日黎明即起,习以为常。(参见《朱氏宗谱》)

1906 年

3 岁

12月

4日 同盟会策动萍乡、浏阳、醴陵地区会党、矿工和农民武装起义。最终,起义失败。作为湖南省府官员的朱延熙忙于应付。

本年

母亲多病,父亲忙碌,朱湘一直生活于孤单与寂寞中。

1907年 4岁

2月

28日(农历正月十六) 母亲张氏夫人因病去世,年仅39岁。

《朱氏宗谱》对张氏夫人有载:

(朱延熙)继娶直隶南皮县湖北候补知府、赏戴花翎张之清公女,湖广总督、文渊阁大学士、军机大臣、赠太傅、谥文襄、名之洞公胞侄女,生于同治七年戊辰(1868年)十二月初九日亥时,诰封宜人,夫人,晋赠一品夫人。生子四:文长,文良,文祐,文同。生女二:长归江西丙子翰林、署湖南辰永沅兵备道况桂馨次子寿昌,次归山东胶州丙戌翰林、贵州提学使、三品京堂柯劭忞次子昌沂。她卒于光绪三十三年丁未正月十六日,时葬暗沟堡棠梨坪午山子向,有碑。

光绪己丑科(1889年)翰林、湖南巡抚、安徽望江人余诚格应朱延熙之请,为张氏夫人作《墓志铭》,铭曰:

夫人,益斋前辈继配也,性温且敏,通书史,解音律,而尤精于琴操之学,归益公后,时或作之,靡不肃然起敬,叹为观止。内政极有条理,所生子咸自授读,至抚诸侄,亦能体益公意,勤督课诵,可谓巾帼丈夫者也。

张氏夫人去世后,朱延熙又纳室年仅18岁的冯氏。

张氏夫人葬于今太湖县牛镇镇梨坪村,墓于1958年农田水利建设中被毁。

本年

朱延熙将朱湘带在身边,因常在海关与外国人打交道,或许让年幼的朱湘受到外国人的侮辱,在朱湘的心里,终生有着不可抹去的、对外国人的阴影。

1908年 5岁

本年

在孤独中成长。

父亲朱延熙署湖南按察使,总办各局所。由于工作出色,钦加二品顶戴,赏戴花翎,传旨嘉奖,军机处两次存记。

其侄朱文竹在《先叔父荣禄公传》中记述:

凡此务才、训农、通商、惠工诸要政,靡不鞠躬尽瘁,俾各遂其所,而厚其生成,是以所至德政,湘人各界颂之。

生母去世,继母年少,父亲又专注于工作,使朱湘从幼小就缺少温暖和关爱,对其孤独、敏感等性格的形成,产生了很大的影响。

朱湘很小就表现得聪明伶俐,模仿力强。丁瑞根在《悲情诗人——朱湘》中描述:

朱家常有客人来往,深感孤寂的小朱湘,对这些客人的出现很感兴趣。这些来自高墙外的客人,仿佛为他带来了另一个世界,小朱湘从他们身上获取了不少新的信息。他常常暗自观察这些客人,模仿他们相见时的各种礼仪。有一次,朱家宴请宾客,小朱湘知道见客应该穿戴整齐,于是他自己悄悄地穿好马褂,等去到客厅,大热的天,当一个小人儿长袍马褂一本正经地出现在客厅时,客人与家人都禁不住哄堂大笑起来。

近五岁的朱湘就知道见客应该讲究礼仪,可谓聪明早慧。但在五六月穿上棉马褂,就不免呆板拘谨了。此后家人便戏称他为"五傻子"。

1909 年

6 岁

夏天

进入私塾,接受启蒙教育。

私塾设在花园中的一处书房,高墙隔开外面喧嚣的世界,使朱湘陷于更加孤单的境地。

朱湘在《我的童年·读书》一文中记述:

我是六岁启蒙的;家里请的老师,第一部书是读的《龙文鞭影》。只记得这是一部四字一句的韵文史事书籍——关于它,我现在已经不记得其它的内容了。

书房在花园里;花园的那边是客厅,书房前面的院子里,有一个亭子。

老师大概是一个举人。我还记得,他在夏天里,是穿着一件细竹管编成的汗褂。

因为背不出书,他还被老师打过手心。封闭在这高墙大院里,朱湘很少活动,抑郁寡欢,他的身心健康也受了影响。

1910 年

7 岁

4月

11日　长沙发生"抢米事件"。

因为连年自然灾害,长沙米价突破 8000 文大关,发生"抢米事件",饥民捣毁米店 100 余家,火焚抚署、税关、大清银行,并将外国领事住宅、洋行、邮局、教堂等尽行捣毁。18 日,英、美、法、德各国派军舰配合清军镇压,民众被捕数百人,伤亡无数。为平民愤,清政府只得罢免巡抚,出示平粜。由孙中山、黄兴等人领导的同盟会也派出林伯渠等人到长沙,领导反清斗争。整个湖南革命的烽火,大有一点即燃之势。

朱延熙作为一方要员,忙于处理这些事情,身体受到严重摧残,也更加无暇顾及幼子朱湘。

1911年

8 岁

10月22日

长沙革命成功。

是日晨,长沙新军四十九标以吹哨为号,打开军械库,取枪械弹药,分路出发。下午3点,起义军进攻抚署。巡抚余诚格挂白旗示降,随后化装潜逃。当日"中华民国湖南军政府"宣告成立,发布《讨满清檄文》。

革命成功后,朱延熙作为旧官员,是否受到冲击,不详。

1912 年

9 岁

春天

与父亲回老家安徽省太湖县弥陀镇居住,并入私塾读书。

长沙局势日益紧张,朱延熙愈感官场艰难。仅在 1908 年,盐捐就两次上涨,还要为修铁路筹款。老而多病的朱延熙决定告老还乡,带家小返回老家百草林定居。临别长沙,市民难舍,摆香花饯送,站满了巷道,甚至有人哭着不让他离去。

回到百草林,朱延熙请了当地几个匠人,把百草林的房子重新翻新了一下。这是普普通通的一幢上联五、下联五的土木平房。上堂挂有"甲第逢春"的匾额,两边楹联是"风高九万里;道在十三经"。下堂挂有"百草林"的匾额,两边楹联是"背依青山青山常绿;面怀碧水碧水长流"。1943 年,日寇中将家田攻座机从南京到武汉,因机油耗尽,坠毁于离百草林不远的筋竹冲,这引起日寇的疯狂报复,这些房屋全被烧毁。那块"甲第逢春"的匾额曾被人收藏起来,但在"文革"期间,也被当"四旧"砸毁了。

朱湘之子朱小沅在《诗人朱湘之死》(载《南北极》169 期,1984 年 6 月 16 日)记述：

十岁时举家北迁,由水路回到太湖县,我祖父为他延师专教,不久,终止了蒙馆生活。

《太湖县志·人物志》有载:"(朱延熙)外任十载不名一钱……"朱延熙于 1902 年由翰林院外任,又根据方文竹在《先叔父荣禄公传》中记述的"公退隐林泉数年间……",而朱延熙病逝于 1914 年,由此推断,朱延熙带朱湘返乡于是年。朱湘随父亲回到太湖,在太湖生活了两年左右。

关于朱湘在太湖生活的时间,朱湘曾在 1931 年出版的《太湖旅省学生会会刊》序言中自叙:"我在家乡里只住过两年,并且那时我还是一个孩童。"

本年

回乡后,父亲将朱湘送往弥陀镇上的乡塾读书。

朱湘在《我的童年·读书》一文中记述：

八九岁,读完了《四书》,以及《左传》的一小部分。就是在这个时候,学着作文了。

这是在离家有几里远的一个书馆里的事情。有一次,只剩下我一个人在馆里,心里忽然涌起了寂寞、孤单的恐惧,忙着独自沿了路途,向家里走去……这里是土地庙与庙前的一棵大树与树下的茶摊,这里是路旁的一条小河,这里是我家里田亩旁的山坡,终于,在家里前院的场地上,看见了有庄丁在那里打谷,这时候,我的心便放下了,舒畅了。

朱湘这篇文字虽没明确标明所在地,但从文中景物可知,这里应是朱湘老家弥陀镇,而绝非长沙城。

1913年 10岁

本年

继续在弥陀镇乡塾读书。

读《四书》,并开始作文,文笔受到老师赞赏。

1914 年

11 岁

1月

23日(农历腊月二十八) 朱延熙病逝于百草林。

朱延熙为一代廉吏,生平不蓄钱财,没有给朱湘留下什么物质遗产,这也直接影响了朱湘的人生。但其正直、清廉的品格,在朱湘身上得到了继承。

朱文竹在《先叔父荣禄公传》中记述朱延熙之廉:

> 长沙关之设监督,自公始,在他人以为优缺,而公则章程手订,举生息、罚款、平余,一切尽归之国,只提三成,一成以犒委员以下勤能者,二成以恤洞庭遭风之淹溺者,关道岁无所入,而所费较多,则以盐道所入公费济之,至各局所薪费,而概不之取,以此外任十载,宦囊不名一钱,此则湘人谓官是邦二百余年所仅见。(参见《朱氏宗谱》)

关于朱延熙的一生,朱文竹在《朱氏宗谱》曾有诗为赞,兹录如下:

徽国文公学，夫子绍厥后。
为学重躬行，为文得韩柳。
少年掇巍科，槐厅宣力久。
居官清慎勤，笃行忠孝友。
典试古长安，精搜人文数。
所扳多梗枏，共钦玉尺手。
领袖清要班，一麾乃出守。
启戟临星沙，双符道印受。
治体尚清和，外交严可否。
行事总乌台，哀矜意独厚。
学务崇圣教，楚材咸被廂。
眷眷在斯民，用期答我后。
卓异著贤声，善政无出右，
朝庭褒德贤，民嗟曰父母。
十载解绶归，攀援泣童叟。
官囊不名钱，清廉自寡偶。
淡泊明素志，蔬食不盈缶。
所识匮乏者，我有不妨取。
人几忘公贵，亲近直引肘。
人又仰公德，钦崇若山斗。
何以感人深，人亦难自剖。
恭俭与温良，惟公兼而有。
不肖堂弟昆，廿年侍趋走。
公曰昔汝父，教我原不苟。
取法教尔曹，尔曹慎勿负。
手泽宛然新，那堪重回首。

> 欲以述公德,谫陋深沮怩。
> 不以述公德,寸衷复自咎。
> 河海异细流,泰岱自高阜。
> 儒林循史中,千秋垂不朽。

同乡好友、时在安徽省建设厅工作的李幼荪还写了一副挽联:

> 学仰斗山高,尔时天丧斯文,谁衍薪传承鹿洞;
> 思流湘水阔,他日祠崇名宦,应多涕泪堕羊碑。

朱延熙去世后,与元配余氏夫人葬真君保黄茅冲(今属太湖县弥陀镇)。

春天

跟随大哥朱文焯到南京生活。

朱延熙临终,将朱湘托付其大哥朱文焯监护。

朱湘的四哥朱文祜,也由大哥监护。朱文祜,名申,字申之,号春江,生于光绪二十七年(1901年),比朱湘大三岁。

父亲去世后,朱湘的蒙馆生活随之结束,和四哥一起随大哥来到南京。

朱文焯,《朱氏宗谱》有载:

> 文焯,忠烺长子,名炘,字燮和,号子明,前清花翎同知衔,江苏候补知县,江南法律学校优等毕业,历充皖南茶厘局提调,江宁府发审局副审员,淮安关仲庄正委员,江苏造币厂文案,财政厅劝募公债员,奉天烟酒公卖局监察员兼文牍员。生于光绪四年(1878年)四月二十九日。

寄住大哥家的生活,同样缺少关爱和阳光。朱小沅在《诗人朱湘之死》(载《南北极》169期,1984年6月16日)中记述:

长期的寄人篱下,我父亲必须事事唯唯诺诺,忍气吞声。大凡有什么意见想法之类,也只好隐忍不发。所以,从小养成了孤僻性格,落落寡欢,非常古怪。

大哥比朱湘年长26岁,又非同父母所生,朱湘的这种生活以及后来他们之间出现的较深隔阂,也在情理之中了。据说大哥性情非常暴躁,朱湘有一些小事做得不中他意,便会挨他的打。

夏天

考取江苏省立第四师范附属小学。

江苏省立第四师范,由南京著名的教育人士仇埰创办于辛亥革命后,校址设在钟山书院旧址的江南高等学堂(位于今太平南路白下会堂处)。仇埰任校长达15年之久。在职期间,他先为该校设立附属小学以便学生实习,后来又在附小设立职业班,让未能升学的学生掌握一定技能,便于今后的就业。

朱湘在《投考》(收入《中书集》)一文中,以第三人称的手法记述了当时投考该校的情景和心情。在这所城市的新式小学,小朱湘想得最多的还是弥陀老家的乡塾:

是一个长辈带着他来应试。一声"停下!"的时候,他的心里震动了一下,发现了车子停住在一条柳树沿着小溪的路边,面前便是学校的大门。他下了车,这校门,门上的铁楣他要把颈子仰得很高才能望见的,门旁排的校名直匾就他看来是字写得巨大而触目心惊的,颇像是他心目中的一个学校教师,凛凛的。校门内,一条宽敞、平坦的道路直达附属小学校的校门。

他在家里读过书,在乡塾里读过书;至于踏进学校的门,这还是第一次。这是一个与家馆,与乡塾迥不相同的地方。这条路是多么清净,整齐;路左边的柳树是多么碧绿,苗条;路右边的师范屋墙是多么高大,庄严!虽说学校里是要与许多素不相识的同学一起上课,读一些素来不知为何的书籍,他是很想考入这个学校的。他很想每天在这条路上走过,在上学,下学的时候,有很多也是来投考的人,跟着大人,从他的身旁过去。看来,他们是若无其事的;并且,他们是那么络绎不绝的……这个,使得他的那颗已是慌乱的心更加慌乱了。有几个,大概是旧生,引领着兄弟或者亲戚来投考的,一路上谈谈笑笑;他颇是羡慕他们。

他在家馆里所读的书早已忘记了。倒是在乡塾里所读的《四书》,为了预备考这个学校的缘故,他曾经温习过。他,又在大人的督促之下,读了一点《古文观止》。至于作文,在乡塾里开了笔的,这几个月以来,他也作了一些功课;大人都还说是作得不错。他很喜欢看那些加在他的文课旁边的连圈;它们颇为使他觉得自傲。他希望,这次考试里面他所作的文章,学校老师也能够在上面加一些连圈。不过,题目是那么多,知道学校老师是要出那一个呢?要是出一个他所曾经作过的题目,他想,那就容易了。他可以定下神来回想他的原稿;要是时刻来得及,他还可以多加上一些文章进去。只要说得很多,老师一定是喜欢的。最重要的一层是,不要写错了字,写别了字。他在走进附属小学校的校门的时候,心里这么想着。可是,万一出的是一个他所不曾作过的题目呢?

蝉声在柳树上喧噪着。他想起来了,家旁一口塘的岸边,也有蝉声在柳树的密叶里,不过,与这里的似乎不同,这里的似乎带着有抽噎的声音,不像塘岸上的那么热闹,那么自在。

1915年

12岁

1月

16日（农历十二月初二）　二哥朱文长病逝。

朱文长，《朱氏宗谱》有载：

文长，忠烺三子（因二子朱文寅幼殇，故朱湘称朱文长为二哥），名文韶，字阿长，号棣村，前清花翎四品衔，候选同知，江苏东吴大学毕业，诰授中宪大夫，生于光绪十七年辛卯（1891年）八月二十九日午时。聘花翎五品衔翰林院编修赵曾重之四女，在室卒。娶江苏无锡县出使各国大臣、兵部左侍郎薛公福成之孙女，直隶候补道名翼运之四女，生于光绪十七年辛卯（1891年）三月初一日亥时，生女一。

虽然与二哥几乎没什么接触，但寡嫂薛琪瑛却是朱湘成长经历中一个非常重要的人物。

薛琪瑛毕业于苏州景海女学英文高等学科，后出国留学，通晓英语、法语、拉丁语。"五四"新文化运动兴起，薛琪瑛作为一名深受西方文明熏陶而自身又很具才气的女子，和陈独秀等人一起，成为新文化运动的先驱。她翻译的《意中人》连载于《新青年》第1卷第2、3、4、6号和第2卷第2号，历时1年。《意中人》的作者王尔德是十九世纪末英国唯美主义代表作家，其作品有着独特的价值和影响力。薛琪瑛在《译序》中指出："此剧描写英人政治上之生活与特性，风行欧陆。每幕均为二人对谈，表情极真切可味。"薛琪瑛还译有法国著名的童话小说《杨柳风》。（参见赵启红《五四时期女性翻译家研究——以王尔德戏剧女译者薛琪瑛和沈性仁为个案研究》，载《科学时代》2011年3期）

薛琪瑛的父亲薛南溟，曾入李鸿章幕府，父亲去世后弃官经商，在无锡开办茧行，到二十世纪二十年代，已发展成为拥有5家丝厂、1814台缫丝床、14家茧行的丝业巨头，是无锡有名的富商。朱延熙长期供职于翰林院，与薛福成、薛南溟都有交情，可能因此而有这段姻缘。

薛琪瑛带着女儿如意珠，住在南京。她也非常同情身世凄苦的朱湘，经常来看望朱湘，在生活、学习上给予了不少关照。

据小沅《诗人朱湘之死》中说，朱湘与二哥长相、性格极其酷似，也深得二哥喜欢，这也是他倍受二嫂喜爱的原因。

本年

继续在省立第四师范附属小学读书，开始尝试作小说。

朱湘的高小生活丰富多彩，上课完了之后，看了不少书，最喜欢看的是侠义小说和童话，开始尝试文学创作，为其今后的创作活动打下了基础。其在《我的童年·作小说》一文中记述：

那时候,在高小,上课完了以后,除去从事于幼年时代的各种娱乐以外,便是乱看些书。在这些书里,最喜欢的便是侠义小说。记得和一个同班曾经有过一种合作一部《彭公案》式的侠义小说的计划;虽说彼此很兴奋的互相磋商了许多次,到底是因为计划太大了,没有写……在那个时候,我们两个都是不出十四岁的少年。

除了旧小说以外,孙毓修所节编的《童话》也看得上劲。一定就是在这些故事的影响之下,我写成了我的第一篇小说创作。如今隔了十七年左右,那篇,不单是详细的内容,就是连题目,我都记不清楚了。仿佛是说的一只鹦鹉在一个人家里面的所见所闻。

以后,也曾经想作过《桃花源记》式的文章,可是屡次都没有写成。

对于缺少爱护的朱湘来说,读书和写作给了朱湘在别人那里难以得到的慰藉和幻想。

1916年

13岁

本年

继续在省立第四师范附属小学读书,课外活动丰富多彩。

校园活动丰富多彩。朱湘除读课外书外,还与同学私下演戏剧,自己编创,化装,排演。曾经参加学校举行的正式演出,扮演一个老太婆,但演失败了。

课余,朱湘还迷上了收集烟盒中的画片和各色名样的手工纸、邮票等。这些画片、手工纸和邮票,陪伴着朱湘度过了许多孤寂的时光:

那是说的烟卷盒中的画片,我在十岁左右的时候,便开始收集了。我到如今还记得我当时对于那些画片的搜罗是多么热情,正如我当时对于收集各色的手工纸,各国的邮票那样,有的是由家里的烟卷盒中取来的,恨不得大人一天能抽十盒烟才好;还有的是用制钱——当时还用制钱——去,跑去,杂货铺里买来的。儿童时代也自有儿童时代的欢喜与失望:单就搜集画片这一项来说,我还记得当时如其有一天那烟盒中的画片要是与从前的重复了,并不是一张新的,至少有半天,我的情感是要梗滞着,不舒服,徒然的在心中希冀着改变那既成的事实,收集全了一套画片的时候,心里又是多么欢喜!那便是一个成人与他所恋爱的女子结了婚,一个在政界上钻营的人一旦得了肥缺,当时所体验到的鼓舞,也不能在程度上超越过去。

(前略)在十年以前,我自己还拿十岁时候所收集的西洋美女的照相画片之内的一张剪出来,插在钱夹里——也未尝没有《水浒》上一百零八人的画片——《水浒》,它本来是一部文学的价值既高,深入民心的程度又深的书籍,可以算是古代的白话文学中唯一的能以将男性充分的发挥出来的长篇小说。(我当时的失望啊,为了再也搜罗不到玉麒麟卢俊义这张画片的缘故!)——不过在二十年前,也同时有军舰的照相画片,英国的各时代的名舰的画片,海陆军官的照相画片,世界上各地方的出产物的画片……这二十年以来,外国对于我国的态度无可异议的是变了,期待改变成了藐视,理想上的希望改变了实际上的取利;由画片这一小项来看,都可以明显的看见了。

当时我所收集的各种画片之内,有一种是我所喜欢的,并不是为的它印刷精美,也不是为的它搜罗繁难,它是在每张之上画出来一句成语或一联的意义,而那些的绘画,或许是不自觉的,多少含有一些滑稽的意味。"若要工夫深,钝铁磨成针","爬得高,跌得重"以及许多同类的成语,都寓庄于谐的在绘画中实体的演现了出来,映入了一个上"修身"课,读古文的高小学生的视觉……当时还没有《儿童世界》、《小朋友》,这一种的画片便成为我的童年时代的《儿童世界》、《小朋友》了。

画片,这不过是烟卷盒中的附属品,为了吸烟卷的家庭中那般儿童而预备的,在中国这个教育,尤其是儿童教育落伍的国家,一切含有教育意义的事物,当然都是应该欢迎、提倡的。(参见朱湘《烟卷》)

1917 年 14 岁

1月

胡适在《新青年》发表《文学改良刍议》,主张以白话文代替文言文。

2月

陈独秀在《新青年》发表《文学革命论》,主张建设新文学。

中国新文学运动正如火如荼展开。应该说,这给天生具备诗人气质的朱湘创造了投身文学事业的可能。

秋天

以全校第六名的成绩毕业于附属小学。在大哥的安排下,考入南京工业学院预科班读书。

此前,朱湘的四哥朱文祜也由省立第四师范附小考入南京工业学院。

大哥希望朱湘兄弟俩通过学工科,将来掌握一门技术,可以混口饭吃。这个学校没有师范学校那么大,那么古朴,课程也开得多,而且多了很多工科课程,朱湘学起来有些枯燥,觉得读书不及在高小那么有趣了。

一入学,朱湘便写了一篇《言志》,文章里说:

将来学业完成了,除去从事于职业以外,闲暇的时候,要作一点诗,读一些诗文——这诗,不用说,是旧诗的意思;这诗文,不用说,也是旧诗文的意思。

教国文的老师名叫汪兆钧,字指衡,号顽石,在南京颇有文名。汪老师是个不拘小节的人,身上的长衫总是皱巴巴的,喜欢喝点酒。汪老师非常喜欢魏僖的《大铁锥》一文,说把一个侠客的形象写活了,并要求同学们向这位侠客学习,长大了成为国家的有用之材。汪老师带同学们读课文,把头往后倒过去,完全沉浸于文章中所描绘的境界:"一贼提刀突奔客,客大呼挥锥,贼应声落马,马首裂,众贼环而进,客奋锥左右,人马仆地,杀三十许人……"这堂课,朱湘的记忆特别深刻。他对魏僖笔下的这位大铁锥也是非常欣赏的,想到自己要是有这个本领,去纵横江湖,除恶扬善,是一件多么开心的事情!汪老师也很喜欢朱湘,经常把他的作文拿到班上作范文读,使朱湘对作文的兴趣更浓了。可惜,汪老师只教了朱湘半年,与学校当局不合,拂袖离校而去了。(参见丁瑞根《悲情诗人——朱湘》)

但在朱湘看来,课本上的文字再好,他总不能感到有多大的兴趣,还是如饥似渴地读着自己所选择的课外书籍。有一段时间,他迷上了许多外国人写的书,譬如司各德的小说、柯南道尔的《福尔摩斯全集》等。他尤其喜欢显克微支所写的《灯塔守望人》中的那个名叫史卡文斯基的老人。

1918年 15岁

本年

结束了南京工业学院预科班二年级的学业,得到二嫂薛琪瑛的精心培养。

朱湘对文科的偏好,特别是其初露头角的文学感觉,让二嫂薛琪瑛看在眼里,想在心里。她觉得朱湘是一块可塑之材,精心为朱湘设计了一条人生之路——她希望朱湘能考取清华留美学校,将来出国深造。这个学校全部公费,对于朱湘是非常适合的。

朱湘的国文功底很好,但英语是个弱项,将来欲成大器,必须突破这个弱项。于是由薛琪瑛资助,将朱湘送往上海青年会专攻英语。

上海基督教青年会是一个世界性的、基督教性质的、推动志愿运动的社会服务团体,其宗旨是发展青年的德、智、体、美四育。朱湘就是在其下设的学校读书。

朱湘学习非常用功。另外,他也有强烈的学好英语的追求,因为学好了英语,就可直接读外国人的一些名著,他老是怀疑那些外国名著的中译本,是否准确传达了作者的意思。

1919 年

16 岁

5月

4日　五四运动在北京爆发。

五四运动是一场由青年学生主导,广大群众、市民、工商人士等各种阶层广泛参与的,通过示威游行、请愿、罢课、罢工、暴力对抗政府等多形式进行的爱国运动。事件起因是在第一次世界大战完结后举行的巴黎和会中,列强肆意践踏中国主权,把德国在山东的权益转让给日本,即山东问题。当时中国的北洋政府未能捍卫国家利益,在列强面前显得软弱,使国人异常不满,此事成为五四运动的导火索。

6月

顺利通过了清华留美预备学校设在南京考区的初试,再经过复试,从初试的40多名学生中脱颖而出。

9 月

到北京清华学校报到入学,插入中等科三年级。

清华学校,前身是康熙时期的熙春园,是康熙的行园之一。道光帝把熙春园一分为二,西部取名近春园,东部仍袭用熙春原名,赐给第五子,俗称小五子园。直至咸丰帝即位后,改名清华园,并亲署园名悬于二宫门(今工字厅大门之上)。八国联军入侵后,此园被内务府收回,不再赐出,荒废了好多年。

1900年,清朝政府败于八国联军,次年被迫签订了丧权辱国的《辛丑条约》,其中规定中国须向列强付出巨额赔款:白银4.5亿两,折合本息9.8亿两,史称"庚子赔款"。美国从中分得3200多万两,约合2400万美元。1908年,美国总统罗斯福决定退还清廷部分庚子赔款,但强调此款只能用于"振兴学校,广设学堂"。于是,中美双方协议,利用清华园设立一所留美预备学校。美国"退款兴学"的用心十分明显,正如当时美国伊利诺伊大学校长詹姆士所说:"哪一个国家能够做到教育这一代中国青年人,哪一个国家就能够由于这方面所支付的努力而在精神和商业的影响上取回最大的收获……就能使用最圆满和巧妙的方式——从知识上和精神上支配中国的领袖的方式,来控制中国的发展。"因此,这所学校曾被国人喻为"国耻纪念碑"。

清华留美预备学校于1911年4月正式开学,初名清华学堂,后更名清华学校。学生向全国各省招生,名额按比例分配,数量不多,因此招上来的都是各省的凤毛麟角。一旦考上,学生将享受较为优厚的待遇,学习、食宿费用全免。学制上分为中等科、高等科和大学三阶:中等科四年,相当于旧时的普通中学;高等科三年,相当于旧时大学预科两年;大学一年,相当于美国大学的二年级或三年级。读完这些课程就可留美深造。由于学校的教育宗旨是为留美作准备,造就"领袖人才",它的办学方针是"延用美国高等初等各科教习,所有办法均照美国学堂"。根据这一方针,该校的学制、课程、教材、教学法、体育、课外活动等等,全部照搬美国学校的做法。在校内英语取代了汉语,学校的行政会议、布告、级刊、年刊等,大多采用英语。

其时,朱湘的学历为南京工业学校预科二年级,相当于初中二年级,因此,他被插入清华中等科三年级。这一级在1916年入学,将在1924年毕业,1924年是甲子年,故称甲子班。甲子班同学名录如下:

教职员及在校同学(暑假中)通讯地址(高三级)

(共计78人)

姓名	暑假中通信住址	姓名	暑假中通信住址
翟念浦	〔原表空白〕	张明昕	清华消夏团
邱 航	新华消夏团	周荣条	湖南长沙马王塘青山寄庐
骆启荣	上海南洋大学朱代杰先生转	唐凤图	唐山京奉铁路制造厂
段继达	北京顺治门中街九号转	段续川	青岛胶澳农林事务所凌道扬先生转
裴 鑑	〔原表空白〕	饶孟侃	江西南昌洗马池福昌生华裕昌转
贾观鑫	上海小西门内劝学所前贾宅	谭遂淮	广东广州河南蒙圣里联安街十九号
贺 阆	湖南衡州铁炉门	黄人杰	北京绒线胡同小马神庙五号
黄育贤	南昌系马椿第二中学校内南昌暑期英数学校	胡 毅	长沙明德学校转交
黄 翼	厦门鼓浪屿荔支宅F70	余相林	北京清华学校消夏团
赵士寿	广东新会古井鹅公头	区嘉炜	清华学校转
张 光	长沙衡粹学校	罗孝章	福州城内余府巷
罗家选	本校转	张乔啬	青岛胶济铁路机务处孙继丁先生转
张洪沅	清华学校转	陈仕庆	广东省城第十甫大同春药房
周先庚	津浦南段乌衣站转全椒县县二高小校	周培源	清华学校转
程瀛元	安徽休宁屯溪震泰宝号	金开永	上海宝山路颐福里五十五号

梁朝威	清华学校转	王守竞	上海闸北天通庵大效机器厂转
高进基	南洋荷属爪哇吧达罗亚埠	杨兆焘	广东省城天平街人和里十二号或香港般含道圣士提反里七号
赵恩钜	安庆城内天台里六十号	李树翘	清华学校消夏团
胡敦元	清华学校转	章裕昌	南昌洗马池福昌生号转
高荫棠	天津东门内津道署前寔胡同	徐永煐	江西南昌第二中学转
梅汝璈	江西南昌系马椿第二中学转或南昌千家前巷第三号	冀朝鼎	山西省城内上马街四十四号
王恩蕃	北京西城太平湖草厂甲四号	黄培坤	北京东城大方家胡同四十八号黄寓
蔡可选	安徽巢县西门	尚仲衣	河南罗山县南街
夏屏方	北京煤渣胡同东口公懋洋行	李方桂	清华学校转
曹昌	清华园邮局转	萧庆云	江西南昌系马椿第二中学
涂治	湖北黄陂涂复泰	袁伯焘	未定
吴祥骏	浙江嘉兴凤喈桥	汪准	安徽舒城县福音堂对门
梁思永	天津意租界西马路二十七号	余绍光	香港般含道四十六号B
金龙章	清华学校转	黄元照	清华学校转
汤爵芝	上海威赛路二十二号汤先生转	余泽棠	北京北池子妞妞房胡同十五号汪宅转交
严开元	西山卧佛寺清华消夏团	吴鲁强	广州万福路新庐西二楼
施滉	清华学校转	何永吉	清华学校转
邓健飞	〔原表空白〕	余良	清华学校转
黄自	江苏川沙县南门内	黄竞式	西山消夏团转
黄家骅	清华学校转	胡竟铭	津浦南段滁县东门内
萧津	济南马道口八号	陈叔扉	西山卧佛寺清华消夏团
高翰	上海开封路正修里五十一号	李绍惠	南昌下三益巷十三号
潘大逵	本校消夏团	沈鸿来	上海广福寺桥街辛安坊
苏益信	直隶泊头顺记美孚油公司转	朱湘	清华学校转

(参见《清华周刊》第9次增刊,1923年6月)

由于朱湘是插班的,名字排在了最后。

这个班的很多同学,后来都成为中国社会各界的精英,譬如著名的心理学家黄翼,著有《儿童心理学》等;著名物理学家、社会活动家周培源,曾任全国政协副主席;著名法学家梅汝璈,参加过对日本战犯的"东京大审判";著名音乐家黄自,写下了《抗敌歌》《热血歌》等大量名作;著名桥梁专家胡竟铭,曾任南京长江大桥设计总工程师……

这个班里,朱湘还有一个老乡,他叫赵恩钜。说起来,两人还有些亲戚关系。现在无法知道他们是否有更进一步的交往。赵恩钜从清华毕业后赴美进入哥伦比亚大学、哈佛大学学习,归国后任教于许多所大学,还当过宝山县长,历尽坎坷,生子女多人。

据《清华月刊》中自昭的《清华各级级风》里说:"甲子级有一种最显著的级风就是'客气',和蔼可亲,谦逊有礼,很少有神气得不可一世的人。运动多以灵巧胜而不以力气见长。不党不哄。"从中也可见,朱湘在进校的开始两三年时间是很温顺的,与班级同学也关系和谐,学习和身心都得到了较好的发展。想不到,他后来成了这个班级的另类。

1920 年

17 岁

9月

进入中等科四年级学习。

12月

21日 癸亥级学生梁实秋、顾毓琇、翟桓、张忠绂、李迪俊、吴文藻、齐学启等七人成立了"小说研究社"。

本年

疯狂爱上文学,与学校各种规矩对抗。

课余,朱湘系统地读了《诗经》、《古乐府》等许多国学经典,还阅读了王尔德、雨果、莎士比亚等人的外国名著,这些名著,为他的生活打开了一扇扇窗子,也为他今后的创作打下了坚实的基础,并开始诗歌创作。

中等科主要是英语训练,兼设其他课程。上午的课有英文、作文、公民、数学、地理、西洋历史、生物、物理、化学、政治学、社会学、心理学等,一律用英语讲授,采用美国出版的教科书,授课的主要是美国人,也有少量英语较好的中国人。下午的课有国文、历史、地理、修身、哲学史、伦理学、修辞、中国文学史等,主要是由中国人教授,用中国的教科书。上午的课程一般是比较紧张的,美籍老师要求学生能读、能听、能讲、能写,课堂上稍不用功,上课就有些吃力了。如果跟不上班,有可能被罚站或受其他处罚。而下午的课则轻松多了,国文老师似乎对学生不作很严格的要求,做点小动作,甚至打瞌睡,都不去管。除这些正课之外,还有音乐、美术、书法之类的副课。下午四点到五点,学校将教室、寝室、图书馆都锁上门,强迫学生进行一些体育活动。晚上还要上两个小时的自修课,有老师来辅导。

令朱湘不满意的是,学校的规矩太多而严格了。第一天上课,老师就宣布了许多"不许"和"必须",班上的同学听了,都不禁直吐舌头,朱湘也感到有些难以承受。这些规矩有:身上不许多带钱。有钱都要存入学校银行,学校备有"明细帐";不许看"闲书"。"闲书"主要是指《金瓶梅》之类的小说,担心学生们看了,会出乱子;早晨七点起床后,必须于七点二十分准时到食堂吃三四个馒头加四碟小菜的早饭。学生各有学号,缺席者就要记下处罚;学生必须每两星期写一封家信,交斋务处登记寄出,违者受罚;每星期必须至少洗澡两次,洗后还要签上名字,以备查核,一星期不洗者予以警告,仍违抗者在星期五下午四时举行的周会上点名批评,若继续怙恶不悛就派员监视强制进行等。

在五四运动的直接推动下,新文学运动由倡导期进入发展期。随着各种文学社团的建立,文学创作逐渐勃兴,出现了各种文学流派纷呈的局面。其中影响最大的是文学研究会和创造社,一批文学刊物也纷纷出炉。1919年前后,北京除了《新青年》之外,又陆续出现了《新潮》和《少年中国》等大型刊物,吹来一阵阵沁人心脾的新文学之风。围绕着这些刊物,在一些校园,也成立了不少文学社团,这些社团的主要成员,都是思想活跃、激进的学生。以俞平伯、康白情、罗家伦、傅斯年等为核心的"新潮社",就是由北京大学文科学生发起组织的。

清华园尽管有着许多清规戒律,但挡不住新时代的思潮。这年,学长闻一多发表第一篇白话文《旅客式的学生》。同年9月,他发表第一首新诗《西岸》。年底,闻一多与浦熙凤、梁思成等曾发起一研究文学、音乐及各种具形艺术的团体,起名"美司斯(The Muses)"。

闻一多(1899—1946),原名闻家骅,生于湖北蕲水县巴河镇闻家铺的一个书香家庭。1912年考入清华大学辛酉级,在五四运动中积极参加学生运动,曾代表学校出席全国学联会议。(参见黄延复《水木清华——二三十年代清华校园文化》)

1921年

18岁

春天

参加了以"唯真社"为主体的平民教育运动,并被社员推举为《清华通俗周报》的集稿员。

他们为清华附近的工农群众义务上课,还在西园附近开辟荒地,种植蔬菜,以体验劳动人民的艰辛。(参见黄延复《水木清华——二三十年代清华校园文化》)

夏天

闻一多拒绝参加学校考试而被留级,从而为朱湘留下了一位文学求索路上的良师益友。

北京八所大学教职员因北洋政府拖欠教育经费,于3月24日宣布停课,北洋政府置之不理。6月3日,李大钊、马叙伦领导"八校教职员索薪团"展开索薪罢教斗争,22所学校的600多名学生在新华门前请愿,遭到北洋军警的残酷镇压,受伤者20多人,史称"六三惨案"。

为抗议"六三惨案",6月22日,清华学校举行大考时,非毕业班一律罢考,毕业的辛酉级只有三分之二的学生进入考场,而闻一多等29人因拒绝参加,被取消学籍。后来,学校作出处理,对闻一多强制留级一年。(参见闻黎明等编《闻一多年谱长编》)

9月

进入高等科一年级学习。

新学期开始,在北京大学孙国璋教授的帮助下,清华学校成立世界语学会,朱湘加入该会,并任会长,定期于每周六下午开课。(参见黄延复《水木清华——二三十年代清华校园文化》)

9日 出版的《清华周刊》第223期登载:朱湘担任学校《通俗周报》集稿员。

《通俗周报》为清华学校学生会主办,刊登内容包括国内外大事、科普知识和一般知识。

10月

1日 在《清华周刊》第224期发表处女作《死》(收入《夏天》):

死

隐约高堂,

惨淡灵床,

灯光一暗一亮，

想着辉煌的已往。

油没了，

灯一闪，熄了。

蜿蜒一线白烟，

在黑暗中腾上。

11月

20日 "清华文学社"成立。朱湘可能在成立后不久加入该组织。

闻一多建议将癸亥级"小说研究社"改为"清华文学社"，举行成立大会，选举干事梁实秋，书记闻一多，会计张忠绂，诗歌组领袖闻一多，小说组领袖翟桓，戏剧组领袖李迪俊。该社的宗旨是研究文学，进行的方针，一是读书报告，一是请人演讲。最初社员共有14人，他们是闻一多、时昭瀛、陈华寅、谢文炳、李迪俊、翟桓、吴景超、梁实秋、顾毓琇、王绳祖、张忠绂、杨世恩、董凤鸣、史国刚。不到一个月，又有胡毅、盛斯民、吴文藻加入进来。（参见《清华周刊》227、228期）

梁实秋，1903年生，家就住在北京城内务部20号，1915年考入清华中等科，当时也是新文学的追求者，表现出不俗的才情。1920年12月，梁实秋进入高等科后，和同级的吴景超、顾毓琇等人成立了清华学校的第一个文学团体"小说研究社"，还向学校争取腾出一间寝室作为社址。

顾毓琇，字一樵，1902年生，江苏无锡人，1915年进入清华，他本是学理科的，但对文艺有着特殊浓厚的兴趣，1919年开始从事白话文创作，并翻译外国小说。

吴景超，字北海，1901年生，安徽歙县人，1915年考入清华，在诗歌、小说、散文、评论方面都有成绩。

杨世恩,浙江鄞县人,1918年考入清华,曾任《清华周刊》集稿员,自谓"五柳先生本在山,偶然为客落人间",后来成为"清华四子"之一。

闻一多在清华园的文学活动中被看作老大哥。据梁实秋《谈闻一多》(参见梁实秋《梁实秋怀人丛录》)一文中说:

他最后留级的那一年,不用上课,所有的时间都是可以自由支配的。一多独占高等科楼单人房一间,满屋堆的是中西文学的书,喜欢文学的同学们每天络绎而来,每人有新的诗作都拿来给他看,他也毫不客气地批评。很多人都受到他的鼓励,我想受到鼓励最多的我应该算是一个。

可以想象,这"喜欢文学的同学们"中,或有热爱文学、年轻闻一多5岁的朱湘。据说,闻一多一直把朱湘当作同乡看待。朱湘老家所在的弥陀镇与闻一多老家所在的巴河镇同处大别山南麓,相距不过百里。

以朱湘对文学的热爱和他对闻一多学长的崇敬,朱湘应该加入清华文学社。不过,最初几批成员中,都没有朱湘的名字。

梁实秋在《谈闻一多》一文中写道:

后来我们接受了闻一多的建议,扩充为"清华文学社",增添了闻一多、时昭瀛、吴景超、谢文炳、朱湘、饶孟侃、孙大雨、杨世恩等人为社员。

1931年3月23日的《国立清华大学校刊》中发表过一则《文学社讯》,文中说:

文学社在清华园里,比较算历史较长的一个文学团体。当今文坛上如闻一多、梁实秋、朱湘诸氏均为该社过去的社员。

从朱湘后来称呼顾毓琇为"一樵（顾的字）社友"以及与其他文学社员的交往中也可看出，朱湘是加入了文学社的，时间可能在文学社成立后。

文学社中闻一多、梁实秋等人，都把主要兴趣放在诗歌上，而且主张诗歌的韵律化，影响了朱湘的创作。

25 日　文学社开第一次常会，讨论"诗是什么？"，先由谢文炳报告，后由大家讨论。（参见《清华周刊》第 228 期）

27 日　给《小说月报》主编沈雁冰去信，提议改换刊物的名字，并请教一些文学上的问题：

雁冰先生：

《小说月报》自改革以后兼登戏本诗歌，原名与内容似不切合，现在十二卷将完，何不乘此把名字改了？

下面几个问题如蒙答复，感谢之极：一、英美可有专门研究翻译俄国文学的杂志，专门出版俄国文学译本的公司？二、托尔斯泰最好的译书，出版处详细地址？三、Merezhkorsky: Totstoi & Dostoevsky 出版处详细地址？四、Drama 出版处详细地址？

朱湘，十一月二十七日

《小说月报》是由文学研究会办的刊物，文学研究会也是新文化运动中成立较早的文学团体，发起人有沈雁冰、郑振铎、叶绍钧、王统照、许地山等。鲁迅也参加了发起事宜，但由于他当时任教育部佥事，北洋政府不准公务员参加社会团体，所以没有列名。会址设于北京，后来因为其主要成员都去了上海，其中心也便转移到上海。一开始，《小说月报》主要刊登鸳鸯蝴蝶派作家的小说，以迎合读者。1920 年，由沈雁冰接任主编后，予以大刀阔斧的改革，成为倡导"为人生"的现实主义文学作品的重要阵地。

沈雁冰没有采纳朱湘的建议。他将朱湘这封信发表在《小说月报》第 13

卷第1期上,并作出了答复:

《小说月报》自12卷1号起,本已照文学杂志办理,一面请北京文学研究会中会员帮撰,作为非正式之文学研究会代用的月刊;《小说月报》四字实已不能包括现在的《小说月报》的内容,但因从前已有十一年的历史,骤然改名,恐发行方面,难免有所窒碍,所以现在还是不能就改。

从这封信不难看出,朱湘当时的文学活动非常活跃,并已涉足全国有影响的文学刊物。初涉文坛的朱湘开始站在能够俯视中国文学的角度,思考有关中国文学的事情,并尝试外国诗的翻译,尤其是对俄国文学表现出浓厚的兴趣。

12月

2日 清华文学社开第二次常会。

讨论的题目是"诗的音节问题",以闻一多报告研究的结果,对一般无音韵之新诗及美国新兴之自由诗加以严重抨击。自然,这种文学主张也影响了朱湘,使他爆发了对新诗的热情,在文学成就上不让文学社的成员。(参见《清华周刊》第229期)

这期间,文学社活动极为频繁。

# 1922年 19岁

1月

在《小说月报》第 13 卷第 1 号发表诗《废园》（收入《夏天》）：

废园

有风时白杨萧萧着，
无风时白杨萧萧着，
萧萧外更不听到什么。

野花悄悄的发了，
野花悄悄的谢了，
悄悄外园里更没什么。

《废园》在技巧上表现更加成熟，于景语中蕴含着情语，标志着朱湘正式登上当时的中国文坛。

这首隽永的小诗很快传遍了清华园,1923 年梁实秋写《清华园的环境》时,就引用了这首诗的上一阕。

2月

在《小说月报》第 13 卷第 2 号发表诗《荷叶》(未入集)。

4月

7 日 在《清华周刊》第 243 期发表诗《废园》(收入《夏天》)、《地丁》(未入集)。

5月

21 日 清华文学社开"送旧迎新会"。

欢送闻一多、时昭瀛、陈华寅 3 人毕业放洋,欢迎饶孟侃、万卓恒、郭协邦、马杰、程瀛元、高翰、梁思永 7 人入社。其中饶孟侃是朱湘同学、挚友。饶孟侃(1902—1967),别名子离,南昌人。1916 年入清华学堂习读外语,曾参加五四运动。后成为"清华四子"之一。梁思永为梁启超次子。

7月

16 日 闻一多乘海轮离沪赴美。

本月 在《小说月报》第 13 卷第 7 号发表诗《死》(收入《夏天》)、《地丁》

（未入集）。

8月

在《小说月报》第 13 卷第 8 号发表诗《春》（收入《夏天》）。

9月

进入高等科二年级学习。

班上又插入了新同学，孙大雨就是其中之一。孙大雨，原名铭传，字守拙，号子潜，1905年生于上海，祖籍浙江诸暨。早在他上中学时，就喜爱上了新诗，在《少年中国》发表处女作，又在《时事新报·学灯》《小说月报》等发表了很多作品。孙大雨考了两次，终于于1922年被清华学校录取，插入朱湘这个班学习。进入清华后，他很快就加入了清华文学社。后来成为"清华四子"之一。

闻一多赴美后，梁实秋成了清华文学社的领头人。那时，他和吴景超、顾毓琇3人同一寝室，共同编辑《清华周刊》，常常整夜不眠。《清华周刊》在梁实秋他们的主张下，文艺一栏特别丰富，有时候还印《文艺增刊》，厚达200多页，这也极大地促进了清华文学的发展。许多社员的作品，最初都是通过《清华周刊》发表出来。《文艺增刊》登载《发刊旨趣》中写道："清华学生的生活是机械式的，极其枯燥无味。最高尚的救济方法，是使他们能领略鉴赏文艺和创作文艺的兴趣。"《文艺增刊》共出刊11期，大量刊登评论、诗歌、小说、戏剧和杂文。

秋天

听徐志摩演讲，对徐志摩留下不好的印象。

徐志摩来清华演讲。梁实秋在《谈徐志摩》中，记述这次演讲的时间是在秋天。《清华周刊》1923年6月出版的第9次增刊中也明确提到：

这学年上学期中曾邀徐志摩先生来校演讲，讲题为《艺术与人生》，原文是英文。

1922年8月，徐志摩结束了在英国剑桥的留学生活回国，从上海到北京，住在石虎胡同七号松坡图书馆，任该馆英文总干事。徐志摩，字幼申，1897年生，浙江海宁硖石镇人，毕业于北京大学，曾到美、英留学，是新文学的狂热追求者。朱湘也是久闻他的大名。

徐志摩归国后，急于向外推介自己。梁实秋通过梁思成和梁思永的关系，邀徐志摩到清华文学社来演讲。徐志摩演讲的题目是《艺术与人生》，这种牛津式的照本宣科的演讲，没有引起大家的兴趣。演讲才开头，有人就溜了。朱湘听了这次演讲，觉得徐志摩未免有些故作高深，其英语水平和演讲内容，也只能算作平平。梁实秋勉强听完，也听得是一知半解。

不用说，对于徐志摩来说，这是一次失败的演讲，但他登上了清华的讲台，名声更大了。

因为有了这次演讲，徐志摩和清华文学社多少有些关系了。一天早晨，朱湘、吴景超等几个同学想去拜访徐志摩。电话预约，徐志摩爽快地答应了，还邀请他们去石虎胡同七号松坡图书馆吃早点。

徐志摩的家境非常富有，祖上自明代就开始经商，传至父亲徐申如手上，有了更大的发展。虽然是个早点，但也弄得极其奢华。朱湘出生于朝廷大员之家，但父亲为官清廉，朱湘从小过的就是比较简单的生活，对徐志摩这种

"暴发户"式的家庭,可能从内心深处有些瞧不起,更是反感徐志摩身上表现出的浮华、自傲。关于这次吃早点,罗念生在《〈中国现代作家选集·朱湘〉序》中记载:

> 同时,他(朱湘)也厌恶他们这批人(徐志摩、胡适等人)的贵族生活作风。朱湘有一次告诉我,他在徐志摩家里吃过一回早点,单是水饺就有各种各式的花样。

从此,朱湘一直对徐志摩怀有很大的偏见。

11月

25日 在《清华周刊》第一次《文艺增刊》发表诗《黑夜纳凉》、《小河》(都收入《夏天》)。

之后,他又在《清华周刊》第二次《文艺增刊》发表诗《流啊,小河》(收入《夏天》)。

朱湘对水情有独钟,最后的归宿就在水里。在他早期诗歌中,就有许多是写水的。在水那里,诗人找到了母爱、温暖、自由:

流啊,小河(小河·又一章)

> 海是我的母亲,
> 我向伊的怀里流去。
> 一日,伊将抱着我的倦了的身子,
> 摇着,
> 哼着催睡的歌儿;

我的灵魂将化为轻云，

飘飘的腾入空际，

——而又变形的落到地上，

给伊的爱力吸落到地上了。

12月

29日 清华文学社开会,选举朱湘为书记,梁思永为会计。(参见1923年1月6日出版《清华周刊》第266期)

本月 《小说月报》第13卷第12号发表朱湘译诗《路曼尼亚民歌(之二)》。

本年

文学社诗歌活动日益活跃。

闻一多放洋后,清华文学社在梁实秋等人的组织下,继续定期开展活动。尤其是文学社的诗歌组,一直主张新诗探索,创造诗歌新形式。后来,诗歌组的很多人,都成为新诗运动的健将,为中国新诗的发展做出了伟大贡献。

又 加入清华学校世界语协会,担任协会主席。

1923年

20岁

1月

13日 在《清华周刊》第267期第三次《文艺增刊》发表诗《白云深处》(未入集)。

同期登载消息:朱湘向学校捐赠杂志《晨报副镌》、《少年中国》、《新潮》等。

2月

14日 闻一多从美国致信清华文学社,由朱湘转交。

由此可知,朱湘当时已是文学社里的重要人物。(参见闻黎明等编《闻一多年谱长编》)

4月

在清华文学社丛书《文艺汇刊》发表诗《小河》、《迟耕》、《宁静的夏晚》、《忆西戍》（都收入《夏天》）。

《文艺汇刊》前有一篇序言,说:"这本《汇刊》是本社同人的几篇稿件汇集而成的,并非每人的优秀的作品尽在于此,亦并非同人等所有的作品尽在于此,只是乘清华十二周年纪念日的佳节,把几个同志手头方便的稿件汇集付印罢了。所以印行这本小册子的旨趣,并没抱着什么伟大的意义,只是作为清华文学社成立来将届两年的纪念品。"本书所收作品是按收到时间先后为序排列的。作品有:闻一多的诗《忆菊》,梁实秋的诗《尾生之死》,顾一樵的小说《尾生之死》,朱湘的诗《小河》,梁实秋的诗《小河》,时昭瀛的小说《厄》,闻一多的诗《太阳吟》、《玄思》,朱湘的诗《迟耕》、《黑夜纳凉》,翟毅夫的小说《雪夜》,顾一樵的小说《寒梅》,饶孟侃的诗《孤雁》、《布谷之啼》,朱湘的诗《宁静的夏晚》、《忆西戍》,何一公的诗《心吟》,饶孟侃的小说《自尽的前夕》,孙守拙的诗《滴滴的流泉》,马杰的诗《不敢盼春到》,王成组的独幕剧《喜相逢》等。从这份目录,可见清华文学社阵容的强大,朱湘已是其中骨干成员。

春天

梁实秋曾邀周作人来清华文学社演讲。

梁实秋不仅才华横溢,而且组织能力很强,常常能请到一些文坛名人到文学社来作演讲。他曾坐人力车跑到西城八道湾,去请过周作人先生。想不到,周作人一口答应了,而且在约定的那天,提前到了清华园。他讲的题目是《日本的小诗》,低头伏案,照着稿子宣读,而且声音细小,坐第一排的人也听不大清楚。自然,这样的演讲是不成功的。(参见1923年6月《清华周刊》第

9次增刊）

6月

放暑假,留校,担任消夏团委员会的主席。

由于不愿回南京大哥家的缘故,朱湘基本每个暑假都是在学校度过的。按照清华的规定,"凡在校学生家居远省,暑假时不能回里者,经学校许可后,照章缴费,均得为消夏团团员",消夏团的监督由校长指派的学校职员担任,教务、庶务、体育、斋务等委员由团员公开选举产生,次由委员公举干事若干。

这年暑假朱湘被选为消夏团委员会的主席,主要负责教务部。消夏团还编有《清华消夏旬刊》,该刊辟有《新闻》、《国情报告》、《特载》、《通讯》、《余兴》等栏目,梁朝威为总编辑,朱湘则担任编辑部《余兴》栏的主任。《余兴》栏的宗旨就是"当兹骄阳肆炎,火风扇人之候,以言乎燕居,则百无聊赖;以言乎作事,则枯索不堪。苟不有以弓弛弦缓,则精神生活,不几息耶? 本旬刊有鉴于此,特设此栏,搜集游戏如诗钟灯谜对子等一切有趣的资料,以博阅者一粲。则远游力作之余,偶披览之,于精神生活,未尝无少补"。可能因为《余兴》栏比较轻松的缘故,其他栏目都是由好几个人共同负责,而《余兴》栏就由朱湘一个人单独负责经营。

在《清华消夏旬刊》1923年7月10日第一期上,朱湘留下了他在清华时期除了发表的诗作之外的珍贵文字,一篇为《消夏团教务部报告》,一篇为《〈余兴〉栏编者附记》类的文字。因此二文未收入朱湘诗文集,特录于下,从中亦可见朱湘在清华的生活和个性:

消夏团教务部报告

朱湘

消夏团教务方面按旧章程有补习书报,消夏日报三项该作的事,后来揆

情度势,加入顾问、演说辩论两项,并将消夏日报改为消夏旬刊。现在按项报告如下:

补习

补习按旧章程本有英文,德文,法文,数学四班,不过就前几年消夏团办补习班的成绩看来,补习这项有否存在的价值实在令人怀疑。所以原定了将补习一项取消,加入顾问一项;不过后来有些没有学过德、法文的团友对于它们极感兴趣,颇以先睹为快,于是重新加入了德文、法文两门补习。每门分若干组,每组两个补习员一个补习顾问,庶几彼此能亲近点,不至蹈机械式上课的覆辙;学点读音拼音,认些有趣味普通的字句,念几句应用会话,至于高深点,干燥的材料则留给下年的教员,我们备问的补习的用不着去过问了。

有些团友想在假期中学奏钢琴,教授还没请定。

顾问

关于顾问一项的性质,范围,曾有通告一纸挂出,兹特录出,以供众览与讨论:

团友们,本团教务部在英文、德文、法文、数学、图画、音乐、摄影七门上敦请了协顾问以备大家的咨询。英文顾问为解析疑难,祛除一种"不知从那里下手是好"的恶魔而设;法德文顾问为指点读音,研究文法而设;数学顾问以协作难题为指归。设立图书、音乐顾问的旨趣是共赏名画、商榷绘事与助选乐器。摄影顾问同以相辅照成惟妙惟肖的相片为目的。(中略)国学书籍伙颐,"一部十七史"已经不知从何说起,何况二十六史,更何况史库仅四库底一隅;所以国学顾问一项暂置阙如。(中略)

"奇文共欣赏,疑义相与析"这两句诗说的很好。如果因了趣味的符合而收获到友谊的谷子,那便是实行这种制度的一点微意了。

朱湘谨启　六月二十八日

余兴栏

编者附记

灯谜　国外国内校中本刊阅者首先猜中的各赠本刊一份。

由　校人名一

泰西人为羁绊为我主义下　校人名一

对子　对中时赠例同上灯谜。

燕夔　对校人名一

朱继圣　对校人名一

本刊总经理刘君丙彪看见了本栏赠例，大起反对，他说："谨按贵赠例，算来，共需'敬赠'的本刊十二份；不过本刊印刷一千一百份，已经售去一千零八十九份，只剩下十一份，不足尊定的数目。高见如仍胶执，最好是亲自去北京公记印书局，叫他们给您另行铸版特印一份罢。"这时候本刊总编辑梁君朝威恰在一旁，他为不幸的我辩护道："余兴这栏是不能不有的，不过你的问难据我的眼光看来也是很对的，然而你向朱君举荐的方法是不可能的，所以我看这事是很难办的。"（看官注意：梁君白话文是不常作的，"的"字我看他是不常用的，这是我应当在这里声明的。）

我在他滴滴答答的时候，溜去本团斋务部清洁管理员任君之恭处，托他代向粘十一年十月二十五日庶务处条告的地方去寻找旬刊。他在我进了门后向我叹了口气（我底眼睛近视，同听电影的一样，听不出他到底是叹气呀还是笑）。我说："这真巧极：我托你的事正在你的管辖区域内，你可以尽尽你的职分罢。"他回来给我一下不幸的（虽然就旬刊讲来是大幸）当头棒说："没有找到。"我没法只好另外出了张条告，收买本刊，居然有人出了张三字一句，每偶句押韵的白话诗出卖，价钱是倒贴一杯冰结凝，时间是本人离房时间，地点是寝室零号。但我去时，已经卖掉了。

我累极了，蒙头地往房里一撞，想歇歇。房门推开一半，忽然想起，刘君丙彪还在房里，事已如此，也没办法，我只好将实话告诉了他。正在这当儿，吴君文藻乘着电线，这便是某乡人想象可以寄信的那根，赶回来；他向我们三人说："你说的很对，你说的也对，你说的更不错；据我的意思，不如在猜中的人订的旬刊上盖个'敬赠',作为他们的赠品罢。"

本栏为节省本刊起见,欢迎投稿。

在《清华消夏旬刊》里,有同学写的描写朱湘的文字,勾勒了一个极具个性的朱湘形象。从中也可看出朱湘热心学校工作,而且做事非常周全。在清华,他最爱的是读书。

主编、也是朱湘级友的梁朝威是这样描述朱湘:

用文言说,他是个"恂恂文学之士",若是用白话说,他就是个"书呆子"。平常除了看见他从文学社出来,挺着胸,直了眼,大踏步往寝室里跑的时候,我们差不多就看不见他的仙踪儿。现时他当上了消夏团委员会的主席,他却东奔西跑,忙个不了;但他所做的事,都是有条不乱周到得很。我们有位朋友这样说了:"书呆子干起事来真不呆,我从今以后不敢看轻了书呆子了。"朱湘这回真替书呆子们吐气不少。但是他原定在暑假期内每日读十二点钟书的时间表,不能不稍为牺牲些了。

而朱湘的另外一个同学 Y. C. H.(疑为何永吉)在《清华年刊》中描述:

朱湘是我们最杰出的文人。像大多数文人一样,他爱幻想,因此相比交际他更喜欢读书。虽然他每天几乎无时无刻不在读书,可是,如果他想要交谈,他会侃侃而谈,随意而文雅,简直会让你觉得他是一个最为务实的绅士。不过,我们不要忘了他的一个实际的特点,那就是他最新在舞台上的女士扮相。(参见陈越《朱湘清华时期行状及集外佚诗文钩沉》,载《汉语言文学研究》2017 年第 4 期)

7月

中下旬　致信孙大雨。

谈文学社的事,提议办不定期刊物和季刊,稿件寄美国闻一多处审查,印刷和发行给一个书局办理。原信不见,但在7、8月致孙大雨的三封信中都谈及此信。

26日　致信孙大雨,让孙改动杨世恩的地址。

8月

7日　再次致信孙大雨。

朱湘在南京看到广告,文明书局、商务印书馆书籍廉价,再致信孙大雨,托他在这两家买《国朝画识》《墨林今话》《谭艺琐录》,碑帖宋拓怀仁集《半截碑》(裱本),画册《王石谷仿古山水册》《王圆照今古山水册》《王麓台仿古山水册》《吴渔山仿古山水册》《恽南田花卉册》《文衡山潇湘八景图册》及部分英文书籍。由此可见朱湘当时于文学之外对书画亦有浓厚的兴趣。

17日　梁实秋、吴文藻、梁思成等毕业赴美。

21日　致信孙大雨,谈到暑假生活。

朱湘说:"有几面不愉快,也有几面心情愉快。不愉快最重大的是眼睛不舒服,愉快中最重大的是接到几封极其畅快的信。"信中还与孙大雨交流诗艺,谈及闻一多的新作《长城下之哀歌》。

本月　与闻一多通过信。

闻一多在信中谈到他的创作情况,并附新作《长城下之哀歌》部分,朱湘认为这里面优美的片段不少。

9月

开学,担任文学社书记。

朱湘与杨世恩、饶孟侃、孙大雨等继而成为文学社的骨干,经常性地开展各种活动。朱湘担任书记,饶孟侃担任总干事。

9日 《清华周刊》第293期介绍朱湘译著《路曼尼亚民歌一斑》将出版的消息。

10月

6日 参加清华学校戏剧协会演出,在《一点虚荣》里扮演李梅修。

清华戏剧协会为了庆祝国庆日,在清华大礼堂上演了一出三幕戏剧,名《一点虚荣》。剧情很简单,女主角李梅修接到朋友请她参加新年晚会的邀请,苦于没有像样的首饰,于是要求其男友林国士给她买一个金表。林国士虽是富家子弟,但因婚姻问题与家庭关系闹僵,无法筹措,无奈之下想出抢劫的办法,却因遇警而事败被捕。凭借其叔叔的权势,林国士本可得释,但他坚持其罪当惩。林的举动让其爱人李梅修追悔莫及,由此将她带往光明和真理之路。

这个李梅修就是朱湘扮演的。朱湘并未参加戏剧社,参加《一点虚荣》的演出的原因和经过不可知。至于反串女角,则是当时清华学生戏剧中的常例,因为当时还没有招收女生,清华第一批女生进校是在1928年9月。可能因为朱湘面目清秀,扮演女角也就顺理成章吧。

清华素有演剧的传统,而朱湘早在十二三岁上高小时期就有过编剧、演剧的尝试了。在《我的童年》中,他回忆道:

在十二三岁的时候,和两个同班私下里演剧;准备,化装,排演,真是十分热闹——其实,那与其说是演剧,还不如说是好玩。在这一次的排演里面,我还记得,我是扮的一个女子。七年以后,学校里面正式的演剧,我由一个女子而改扮一个老太婆了!

由这段文字我们可以知道,其中所说的"七年以后",就是朱湘19或20岁的时候,也即1923年或1924年,因为1924年朱湘已经离开清华,所以此处提到的扮演老太婆的演戏经历应该是在1923年,与扮演李梅修的经历应是同一年的事情。他的同学Y. C. H.在《清华年刊》中介绍他的文字中也提到"他最新在舞台上的女士扮相"。(参见陈越《朱湘清华时期行状及集外佚诗文钩沉》,载《汉语言文学研究》2017年第4期)

21日　复高思潜信。

朱湘收到高思潜的信,立即回复。信中谈医药方面的事,希望高思潜于药学研究上有所建树,对华陀的医术和精神表示由衷赞美。高思潜,安徽和县人,是位中医师,曾考证《医津一筏》,为《三三学报》等中医期刊撰稿较多。他勤奋好学,对中医与人生理想有自己的看法,他在信中谈到自己在求学中的困惑和对中医界的忧闷。从《三三医报》上他发表的一些诗文探究,他当时大约20岁。

高思潜由彭基相介绍给朱湘,成为神交。彭基相,字叔辅,籍贯、生平不详,毕业于北京大学哲学系,著译有《法国十八世纪思想史》、《谈真》、《笛卡儿的哲学》等。朱湘就读清华学校,曾去北大旁听课程,与彭基相相识。

此信原载《三三医报》第1卷第19期,1924年2月3日出版。(参见冒海燕《朱湘与中医师高思潜的通信》,载《中医药文化》2007年第5期)

朱湘获知高思潜身世,写有长诗《寄思潜》并序,收入《夏天》。

11月

30日 在《清华周刊》第296期发表杂感《课程上前车之鉴》,对清华课程设置表示不满。

这个学期,朱湘更加疯狂地迷恋上诗歌,因为写诗,不得不放松对某些课程的学习,早晨还不愿起床。

清华学校的管理制度极为严格。必须在7点起床,赴盥洗室,每人的手巾脸盆上都写上号码,脏了要受处罚。7点20分去吃早餐,饭桌上,也有各人的学号,缺席就要受到处罚。学生的原则是脸可以不洗,早饭可不能不吃。有专门的人躲在暗处,记下违规学生的名字。三次警告积一小过,三次小过积一大过,三次大过即属恶贯满盈,不可救药,开除出校。

清华课程的紧张、作业的繁重历来是有名的。口试天天进行,笔试不定期进行。往往在一堂课开讲或下课前,教师会突如其来地下发试卷,对学生进行测试。学校使用的是一种"权衡计分制",把学生成绩分作超、上、中、下、劣五等。劣就是不及格,必须补考,补考不能通过,则可能被开除和退学,淘汰率近30%。而这五等的评给必须按照一定的比例,即一个班级考试之后,总有人要得到倒霉的"劣"。因此,对于学生来说,都唯恐得到"劣"而发愤读书,结果是培养了一大批"书虫"。他们不问世事,一心读书,只知道老师布置的功课,比皇帝的圣旨还要重要。"书虫"又可分为两类:一类是功课较好,但是他们还不满足,千方百计要得到"超"等;另一类是功课不好,迫不得已作了"书虫",拼着命来读书,换来仁慈的教员给予一个"下"等,不至于被淘汰。(参见黄延复《水木清华——二三十年代清华校园文化》)

由于朱湘对有些不感兴趣的课程毫无用心,甚至旷课,为了不至于得到"劣"等,他不得不从读诗、写诗中匀出很多的精力来应付这些课程,他把这些课程叫作"催命鬼"。他气愤地写下了《课程上前车之鉴》,表达了他对清华课程设置、授课方式等的强烈抗议,文章劈头就大声喝问:"课程有用吗?"朱湘自我回答说:"课程的功用无非是灌输材料、整理材料、提问材料,而对于学生创造能力的提高是无能为力的。"假如仅仅如此,也还罢了,他最难以忍受的是"课程将一个人的时间一齐霸占住,使一个人的创造力无发展的机会,在这点上课程实在是罪大恶极"。如果给一个人自由的时间去制定他的计划,那搜集的材料会更快,进行得更有兴趣,效率更高。相反,被动地上课,则懒惰疏忽,并会发生反感,这样的课程有什么存在的价值?为此,他提出改革的主张:大一的学生已经能够自立,可学习北大的方法,听课来去自由,到期终交自修心得的报告以作成绩;各科教授钟点应酌量减少;课堂上不要都用于问答,应注重课外材料的介绍与整理材料方法的传授,鼓励课外调查,将余下的时间用于国文与英文的提高。(参见张玲霞《清华校园文学论稿》)

12月

30日　在《清华周刊》第298期发表杂感《精神教育》,对清华教育表示不满。

清华一贯重视英文教育,而忽视国学。不但国文课程都安排在下午,考试成绩也不影响出国,就是国文教授也只能住在小而潮的古月堂,与外籍教授专门盖的宿舍形成鲜明的对比。这也引起了具有强烈民族自尊心的朱湘的不满,他在《课程上前车之鉴》中要求应重视国学,并建议国学应从史学入手,增设《资治通鉴》课程,甚至连上课时间也要改动等。朱湘的这些想法,在一向严谨的清华,不过是他的一种愿望罢了。

清华一直倡导艰苦朴素之风,早在1915年周诒春校长就对学生要求:"饮食衣住,贵乎清洁。若衣必文绣,食必膏粱,居必华屋,徒消磨壮志与耗度韶光。"但由于绝大多数学生来自中上层社会,经济条件一般比较优越,奢侈豪华之风还是难以避免,有一部分学生成天吃喝玩乐。还有一部分学生满脑子只有早日留洋,升官发财,光宗耀祖。吴景超曾在《清华学校的校风》一文中批评清华学生六大不足：一、分数迷，求学问敌不过求分数；二、轻视中文；三、缺乏大团体的组织力；四、缺乏尊重权威性，各行其是，不受纪律的必要约束；五、过度的食欲；六、不拘小节。对于这种奢侈豪华之风，朱湘也是极为看不惯的。

很有个人思想的朱湘对清华这种不重视精神教育的做法也极为不满。他在《精神教育》一文中，认为教育的目的有两项，一是入世的，主应物；一是出世的，主审美，出世的教育就是精神教育。他以审美的目光对清华的方方面面审视、评述一番，认为清华的建筑花费巨大，只买了两点美观：一是无月之夜看图书馆的中楼，二是从嫩绿的洋槐树叶中看大礼堂的白石柱。荷花塘不过是荆棘丛中一朵野花，而最不满意的要算万泉河上的两座洋灰桥。美术教育应"选择古今中外之名画时常开会展览，以引起大家审美的趣味"。音乐也应该有特别班，"一授西乐，一授国乐。国乐应聘请国内之音乐家将我国诗歌入谱，这样不仅我校得益，全国都要被惠呢"。而文学，"乃宇宙人生的真理之艺术的具体表现"，它与音乐、美术等同为人类高尚、快乐的源泉，将来其他课程减轻，授课钟点减少之时，印一个学生可以遵行的文艺书目，请校内外名人作"文学名作讲解"。他认为，如果这些美育措施能够施行，"则清华学生尘喧远尔，岚翠在目，听五音而视五色，左李（李白）杜（杜甫）而右荷（荷马）莎（莎士比亚），兼撷中西建筑之英的胜地优游其中；然后就其所长，冥然独往，以求达于浑然的真理；那时精神教育可谓大功告成，我国的精神文明于是有发挥光大的机会了"。

学校环境对于朱湘心灵的长久压抑，点燃了朱湘内心深处的反抗情绪，他开始对学校的规章制度进行强烈的抵抗。这种抵抗，自然是以朱湘这个渺小的个体的失败而告终。

下半年

与刘梦苇相见于南京清凉山杏院之内。或于暑假之末,回过一趟南京。

刘梦苇,原名刘国钧,又名孟苇、孟韦,1900年生,湖南安乡县人。1920年,入湖南长沙第一师范学校。1922年,在省立第一师范读书,酷爱文学艺术,受"五四"新文化运动影响,参加该校师生组织的文学研究会。1923年5月,在《创造季刊》上发表成名诗作《吻的三部曲》。同年夏,他和一些受无政府主义思潮影响的人一道,幻想像鸟儿一样自由飞翔,在长沙组织"飞鸟社",并创办了《飞鸟季刊》,在该刊的第1卷第1期发表短篇小说《诗人的悲哀》。这个夏天,他到南京来游玩。朱湘在《梦苇之死》中写道:"记得头一次与你相会,是在南京的清凉山上杏院之内。半年后,我去上海。又一年,我来南京。"根据朱湘生平情况,两人初见当在这年下半年。

本年

在北京一家旅馆与刘采云初次会面。

刘采云的父亲死得早,后随母回原籍武宁,靠父亲的一些遗产和祖上的田产生活,后被人骗,损失了很多财产,母亲因此而精神失常。刘家一直记着这桩婚事,由其兄送刘采云北上,找到朱湘。(参见丁瑞根《悲情诗人——朱湘》)

尽管朱湘受过新式教育,反对旧式婚姻,但他还是从心里接受了刘采云。这里面,也许有他对母性的一种依恋,也许有两个苦命人的同病相怜,也许有年轻人对性本能的需要。朱湘在《海外寄霓君》之五中叙述了当时的见面:

我又想到你的温柔,你对我的千情万意,分开了,不能见面,不能立刻见面,说一句知心话,彼此温存一下,像从前在京城旅馆内初见面时那样温存一下。你还记得当时你是怎样吗?我靠在你的身旁坐下,你身上面上的一股热气直扑到我的脸上(我想我当时的热气也一定扑到了你的脸上)。我当时心里说不出的痒痒。后来我要摸你的手,我偷偷的摸到握住,你羞怯怯的好像新娘子一样,我当时真是说不出的快活。

关于朱湘和刘采云初次见面的时间,也可能在1922年,但不可能太早。

1924年 21岁

2月

6日(农历正月初二) 下了一场大雪,雪后初晴,朱湘作《霁雪春阳颂》(未发表,收入《夏天》)。

21日 致信顾毓琇。

谈其《夏天》:"本不预备早出版的,只因气愤今人的重量不重质,于是故意地就两年来的作品中选了二十六首付印。"信中还写到对顾的作品《芝兰与茉莉》的读后感。由此可知,朱湘已在此前就开始构想和编辑诗集《夏天》了。

根据信末"我的通讯处:上海大学爱文义路西摩路朱子沅",或许此时朱湘已离开清华学校。(此信手稿由顾毓琇1993年赠清华大学,收入陈子善编《孤高的真情:朱湘书信集》)

3月

1日 在《清华周刊》创刊十周年的增刊发表杂感《冬夜歌——敬勉〈周刊〉铲物质而革课程也》(未入集)。

清华的种种陈规,越来越激起朱湘的对抗。他开始有意识地逃课、迟到,挑战清华陈规。在这首诗里,朱湘对清华这种重物质、轻精神的现象予以猛烈的抨击:

冬夜歌

从暮空紫色西山,
山顶戴着白雪之冠;
山阴飘着清华校旗,
但清华旗色何其黯然!

夕阳是清华的灵魂,
漫天的黑云将他攫吞;
遗下物质的躯壳,
有大会堂作伊的坟墓。

玄冰仿佛功课,
压住本性活泼的小河,
月光只映他滞重的面色,
再不见风中的笑涡。

明月已是西沉,
夜风中大树悲吟;

万物都惊醒了,

但石化了的双狮依旧无声。

来罢,金冠的春阳,

来这地上,

将冬夜驱入洪荒!

伸颈高啼,

十年养气的晨鸡,

唤起与朝霞争艳的群芳。

春天

离开清华学校,到上海谋生。

因为一次点名不到,被记满三次大过,而被清华学校予以开除处分。

3月1日出版的《清华周刊》公布:"朱湘因故辍学。"

关于朱湘被开除的时间,许多人都认为是1923年冬。孙大雨在《我与诗人朱湘》(载《孙大雨诗文集》)中写道:

1924年,朱湘行将在清华毕业时被学校开除,原因是他故意抵制斋务处在学生吃早饭时的点名制度。

罗念生也说,朱湘于1924年即将毕业时,被学校开除。(参见罗念生《忆诗人朱湘》)因此,认定其开除时间,应在1924年开学不久。

根据2月21日致顾毓琇信,可推测在1月底到2月上旬。

朱湘被开除的事,震动了整个清华园。其中,引起了一个低年级同学的特别关注。这位低年级同学名叫罗念生,后来成为朱湘的终生挚友。罗念生,原名懋德,1904年生,四川威远人,1922年考入清华学校,志在读数学和自然科学,每天埋头读书,非常用功,有"罗聋子"的绰号。他对朱湘的行为是既惋惜,又敬佩。他后来在《忆诗人朱湘》一文写道:

这样的开除,在清华还是破天荒第一次,轰动全校。我因此想看看这位同学,只见他在清华园孤傲地徘徊,若无其事,我心里暗暗称奇。

罗念生后来兴趣由理转文,就是受到朱湘的影响。

朱湘对被开除一事,很长时间,心情难以平静。他首先想到是非常尊敬的学长闻一多,曾写了一封长信给闻一多,一吐衷肠(原信佚缺)。后来,他在1925年给好友顾毓琇的信中也说到其离校的感受和原因,录如下:

一樵社友:

大著及一封引我感谢与感动的信都愉快的收到了,我这次脱离清华虽有多处觉着不快,但因此得到了许多新交,旧交也因此而愈密,这是令我极其畅快的。

我离校的详情曾有一信告诉了一多。望你向他索函,恕我不另函了。我离校的原故简单一句,是向失望挑战。这种失望是各方面的。失望时所作的事在回忆炉中更成了以后失望的燃料。这种精神上失望,越陷越深。到头幸有离校这事降临,使我生活上起了一种变化。不然,我一定要疯了。

我这一二年来很少与人满意的谈一次话,以致口齿钝拙,这口钝不能达意,甚至有时说出些去我心中意思刚刚相反令我以后懊悔的话。我相信不是先天的,只是外来势力逼迫成的。我心中虽知如此,懊悔究竟免不了。于是因懊悔而失望,因失望而口钝。一件小事如说话尚且如此,别的可以想见了。

所以,清华是我必离的。可是清华又有许多令我不舍之处。这种两面难的心情是最难堪的了。反不如清华一点令人留恋的地方也无倒好些,而我这两年来竟完全生活于这两面为难的情绪之中!你看这种彷徨苦闷灰心是多么难受!人生或者也是处于不断的彷徨之中。至少我晓得一个人是有强处有弱处的。而这弱处恰与强处同源!什么是善?不过强处作到适宜的程度与范围而止,不使它流入弱处罢了……

我看我如不离开清华,不疯狂则堕落。所以我就决定了。

朱湘后来给罗念生的一封信中也写道:

你问我为何离开清华?我可以简单回答一句:清华的生活是非人的,人生是奋斗的,而清华只有钻分数;人生是变换的,而清华只有单调;人生是热辣辣的,而清华是隔靴搔痒。我投身社会之后,怪现象虽然目击耳闻了许多,但这些正是真的人生。至于清华中最高尚的生活,都逃不出一个假,矫揉!

于局外人看来,朱湘离校的心情是极复杂的。他对离校的解释,多少都在为自己找些借口,带有很多少年气盛的赌气和幼稚的成分,毕竟朱湘这时还是一个没有任何社会经历的青年。

当时饶孟侃、孙大雨、杨世恩等人都竭力向校长曹云祥申诉,请求校方收回成命。曹云祥校长出于爱才,表示只要朱湘悔过认错,即可收回成命。另外,校方还有折衷方案,即推迟一年毕业,以专科生名义或半费派送留美。但朱湘绝不妥协,去意已决,从上封信中也可看出。

被学校开除,毕竟不是什么光彩事,朱湘无脸回南京见大哥和二嫂。孙大雨、杨世恩、饶孟侃来为他送行,大家一致建议他到上海去,上海文化事业兴旺,到那里容易找到事做,发展的机会也很多。孙大雨家就在上海,家里还有个老母亲。他写了一封信,让朱湘带着,去找他的老母亲,暂时也可在那里栖身。此时的朱湘,虽然被开除,但他脱去身上所有的桎梏,反而感到一身轻松,踌躇满志,去创造自己的美好人生。他写了一首长诗《南归》(发表于

1925年3月10日《京报·副刊》,收入《夏天》),答赠三位诗友,抒发了自己的情怀:

> 北地的玄冰吸尽我的热力,
> 我更无力量去大气里遨游;
> 在江南我虽或仍无奋飞的羽毛,
> 江南本身就是一片如梦的温柔。
>
> 江南的山鲜艳如出浴的美人,
> 这里的永远披着灰土的旧衣;
> 江南的水仿佛高笑的群儿,
> 这里的只是一个羸童寂寞的独嬉。

到了上海,朱湘拿着孙大雨的信,去南市老城隍庙找孙大雨的老母亲。孙大雨的父亲是前清的翰林,早年去世,家境一直不错,配有专门的厨师。老母亲对儿子的同学也很关心,每餐专门让厨师烧好四菜一汤,送给朱湘一人享用。朱湘衣食无忧,也很少出门,打算就这样好好读些书,写些东西。这样住了几天,矛盾还是产生了。有一天,孙家的厨师一疏忽,把晚饭的菜与中饭的菜重复了。碰巧朱湘这天出去有事,和人家吵了一架,受了人家一肚子气,正没地方发泄,便大骂起厨师,将饭菜倒扣在餐桌上。孙大雨的母亲看不惯了,当面说了朱湘几句。借住孙家,本来就很拘束,而朱湘更不愿看老太太的脸色,干脆搬了出去,在宝山路附近另租了一间小屋居住,打算继续过着他读书、写作的生活。(参见孙大雨《我与诗人朱湘》)

二十世纪二十年代的上海,是中国经济最发达的地区。经济的发达使上海逐渐形成了相当广泛的市民阶层,有着比较清晰的文化需求。由于经济的带动,上海也逐渐形成了比较发达的文化产业,比如印刷、新闻出版。以商务印书馆为例,由于它较早涉足印刷发行新式教材,发了大财,拥有资产数百万元,职工千余人。文学研究会的社刊《小说月报》就是由上海商务印书馆承办的。1921年6月,在日本留学的郭沫若、郁达夫、张资平等人成立了创造社,也把基地设在上海,借力上海泰东书局,先后办了《创造季刊》、《创造周报》、《创造社丛书》等。

朱湘到了上海,去曾经多次发表他诗歌的《小说月报》编辑部,送诗给郑振铎。郑振铎,1898年生,福建长乐人,生于浙江永嘉。1917年,入北京铁路管理学校学习。1921年,与沈雁冰、王统照、叶圣陶等人共同发起成立文学研究会,并主编文学研究会机关刊物《文学周刊》。1923年1月,正式接替沈雁冰,主编《小说月报》,继续倡导写实主义。

郑振铎也早知道朱湘这个名字,非常欣赏他的才华,收下了他的诗,知道他被清华开除的事,也很惋惜,在文学和生活上都给了朱湘很多帮助。

不久,朱湘加入文学研究会。关于朱湘加入文学研究会的时间,钱光培在《现代诗人朱湘研究》一文中分析认为:

赵景深先生在他所写的《朱湘传略》(《新文学史料》一九八二年第三期)中,对朱湘入会时间,作了详尽的说明。他说:"朱湘加入文学研究会的号码与我相近。我是81号,李戊于(青崖)是82号,朱湘是90号。记得我和李青崖同时加入文学研究会是一九二三年秋我在长沙岳云中学教国文的时候,大约朱湘加入文学研究会是一九二四年左右。"文学研究会的会员录,赵景深先生有抄件,我亦抄过一份。从这个会员录中,我们可以看出,除第一批会员外,以后陆续入会者,都是按时间先后顺序编号的。赵景深先生的说法,言之有据。特按照他的意见,改定为"一九二三至一九二四年之际"。

在这里,我不直接沿用赵景深先生的说法:"在一九二四年左右",而用"一九二三至一九二四年之际",其意思是要把朱湘加入文学研究会的时间,较赵先生说法向前推移一些。其原因便是文学研究会把朱湘的《路曼尼亚民歌一斑》列为自己的丛书的出版时间是一九二四年三月。想朱湘入会,当在此前,而不会在此后。

笔者以为,朱湘加入文学研究会应该在 1924 年春到上海后。他被清华开除,怀着满腔的热情投入文学研究会的怀抱。

春末或夏初

与刘采云结婚。

朱湘在上海待的时间并不长,春末或夏初,朱湘在大哥的安排下,从上海到南京完成婚事。

关于其结婚的时间,钱光培在《现代诗人朱湘研究》中分析:

关于朱湘与刘霓君(朱湘在结婚后为刘采云改名),旧说颇为纷纭,有说"一九二三年"者,有说"一九二五年"者,只有王宏志《朱湘年表初稿》作"一九二四年"。但他在年表中,也没有提出任何证据与说明,我在这里,取了王说。其根据有两个:

第一,朱湘的长子小沅生前自述,他于一九二五年出生在上海,故名"海士";朱湘于一九二八年三月五日给霓君信中又说:"小沅将近三岁",因此可以断定,朱湘和霓君结婚在一九二五年之说是不能成立的。

第二,前文已证实了,朱湘被清华开除,是在一九二三年冬或一九二四年春……那"一九二三年"在南方结婚之说,显然不能成立了。

一九二三年不可能结婚,一九二五年便生了孩子,而孩子的生日——据一九二八年三月五日朱湘说"小沅将近三岁"推断——又在三月以后,所以朱湘的结婚时间,就只能是一九二四年了。

笔者分析，朱湘被清华开除，肯定让脾气不好的大哥极为恼怒。他决定让朱湘结婚，希望借此将朱湘拉回到世俗生活的正轨。或者，他赶到上海，强迫朱湘回南京结婚。而他也尽了父亲生前交待他的对朱湘的养护责任。

朱小沅《诗人朱湘之死》明确记载，朱湘的结婚时间在春三月。

关于朱湘的婚事，罗念生在《忆诗人朱湘》中描述过：

> 后来的结婚仪式由朱湘的大哥主持，这位代父行使家长职权的长兄要五弟行跪拜礼，弟弟只肯三鞠躬。哥哥晚上便大"闹"新房，把喜烛打成了两截。新郎当晚即离开了大哥的家，搬到二嫂薛琪瑛家里去了。据朱湘的女儿小东的回忆录说，她父亲是她的二伯母薛琪瑛抚养大的。据朱湘的儿子小沅的回忆录说，诗人一生都得到薛琪瑛的关照，他的求学费用大部分是这位嫂子提供的。

朱湘的这些故事，是罗念生听小沅说的，小沅的《诗人朱湘之死》中也写到，应该可信。朱湘大哥性情暴躁，对朱湘被清华开除一事本来就非常生气，这次结婚大事，朱湘再次不听从于他，发这样的怒火也是情理当中。从此，朱湘也断绝了与大哥的来往。

5月

11日　致信顾毓琇。

信中说及有信给闻一多，让顾毓琇与闻一多取是信阅之，原信缺佚。

夏天

在二嫂薛琪瑛的介绍下,婚后来到建邺大学教书,不久又去了上海。

建邺大学位于莫愁湖边,是教会办的,由中学发展起来,故学校并不大,也没什么名气。大学部只有 8 名学生,朱湘虽然自己的学历也只相当于大学一年级的水平,但以其实际才学,尤其是英语水平,教这些学生是绰绰有余的。

放了暑假,朱湘离开建邺大学,到上海。

朱湘被清华开除,他自诩为是向"对清华的失望"的挑战,是以此让自己得到彻底的解脱,是为了追求奋斗的、变换的、热辣辣的人生。现在,静下来思考一下,他觉得自己的这些想法,不过是一种根本不可捉摸的假象而已。南京是个让人憋闷的地方,这里几乎感受不到新文学的空气,相反,这里还是旧文学的一个堡垒。较大的学府东南大学聚集了柳诒徵、吴宓、梅光迪等人物,成为全国复古思潮唯其马首是瞻的重镇。他们主编的《学衡》杂志,正是极力营造着一种复古的氛围。这让朱湘对南京感到极端的失望,他觉得自己再在这里如此庸庸碌碌地混下去,只能一事无成,而受到清华和世人的嘲笑。他决定还是要到上海去,只有上海才是自己成长的沃土,去干一番事业,来证明自己的才能,让清华和世人对自己刮目相看。

朱湘对南京更无留恋之处了,约在这年秋季,便带着采云顺江而下,来到了上海,在虬江路德荣里租了间房子住下。到上海后,朱湘为采云更名为季霞,又更名霓君。

9月

16日 为第一本诗集《夏天》作自序。

朱湘在上海一时还找不到工作,每日呆在家中读书、写作,偶尔能得些稿费,采云做工也有些收入,两人的日子过得虽不富有,但也不至于十分拮据。

利用这期间充裕的时间,朱湘将他编选的诗集《夏天》,再一次进行了整理、删削、编定,送到商务印书馆。郑振铎看了,觉得这本书很有艺术性,又因为朱湘是文学研究会会员,出于扶持新人的目的,将它列入"文学研究会丛书"出版。这本诗集,除《废园》等几首在《小说月报》发表过之外,其余均未发表过。在《夏天》的自序中,朱湘写道:

朱湘优游的生活既终,奋斗的生活开始,乃检两年半来所作诗,选之,存可半数,得二十六首,印一小册子,命名《夏天》,取青春期已过,入了成人期的意思。我的诗,你们去罢!站得住自然的风雨,你们就生存;站不住,死了也罢。

朱湘非常感激闻一多对自己创作的帮助,《自序》的末尾还特别提到:"《春》中有几处是照闻一多的指正改正的,附谢。"

本月 在《小说月报》第15卷第9号发表诗《春雨后的早晨》、《北地早春雨霁》(都收入《夏天》)。

10月

6日 在《时事新报》的《文学周刊》第142期发表文学评论《蓝默的〈博图夫人关于哑牌的见解〉》、《〈统一局〉》、《吹求的与法官式的文艺批评》。

20 日　在《时事新报》的《文学周刊》第 144 期发表文学评论《〈红烛〉》、《〈小溪〉》。

27 日　在《时事新报》的《文学周刊》第 145 期发表文学评论《〈呐喊〉》。

朱湘写这些文章可能在本年 8、9 月间,他对所有新文学运动以来出版的作品进行了一次检阅式的阅读,写了一些评论性文章,特别推崇周作人、闻一多、鲁迅等人的作品。他认为周作人的《统一局》是"一朵微妙的散文'蔷薇'","妙在它的反话毫不刺眼而减去了讽刺的成分,这文仍不失为一篇高的想象作品"。他觉得闻一多的《红烛》"最惹人注目的地方是它的色彩运用"。他尤其赞赏鲁迅的《呐喊》:"虽然他的这本小说之中所描写的大半是一种愚蠢灰白的乡间生活……不过这种生活经过艺术的洗礼之后,我们再来读它,则只觉到脑亮,心愉,只觉得美,则不会觉着憎厌了。"

上海《时事新报》的《文学周刊》是文学研究会主办的另一份刊物,朱湘的这几篇文章,加上 12 月发的一篇《〈流云〉》,一共是七篇,朱湘把它们命名为"桌话 Table-Talk",以一种非常平和、自然、洒脱的随笔式自由文体,来展开批评和思考。许多相识或不相识的文友,读到这些文字,纷纷向他来信表示赞扬,说他开创了一种具有个人风格的自由文体。

这些评论初步显露了朱湘在文学批评方面的才华,牛刀小试,便引起关注。其中《〈呐喊〉》一篇被台静农收入 1927 年北新书局出版的《关于鲁迅及其著作》一书中。由于署名是"天用",远在美国的闻一多,还写信给梁实秋,请他代为查找刊载"桌话"的《时事新报》,还打听"天用"其人。

这时候,朱湘也自觉地把新诗的韵律化作为自己的艺术追求,并在考虑中国新诗的命运。他在《〈红烛〉》中甚至批评起闻一多:

闻君尝说,尽力发展你的想象,想象丰富了,音乐会自然跟着来的,这句话是个错误,《红烛》的自身缺乏音韵,便是一个确证。他并不是不懂音乐的,可惜他将诗的这一方面太忽略了。我凭了中国新诗将来的命运来劝他,快的改正他的这个念头。

秋天

编定了《夏天》之后，又翻译了不少英诗，而得到陈望道关注，被推荐到上海大学任教。

这段时间，朱湘的心情较为平静，又没有受到外界干扰，充分发挥出自己的全部才华，一连翻译了华兹华斯的《露面》、济慈的《希腊古瓮曲》、罗伯特·白朗宁的《夜里的相会》、《异域乡思》等18首诗，分别寄给了《文学》、《妇女杂志》、《小说月报》和《语丝》等杂志发表。

朱湘在《白朗宁的〈异域乡思〉与英诗》一文中说：

我因为英诗毫未引起中国人的垂顾，在四个月以前的某一个月中趁着高兴接连译成功了……等十八首诗。

朱湘写这些文字是1925年2月，可知译诗时间应该在1924年秋天的某个月。

朱湘的译诗发表后，引起陈望道的关注，他推荐朱湘到上海大学教书。

陈望道，原名单一，字任重，1891年生，浙江义乌人，早年留学日本，毕业于中央大学，获法学学士学位。在留日期间，积极参加了留日学生组织的各种爱国运动。1919年回国，任教于浙江第一师范学校。后回到家乡，翻译了《共产党宣言》。1920年，应陈独秀之邀，前往上海担任《新青年》编辑，并与陈独秀、李汉俊、李达等在一起，组织上海共产主义小组。

上海大学的前身是一所弄堂大学——私立东南高等师范学校，由于创办人只顾赚钱，引发"学潮"，学生赶走了校长，公推于右任担任校长。这时正值国共合作时期，中国共产党决定派遣邓中夏前往该校任总务长，瞿秋白任学务长,领导改组学校。上海大学面貌焕然一新,无论是教学内容、教学方法以及学校管理方面,在当时都是别具一格的。学校下设社会科学系、中国文学系、美术系和英国文学系,另外还附设中学部和俄文班。陈望道也是陈独秀派往上海大学的,任中文系主任,中文系开设了中国文学史、文学概论、修辞学、小说、戏剧、诗歌等课程。全校教学民主空气浓厚,学生活泼,学术研究也非常活跃,仅文学组织就有春风文学会、湖波文学研究会等。另外,蔡和森、恽代英、张太雷、萧楚女、杨贤江、沈雁冰、郑振铎等都到该校教授课程。

朱湘在《白朗宁的〈异域乡思〉与英诗》中有两处提到:

这次我入上海大学去教英文,就是陈望道先生看见了我的译文而介绍的。

让我将我这一方面的努力的第一成绩公之天下。便是,上学期考试上海大学国文系的"文学概论",有李君伯昌作有《农村晚景》一诗。

朱湘既已到上海大学教书,又参加上学期(本年度下学期)阅卷,可推知其到上海大学教书应在本年秋冬季。

11 月

在《小说月报》第 15 卷第 11 号发表诗《你何必啼呢》(未入集)。

12月

1日 在《时事新报》的《文学周刊》第150期发表文学评论《〈流云〉》,这是朱湘"桌话"的最后一篇。

5日 以诗《有感》(未入集)复信梁宗岱。

梁宗岱从瑞士日内瓦湖畔寄给朱湘一封信,同时还寄来了一叠瑞士风光的明信片,朱湘写此诗作为回复。

当时,军阀混战,国无宁日。继1922年第一次直奉战争后,1924年9月又发生了第二次直奉战争。直方投入兵力20余万人,奉方投入兵力约17万人,在山海关一带展开激战。正当双方在前线对峙时,直系将领冯玉祥突然回师发动了"北京政变",使战局激剧变化,直军很快被奉军打败。连年的战争,使百姓生活困苦不堪。许多流民涌入上海谋生,在上海的街头,随时可见饿死的乞丐,其状惨不忍睹。朱湘对时局也深为忧虑,向往着一种人民安居乐业的美好社会。其诗《有感》有句:

> 李白呀!你的高蹈我今世已无分,
> 我但望你骑鲸度海去慰远游的梁君;
> 杜甫,让我只听你悲壮的音调,
> 让你咚咚的战鼓惊起我久睡的灵魂!
>
> 为人不能在自身取得晏安,
> 也应当将赤血喷成洪水的狂澜,
> 将今世的污秽一荡而尽,
> 替后人造起一座亚洲的花园!

梁宗岱(1903—1983),广东新会人,少年时就颇有诗名,1924年留学法国。留法期间,结识了法国象征派诗歌大师保尔·瓦雷里,并将其诗作译成中文,寄回国内刊在《小说月报》上,使法国大诗人的精品首次与中国读者见面。也许是郑振铎的介绍,使朱湘与梁宗岱相识并成为好友。

本月 在《小说月报》第 15 卷第 12 号发表诗《秋》(未入集)、《雨景》(收入《草莽集》)。

1925 年 22 岁

1月

诗集《夏天》由商务印书馆出版发行。

2月

2日 写《白朗宁的〈异域乡思〉与英诗》一文(发表于1925年3月11日《京报·副刊》),引起强烈争议。

写此文的起因是当时的学者王宗璠发表在《晨报·文学旬刊》上的一则与该刊主编王统照的通信。在这封信的"又及"中,王宗璠批评了朱湘发表在《小说月报》上的译诗《白朗宁的〈异域乡思〉》,指出该译诗有几处大错,其中最突出的错误,就是把原诗第12行的"梨树"译成了"夭桃"。王宗璠的文词,除略有嘲讽之意外,也并无太过之处。王统照在回信中,也以"朱君偏重文词"和"出于美学上的考虑"为由做了解释。

朱湘太敏感了，一向因英文翻译优秀而自负的他，哪里经得别人这样说他？他仿佛受到了莫大的侮辱，一气之下，以《白朗宁的〈异域乡思〉与英诗》为题，写了一封致《晨报·文学旬刊》编辑部的公开信进行辩护。他在信中说：

（我之所以将梨树译成夭桃）因为想与第三句协韵（并非误译）。将梨树改了夭桃，在我的想象中，并与不改一般，因为它们都是春天的花——倘若我将梨树改作荷花，或桂花，或梅花，那时候王先生便可以说我是"大错"，我也就俯首无言了。

朱湘联想起自己这些年的经历，以及当时中国文坛的一些怪现象，特别是胡适等人，以文学权威自居，强烈地感到自己被某些人压抑，被一种制度束缚，才华和抱负得不到施展。他以一种十分愤懑的语气写道：

近人有一种习气，就是，一个有名的人所作的文章字字都是圣经，一个无名的人所作的文章句句都是恶札；这是一班浅人的必有的倾向，要勉强他们，也是不能的；但是这么大的中国，难道尽为这一班本性难移的劣者所弃斥吗？难道竟没有三数个或一个眼光如炬的批评家发瑕扬微，推倒"名"的旗帜而竖起"真"的赤帜吗？我自己不知究竟有批评的天赋没有，然而我发一个心愿在这里——并望朋友们常常提醒我——就是，以大公的态度来遍阅一切新文学产物，不以"名"为判断的标准，也不射有意或无意的暗箭。

朱湘以笔为戟，写下如此激昂的语言向社会的一切不平发出挑战书：

我是一个极端主张积极的人，但消极的事情逆了我的意愿而来；临战而走，是谓懦夫，懦夫不是我的本质。我如今在这个地方，向一切不公平挑战：

"你们来吧！我在这里！"

在这封信里，朱湘把多年郁积在心里的话一吐而快。这就是朱湘，尽管他的性格有些狭隘、偏激的成分，却是一个绝对真实、毫无隐藏的人。他就像一个勇往直前的勇士，向着自己看不惯的势力发起冲击，而从不去考虑自己究竟有多少力量，更不去考虑自己可能会在冲锋中粉身碎骨。

王宗璠对朱湘的批评也引起了远在北平清华园的诗友们的不平，纷纷拿起笔来撰文声援朱湘，展示了他们"恰同学少年"的纯真友情。饶孟侃在《京报·副刊》发表了《春风吹又生》、《野火烧不尽》，孙大雨发表了《论〈异域乡思〉与辨诬》等文。王宗璠不与朱湘接招，而与饶孟侃、孙大雨展开论战，发表了《被春风吹僵了！》，作为对饶孟侃《春风吹又生》的回应。加入王宗璠阵营的还有乔洒，发表了《盲目的读者》；甘人也发表了《春风不要再吹罢》等。这场文字上的论战纷纷扬扬，热闹一时，在当时的中国文坛产生了很大的影响，尤其给那些名不见经传的年轻作者以极大的鼓舞。

朱湘任教于上海大学，和大学里一些文学爱好者结下了深厚的友谊。当时在该校挂名上学的一个名叫梅庄的同学，后来写过一篇纪念文章《关于朱湘及其它》，谈到朱湘在上海大学的生活：

我认识朱湘，是在一九二五年春间。那时我是上海某大学挂名的学生，他也正在那大学代课几点钟英文。我们友谊的由来，那当然是由于对文艺的爱好。当时我正是一个天真烂漫的文艺热狂者，有几个同学，也和我患着一样的热狂病。我们这些人，大抵和朱湘都有相当的友谊。我们时常一块儿到朱湘寄住的地方去，有时请他教点英文，有时随便和他谈论一些文艺上的事业。他那时的情况颇为寂寞和清苦。据我所知道，他那时在上海并没有什么来往得很密切的女人；他生活的来路也很枯竭；他在那大学代课，每月大概只能拿到很可怜的几块钱。他爱穿西装，如果我的记忆不错的话，我看过他穿的西装,只有一套,没有看过他穿第二套。大概也是因为他是这样的寂寞和清苦吧。所以他会那样高兴和我们来往,而且和我们几个穷措大还很说得来话。(参见《幽默的叫卖声》一书,1935年10月初版,生活书店发行)

22日 致信周作人,由金圣叹和李笠翁的作品生出一些想法。

3月

月初 闻一多致信朱湘。

在美国留学的闻一多、梁实秋、顾毓琇等人,"鉴于目前中国地位之危急,非有真正的国家文学,鼓吹民气,发扬民德不可,已定在本国创办一种文艺刊物,专为提倡国家主义之用"。刊物名称初定为有中华特色、出之有典的《雕虫》或《河图》;还列出了前四期的约稿计划,甚至连什么时候出版,是在国内制版还是在日本或美国制版,是直排还是横排,每册卖价多少等问题都有具体设想和意见,还拟创办一所艺术大学。闻一多就此致信朱湘,征求朱湘的意见。(参见闻黎明等编《闻一多年谱长编》)

1934年4月《清华周刊》第3、4期合刊刊登《朱湘遗书》,内有一封致闻一多的信,可能是朱湘复闻一多之信,谈及他的宏伟理想,不仅要办艺术杂志,还要办艺术大学。因此信未入集,特录如下:

一多兄:

来书批评拙作,语语中肯,读毕,直欲五体投地。"胆汁色"三字极妙。三诗遵命保留。大作两章已经代投《京副》,就中《大雨》极佳,《渔阳曲》音节美妙,"东"韵之运用可见匠心,此诗无疑的为一音节上的成功。《河图》商务虽允承印,但最好仍是自办,兄意不知以为如何,尚望告知。《河图丛书》想只在计划中:我可以附骥一种,Synge的戏剧。

  艺术杂志既有，人才充足时，艺术大学亦一刻不容缓之事业；目前之中国，其他之艺术不论已，即最普通之绘画，亦复凋萎之至，盖如今较可成立之美术学校仅有京宁沪三地之四校，而京校今已停办，尚未恢复，宁校窄隘，此地刘海粟校颇有商业性质，周剑尘校生徒极少，吾兄闻此，得勿疾首蹙额耶？所望者，吾兄与一班游美之青年艺术家联袂返来之时，能在景物清幽之地，或宁或吴，创立一广义的艺术大学，则我国当今就木之艺术尚有一Rebai之希望焉。此大学开办后，戏剧自亦在内，届时之盛况可想而知。

  兄今夏返国，固弟所亟愿而渴望者，然为兄之精神慰安计，为我国之艺术计，则弟敢言当今国内之学术界中除创造即将复活外。其他恐皆不能使兄满足，与其徒为独木，反不如先偕实秋兄同作一旧大陆之畅游之为愈也。尔时两兄如来，同归者必有数艺术者，如此则大学可成，一鸣惊人矣。管见不识当否，尚望兄等加以仔细之考量。如其可行，自今起即当募集基金。弟悬想将来有梁思成君建筑校舍，有骆启荣君担任雕刻，有吾兄及杨廷宝君濡写壁画，有余上沅君、赵畸君开办剧院，又有园亭池沼药卉草木以培养实秋兄沫若兄之诗思，以逗林徽音女史之清歌，而达夫兄，年来之悲苦亦得藉此以稍释，不亦人生之大快乎。弟馨香默祷，能身逢其盛，永在书城中为一蠹鱼，愿亦足矣。

弟　湘

8日　创作评论《古代的民歌》(收入《中书集》)。

12日　孙中山先生在北京逝世。

23日　在《京报·副刊》发表诗《我的心》、《快乐》、《鸟辞林》、《覆舟人》(都收入《夏天》)。

28日　在《京报·副刊》发表书信《一封致友人饶孟侃的公开信》。

  朱湘在信中说到上个月文章之争的起因和缘由。他说那封公开信"不过是借了王先生作一个鼓，来鼓出我这两年来的不平之鸣"。又说："自从我投入社会潮流之后,我所身历目睹的不平实在太多了,我的火气不由得时时冒上来。王先生那一段毫不公平的'指责',不过是一条引火线罢了。"他还把此信比作闻一多先生的《渔阳曲》,其主旨不过是为了发泄几年来内心积蓄的忧愤和不平。

朱湘在之前的公开信里还谈及与闻一多等筹办《文学季刊》:

这次我与闻一多、梁实秋、顾一樵、翟毅夫、孙铭传、家嫂薛琪瑛女史诸位筹备一种《文学季刊》,该刊颇有志于介绍英国长短体诗。我个人已动手翻译了乔叟的《坎伯雷故事集》和弥尔顿的《快乐的人》。前一篇是长体的叙事诗,已成百七十行。这次我入上海大学去教英文,就是陈望道先生看见了我的译文而介绍的;后一篇是长体的抒情诗,已成六十行,寄海外的文友闻、梁、顾、翟诸位去看去了。

在那封信里,他表扬上海大学中国文学系的学生李伯昌和方君卓,认为他们的诗不让于当今一些大家。由此,又想到被清华学校开除的事,情绪仍然十分激动,内心愤愤不平:

唉!资格,资格!天下为了你,不知曲没了多少人!
听到朋友彭基相说,北大的学生以终身在校中读书,当局不仅不将他们开除——如清华开除了我这个中英文永远是超等上等,没有中等过,一切客观的道德藩篱(如嫖赌烟酒)向来没有犯越过,只因为喜欢专读文学书籍常时逃课,以致只差半年即可游美的时候被学校开除掉了一般——并且极力的奖励他们;即如彭基相、余文伟两位朋友,又如朱谦之先生,大学教员已经当过许多处的,而资格只是北京大学中国文学系一年级的学生。

资格!我向你正式挑战,我的战具不用许多,我只用近来这几天作的一首诗:

葬我于荷花池水下，

让滑泥作我的殓衣，

在绿荷叶的灵灯上，

夜萤闪它的青辉；

葬我于马樱花底，

永作着芬芳的梦；

葬我于泰山之巅，

长聆听挽歌的天风；

不然，便焚我为轻尘，

洒入初涨的春水，

在柳荫中偕了桃花，

同流往不可知的去处。

资格！不公平！你要不要狞笑！我还未葬哪！我如今才二十二岁哪！我还有四十年来与你们周旋！朋友们哪！一切的叛徒呀！雪莱，Goldsmith呀：请听我的战呼！

"一个开除的学生！"

4月

1日　创作诗《哭孙中山》(发表于1925年8月《猛进》第23期，收入《草莽集》)。

2日　在《京报·副刊》发表评论《为闻一多〈泪雨〉附识》。

11日　在《京报·副刊》发表杂文《这是什么意思？》。

朱湘在这篇文章中叙述了前几天经历的一件事:他从上海大学教学英文回来,坐在电车上,他给半路上来的一个外国女人让座,被两个外国人辱骂。朱湘毫不客气地予以还击。他想到,以前在报上有人撰文说,侮辱中国人的外国人,是些没有智识的下等社会人,此言极是。外国人对于中国人态度如何,从今天这件事就可略见一斑。

朱湘又联想到昨天看到的一份英文报纸《大陆报》,那上面有一幅汽车广告图画,画的是一辆"如虎生翼"的汽车,车后的远处是几个倒下的"不开通"的中国人,车轮下是一条"该死"的狗,坐车的外国人惊诧地向车外望,问:"这是走过一块坟地吗?"驾车的中国人眼睛一动不动地向着前方,骄傲地说:"他们是志程的石碑。"朱湘想到这里,更是对这些侮辱中国人的外国人无比气愤,他要大声疾呼:"与我族类相同的人哪!这又是什么意思?"

此文发表,一时好评如潮,认为朱湘此文大长了中国人的志气。

12日 在《京报·副刊》发表诗《寄一多基相》(收入《夏天》)。

5月

3日 创作诗《弹三弦的瞎子》(发表于1925年7月23日《京报·副刊》,收入《草莽集》)。

11日 致信闻一多,对于办艺术大学和《河图》杂志提出建议。

这封信中还提及:朱湘决定替孙中山先生作传,并接到彭基相、余文伟信,拟去北京帮他们办适存中学。(此信收入陈子善编《孤高的真情·朱湘书信集》)

这年,正当朱湘在上海苦斗的时候,他当年在北大听课认识的朋友彭基相和余文伟正在北京开创事业。彭基相和余文伟从北大哲学系毕业后,有感于中国教育模式的陈旧,想办一所"理想的中学"。他们说干就干了起来,首先发表了一个慷慨激昂的宣言,向世人宣布了他们的理想,并为自己理想的中学取了一个富有深意的名字,叫作"适存",取"适者生存"之意。接着又邀请了吴稚晖和王星拱等京城名流来做他们的董事长,余文伟任校长,在《京报》上刊发了招生广告,一时间,在京城产生很大的反响。

15日　朱湘创作诗《有忆》(发表于1925年7月18日《京报·副刊》,收入《草莽集》)。

19日　朱湘创作诗《答梦》(发表于1925年12月《小说月报》第16卷第12号,收入《草莽集》)。

24日　致长信与胡适,希望胡适推荐自己进入商务印书馆。

此信见于文章《朱湘集外书信一封(外一篇)》,四川师范大学中文系龚明德整理,原载《现代中文学刊》2018年第5期。但此信来源何处,未有注明,只是标注由手迹整理。

朱湘非常自负,认为自己才学出众,希望得到胡适赏识,被推荐进入商务印书馆工作,他谈及自己的译著《路曼尼亚民歌一斑》,虽然口气中少了一些谦逊,但朱湘的勤勉与好学却是让人不得不承认的:

并非自大的话,只说译,我的六十页的《路曼尼亚民歌一斑》便抵得他人的六万页;因我译那本书时,不仅在书内作功夫,也在书外,我细阅读过许多的《百科全书》,读过路国的历史,自己向英国购买路国短篇小说集译本以及一本谈路国乡村生活的书来看过,才作出了我的那篇短的序以及那篇短短的跋来。即"路曼尼亚"四字中的"路曼"两字都有讲究,因此名之原文为Roma-nia,原文中的o等于英文u的发音,a等于法文un,ouin的发音,所以此名应译音为"路曼尼亚",而不应译音为"罗马尼亚"。并且"罗马尼亚"的"罗马"易与他名淆混,虽然路国文字是现存文字中最近拉丁的,但"罗马尼亚"在巴尔干半岛上,"罗马"则在意大利半岛上,并且"罗马尼亚"绝非东迁的"罗马"。

朱湘认为自己够得上胡适的推荐,表示:"我如进去时,他们给我什么事作,我都要尽力作去,并且我能看出的短处,我都要建议。"

他在这封信中,还谈及自己的许多美好理想:到向闻一多、梁实秋提议创办的"艺术大学"教书,或是供职于"北大图书公司"。自编、自印、自售《文学丛刊》,甚至想好了要用毛边纸印刷。一年能出两本书,或两年一本……这些想法,对于朱湘来说,都不过是些美梦而已。

我即入商务,也是暂局(暂局在我并非敷衍的对称词,即如文学研究会我已退出,但我以前的文章我还要替他们更为改好一点,以备成书或付刊)。将来我还是要加入我向友人闻一多、梁实秋提议的"艺术大学"(总不出吴、宁、浙、粤),或是入"北大图书公司"中服务,需要我的话。

我也自有我的野心,它便是《文学丛刊》。我要独自作稿,独自筹款印刷,独自发行。独自作稿,因态度更可鲜明;独自筹款印刷,因自己工作的报酬我不主张伪谦的拱手(虽然我同样不主张攫取别人分内之物);独自发行,因托售折扣太大,无异于为他人作嫁衣(衣裳有时是不免要替他人作一作的,但嫁衣则不可),并且要是与我表同情,即千里之远亦可来,何况一举手投足的汇钱小事?要是顺便就买一本,不顺便就算了,那种人我也不希罕他们来看我的书。广告我也要自己出名登,因我近来恍然了惟有自己才最能了解自己。我的书将用毛边纸印,一因价钱简直一般,二因美观,三因不伤眼睛。我的书畅顺时是一年两本,拂逆时两年一本也可。说不定我的书将一本不送人,好朋友也在内,因送书是有钱人作的事,而我无钱。野心——人不能不有,无野心的人便是死人;但野心应向"绝对"走去,不可走"相对"的路。那种阻挠破坏别人的人,便是恶人。我不愿作死人,我不屑作恶人,我要作一个"人"。

胡适是否收到这封信?收到后有什么表示?不得知。但进商务印书馆的事,肯定没有办成。朱湘一向瞧不起胡适等的学阀派头,此时能俯身给胡适写信,也很难得。而此信的无有反应,无疑会更加增添朱湘对胡适的反感。

30 日　创作诗《雌夜啼》(未发表,收入《草莽集》)。

同日　"五卅惨案"发生,作诗《雌夜啼》,对时局非常愤懑。

当时的上海纺织业,日资占了半壁江山。饱受剥削、压迫的纺织工人,开始以罢工的形式进行反抗,要求增加待遇。1925 年 5 月 15 日,日本人打死工人顾正红,并伤十余人,在全市引起强烈抗争。随后,上海日资纱厂工人罢工,学生展开募捐、游行、追悼活动。外国人大肆逮捕学生,并准备以扰乱治安罪对学生进行审讯。同时,上海公共租界工部局提出增订印刷附律、增加码头捐、交易所注册、取缔童工等四提案,准备于 6 月 2 日召开纳税人会议通过,这更激起了上海各界人民的愤怒。

30 日这天,2000 多名学生在上海公共租界各马路进行讲演,揭露外国人枪杀工人、逮捕学生的罪行,部分学生又遭逮捕。同时有 1 万多名各界群众聚集在南京路老闸捕房外,高呼打倒帝国主义,要求立即释放学生。英国巡捕向群众开枪,当场打死 4 人,伤后不久又死数人,重伤数十人,制造了震惊中外的"五卅惨案"。

上海大学在邓中夏、陈望道等的领导下,成为"五卅"运动的重要策源地,全部学生都参加了游行活动。他们组织宣讲团,分赴全市各地,号召市民向外国人开展斗争。该校学生何秉彝就死于英国巡捕枪口下。

朱湘作为上海大学的一名教员,却默默地置身于外,或许因为儿子小沅即将出生,需要照顾妻子,不能离开家。这天,当他在家中得知外国巡捕又枪杀了学生、工人时,他有着满腔的愤怒,却又毫无办法,唯一能做的是拿起笔来,宣泄着心中的愤怒、无奈与孤独。他觉得自己就像一只孤鸟,在这个世道里,没有什么生趣地活着:

雌夜啼

月啊,你莫明,

莫明于半虚的巢上；

　　我情愿黑夜，

来把我的孤独遮藏。

　　风呀，你莫吹，

莫吹起如叹的叶声；

　　我怕因了冷，

回忆到昔日的温存。

　　露水滴进巢，

我的身上一阵寒栗。

　　猎人呀，再来，

我的生趣已经终毕！

6月

1日　闻一多回国。

闻一多在上海登岸，即见到"五卅惨案"的景象，非常震惊，拟去北京。不久，回到故乡湖北小住。

2日　创作诗《夏院》（未发表，收入《草莽集》）。

3日　创作诗《夏夜》（收入《草莽集》）。

4日　创作诗《雨前》（发表于第1926年6月《小说月报》第17卷第6号，收入《草莽集》）。

5日－8日　创作长篇诗叙事诗《猫诰》（发表于1925年《小说月报》第16卷第10号，收入《草莽集》）。

《猫诰》是朱湘对写作叙事诗进行的探索，以童话的笔法，通过猫父子的对话，揭露了老猫自恃高贵、信奉强权、贪得无厌、凌强欺弱的丑陋性格，是对在中国为非作歹的帝国主义势力的强烈抨击。

16 日(端午节)　儿子小沅出生。

小沅又名海士,字伯智。子曰:"仁者乐山,智者乐水。"小沅取朱湘字子沅之意,是上海生的,故名海士,起字伯智,伯是行大,智的意思是希望他做个聪明的人。朱湘认为,聪明的人同尖巧的人不一样,聪明的人向大地方看,尖巧的人只看到眼前一块很小的地方。

郑振铎给了朱湘夫妇很多帮助。朱小沅在《诗人朱湘之死》中记述:

我出生的地点,是上海宝山里的一个亭子间。离我家不远,还住着一位蜚声中国文坛的郑振铎先生。

……

我出生以后,身体一直很瘦弱,所谓"先天不足,后天失调"。母亲不善于调养之道,父亲成天只知读书,作诗,生活经验不足,社会经验也就可想而知,所以,作邻居的郑振铎先生就经常帮助我们。

本月　因上海大学被武装占领而失业。

上海大学学生在"五卅运动"中表现出的英勇力量,令上海租界的外国人感到非常害怕。这天,大批荷枪实弹的印度巡捕涌入上海大学,英国人还出动了海军陆战队,对上海大学实行了武装占领,将学校强行封闭了,师生们被驱逐出校。次日,上海大学在老西门勤业女子师范学校建立临时办公处,由教务长陈望道主持召开师生大会,详细报告学校被武装占领的经过。大会公推陈望道起草宣言,发表通电,强烈抗议帝国主义的暴行。学校已经无法上课,也意味着朱湘失了业。

下旬　应彭基相之邀到北京适存中学任教。

此前,朱湘将霓君母子送往长沙,只身北上,来到北京东四牌楼五显庙内的适存中学。

29 日 给罗念生回信。

信中说：

你的信昨天才转来北京,想累你久等了,不安的很。

由此可知,此时朱湘已经在北京。言辞之中,满含兄长的宽厚与关怀。朱湘感到自己前途未卜,信中说:"我暑假后说不定还是去上海。"

7月

12 日 在《晨报·副刊》发表诗《大树辞——拟清华学校校歌》（未入集）。

29 日 创作诗《苦雨》（发表于1925年8月5日《京报·副刊》,未入集）。

8月

4 日 在《京报·副刊》发表诗《暂霁》（未入集）。

5 日 在《京报·副刊》发表诗《苦雨》（未入集）。

9 日 新月社举行茶话会。闻一多等正式加入新月社。

新月社成立于1923年,徐志摩说他最初是一个聚餐会,从聚餐会中产生新月社,大家想集合起力量,自编戏自演剧,主要成员有徐志摩、胡适、黄子美、蹇季常、张君劢、丁文江、林长民等。

17 日 创作诗《有一座坟墓》（发表于1925年12月《小说月报》第16卷第12号,收入《草莽集》）。

19 日 致信罗念生,说到有关同学孙大雨的一些事。

孙大雨应该是8月份赴美的,但按照清华学校的新规定,留美学生可以推迟一年,到各地游历,以增加社会经验。孙大雨想到湖南桃源去游玩,便给朱湘写了一封信,征求他的意见。朱湘觉得湖南没有什么好玩的,还不如到庐山、永嘉去。朱湘的妻兄、姐夫等家都住在湖南,而孙大雨误以为朱湘是担心自己的亲戚会遭到麻烦,而让他放弃湖南之行,遂有些不悦,一气之下便不告而行,这又让朱湘不高兴了。朱湘在这封信中,让罗念生把他的一些说明转告孙大雨。他在信中解释道:"他就是一定想去,也可以告诉我,我自然要函告舍亲极力招待……我以前听到舍亲说,洞庭没什么好玩,所以据实告诉了他,劝他改玩庐山、永嘉。"从这些话里面,可以看出,朱湘是个非常重感情的人。

24 日　创作诗《热情》(发表于 1925 年 12 月《小说月报》第 16 卷第 12 号,收入《草莽集》)。

在这首《热情》里,朱湘一改以前忧郁的情调,精神极为昂扬振作,体现出诗人此时心中要扫除丑恶、创造光明、干一番事业的愿望:

> 我们的热情消溶去冰冻,
> 苏醒转月宫的白兔、桂花,
> 我们绑起斫情根的吴刚,
> 一起扔去填天狼的齿牙。
>
> 我们发出流星的白羽箭,
> 射死丑的蟾蜍,恶的天狗。
> 我们挥慧星的筅帚扫除,
> 拿南箕撮去一切的污朽。
> 我们把九个太阳都挂起,
> 一个正中,八个照亮八方:

> 我们要世间不再有寒冷，
>
> 我们要一切的黑暗重光。

28日　参加适存中学开学典礼。

适存中学布置一新，举行学校建成暨开学庆典。彭基相请来了董事长吴稚晖来校演讲。朱湘早早就带领学生来到礼堂，并担任演讲记录。吴稚晖，1865年生，浙江武进人，早年留学日本，参加孙中山领导发起的"中国同盟会"，他主张彻底抛弃封建传统文化，建立新文化。他演讲的题目是《中学教育》，朱湘认真记录，回去以后，还把吴老的演讲整理成文，发表在9月1日的《京报·副刊》。

当天，朱湘创作诗《饮酒》，大概这天学校设宴，招待贵宾，朱湘喝了些酒，有感而发。此诗发表于1926年1月《小说月刊》第17卷第1号，收入《草莽集》。

本月　与同学饶孟侃、孙大雨、杨世恩等共住于北京。

饶孟侃应该是今年毕业去美国的。因为毕业前夕，有一天吃饭的时候，他觉得食堂里膳食不洁，与一外籍职员发生了争执，那个职员竟以阻止留学要挟。饶孟侃一怒之下，自动放弃了留美名额，滞留在北京，为谋生计，也便来到了适存中学。

杨世恩因为家境贫穷，一时不能置办行装而暂缓放洋，回到北京之后，考入新设的清华研究院做特别生。

孙大雨在湖湘游历一番，也回到北京。朱湘再向他解释，两人尽释前嫌。

因适存中学没有房子，同时也为节省开支，朱湘（子沅）和饶孟侃（子离）、孙大雨（子潜）、杨世恩（子惠）这"清华四子"，共同租住在西单梯子胡同一间公寓。

"四子"一词，最早是闻一多使用的。不过最初并不是全指这四人，而是指朱湘、饶孟侃、杨世恩、刘梦苇，后来人们就把后一子换成了孙大雨。（参见

黄延复《水木清华——二三十年代清华校园文化》)

  当时北京的公寓,大多是些经过改造的四合院平房,由经营公寓的小商人承租下来,装上电灯,配备一些简陋的桌、椅、床等家俱,再雇几个清扫卫生、供应饮食的伙计,即可分别租出去。房客大都是暂时住在北京而无力安家的青年大学生、小公务员,一些从外地来到北京准备投考大学的中学生,不在籍的各大学旁听生以及赴京寻求发展的文学青年。许多以著文为生的自由撰稿人,都乐于过这种自由自在的公寓生活。这些公寓将许多不太富裕的文化人聚拢在一起,形成二十世纪二三十年代北京生活中一道独特的文化风景,被人们称为"中国式的巴黎拉丁区"。

  当时闻一多、余上沅也住梯子胡同,他们之间经常走动。

  朱湘的好友刘梦苇也来到适存中学任教。刘梦苇爱上了一个同乡的女同学,女同学在北京某学校读书。刘梦苇来到北京,就是为了追求那个女同学。

  这几位当时诗才横溢的年轻人无意中聚在了一块,为后来的诗歌形式运动创造了条件。他们在文学上的名气,吸引了周围许多文学青年,徐霞村就是其中之一。

  徐霞村,又名元度,1907年生,上海人,1915年考入天津直隶第一中学,1920年考入北京汇文中学,"五卅运动"爆发,他和同学们一起,冲出校门,参加反帝爱国游行,并参加了北京学生联合会。

  徐霞村的女儿徐小玉在《父亲与朱湘》一文中写道:

  父亲称朱湘是他写作的"指路人"。1925年夏天,他与几个爱好写作的同学一起去拜访朱湘。当时的朱湘,虽说还只是清华大学高年级学生,可已在商务出版了他的诗集《夏天》和他编译的《路曼尼亚民歌一斑》,并经常在《小说月报》和《晨报》副刊上发表作品,在他们的心目中,已是一名真正的作家了!

朱湘住在西单附近的一所公寓里,当他们走进他那间不到十平方米的小屋时,他正在写东西。父亲说:"那时,朱湘还只是个二十一二岁的青年,但他那略显苍白的严肃的脸,他那稳重的举止,却有些像一位中年教师。他讲话很文静,声音很低,对于我们提出的问题,总要略加思索方才回答,对我们提出的一些略带稚气、大而无当的问题,丝毫也没显出不耐烦的神情,反而是一一给以解答。他除了教我们如何练习写作,还就读书问题提出看法……我们聚精会神地听他谈了半个上午,才告辞而去,感到收获很大。"

过了几天,父亲鼓起勇气,带了两篇自己译的莫泊桑的短篇小说(根据英译本转译的),去请他指点。父亲知道他的时间是很宝贵的,他既在适存中学兼英语课,还要写诗和研究英国诗歌,担心他难以抽得出时间来看自己的习作。不料朱湘竟二话没说,欣然接受了父亲的请求,先看了一遍译文,再对照英译本逐字逐句地加以校阅,指出父亲的译文哪些地方是对原文理解错了,哪些地方译得词不达意,足足花了两三个小时来帮助父亲!朱湘让父亲重新再译一遍,再拿来给他看。父亲用三天的时间,重新译过那两篇作品,又去请他看;他又替父亲重新校阅一遍,再次指出不妥的地方,要父亲修改后再拿给他看!

从那时起,父亲便成了朱湘寓所的常客,他先后从英译的柴霍甫、斯特林堡、法朗士等人的短篇作品中转译了十几篇,一一请朱指导,朱都不厌其烦地给予指导。这些译文,父亲只当习作,大多没有拿去投稿。几十年后父亲回忆起二人这段相处时,仍说:"朱湘成了我从事文学工作的第一个指路人和启蒙老师。"又说:"他的治学态度的勤奋和严谨,是我一生中少见的。当时他还只是清华留美预备学校的高年级学生,但他在中国古代诗歌和英国近代诗歌上的造诣之深,已与我当时所认识的几位大学教师不相上下。他对自己所喜爱的几位英国作家,如莎士比亚、柯勒理治、华兹华斯、济慈、丁尼生等,不仅能背诵他们的名篇,而且还通读过他们大部分的著作。此外,他对希腊悲剧和歌德的作品也相当爱好,曾经从英文中译了希腊悲剧数种。在中国古代诗歌方面,他最喜欢《诗经》和屈原、王维、杜甫的诗,发表过《三百篇中的私情诗》《古代民歌》《王维》等七篇文章,大部分是1925年写成的。"朱湘下这么大功夫研究西洋诗和中国古诗的目的是"希望能从中找到一些可供借鉴的东西,为中国新诗的格律化,摸索出一条可行的道路"。

9月

11日 创作诗《少年歌》(发表于1925年10月《京报·副刊》,收入《草莽集》),作为适存中学校歌。

26日 创作诗《情歌》(发表于1926年1月《小说月报》第17卷第1号,收入《草莽集》)。

28日 创作诗《催妆曲》(发表于1925年10月《京报·副刊》,收入《草莽集》)。

不难看出,《情歌》与《催妆曲》都是怀念远在长沙的霓君的。

本月 在适存中学担任英语教师,其教学深受学生欢迎。

有个名叫李苇棠的学生,一直记得朱湘在适存中学上课的情景:

那年我刚迈入中学,庆幸得很,朱湘先生教授我们英文会话,他以大学教师资格,肯教我们幼稚的青年,那时,我们是怎样地亲近他,感谢他呢!他的态度,是非常的和蔼可亲;他的教法,是苦口哓哓,注重比赛。那时,凡受教于他的青年,我想没有一个不深深地受着刺激,不深深地印入了他的语声和态度。当时,许多的学生,知道他的脾气特殊,然而,我们,二十几个同学,没有一个不认为他是一位可亲可范的诗人。(参见1934年12月5日天津《益世报·周文学刊》第40集)

10 月

1 日　徐志摩正式接办《晨报·副刊》。

15 日　创作诗《当铺》(发表于 1926 年 6 月《小说月报》第 17 卷第 6 号,收入《草莽集》)。

24 日　创作代表作《采莲曲》(发表于 1926 年 4 月 15 日《晨报·副刊·诗镌》第 3 期,收入《草莽集》)。

采莲曲

小船呀轻飘,
杨柳呀风里颠摇;
荷叶呀翠盖,
荷花呀人样娇娆。
日落,
微波,
金丝闪动过小河。
左行,
右撑,
莲舟上扬起歌声。

菡萏呀半开,
蜂蝶呀不许轻来;
绿水呀相伴,
清净呀不染尘埃,

溪间，
　　　　采莲，
水珠滑走过荷钱。
　　拍紧，
　　　　拍轻，
桨声应答着歌声。

　　藕心呀丝长，
羞涩呀水底深藏：
　　不见呀蚕茧，
丝多呀蛹裹中央？
　　溪头，
　　　　采藕，
女郎要采又夷犹。
　　波沉，
　　　　波升，
波上抑扬着歌声。

　　莲蓬呀子多，
两岸呀榴树婆娑；
　　喜鹊呀喧噪，
榴花呀落上新罗。
　　溪中，
　　　　采蓬，
耳鬓边晕着微红。
　　风定，
　　　　风生，

1925年 22岁

风飔荡漾着歌声。

升了呀月钩,
明了呀织女牵牛;
薄雾呀拂水,
凉风呀飘去莲舟。
花芳,
衣香,
消溶入一片苍茫;
时静,
时闻,
虚空里袅着歌音。

如果说《夏天》还是单纯的、稚嫩的、模仿的,那么现在朱湘的诗就要复杂得多、成熟得多、有了自己的艺术主张。这一时期的创作,从内容上,表现出一种安详的态度、细腻的描写、秀丽的丰神、甜美的气韵。从形式上,注重诗句的整齐而又有变化、富有音乐性的效果。这首《采莲曲》当是这一时期的代表作。

朱湘一直在进行着新诗的探索,他受到闻一多等人的影响,其一,追求诗歌的意境之美,远离粗俗之物。这是朱湘在写诗时一直非常注意的,在这首诗里更是得到了充分的展现。他写的既是采莲,也是爱恋,极其巧妙地融为一体。诗人为我们刻画了一个一尘不染、轻歌曼舞的艺术境界,把一个江南采莲女写得花样妖娆,含情脉脉,显示出诗人高度的艺术技巧。其二,追求诗句的整齐美观。朱湘在诗行、诗节上进行了多种尝试,从一字诗行到十几字的诗行都写过。最后他认为诗行不宜过长,行与行之间的字数也不宜变化太大,这样既保存了中国传统诗歌外形上的匀齐,也有利于营造成诗歌氛围和情绪。如这首诗共分 5 节,每节 10 行,每行字数固定,顺序是 5757227227。在整齐中求变化,在变化中求整齐,从而形成了灵活多变、长短不齐、排列有致的艺术情趣。其三,追求着诗听起来有如音乐之感。韵脚自由多变,节奏轻快舒缓,衬字的巧妙运用,表现出采莲舟随波上下颠摇之感,使朱湘的诗由视觉艺术化为听觉艺术,特别适合于朗读,也可以吟唱。罗念生曾回忆起一件事:

> 那是抗战时期,我在成都,时常到刘开渠家去开读诗会。有一次,一位诗人大声朗读他的诗作,手舞足蹈,弄得满头大汗,人家还是听不太懂。我接上去念了朱湘的这首《采莲曲》,声调平和,韵律优美,听者随舟摇摆,如痴如醉。

苏雪林也在《论朱湘的诗》一文写道:

> 在某一个文艺会上我曾亲听作者诵此歌。其音节温柔飘忽,有说不出的甜美与和谐,你的灵魂在那弹簧似的音调上轻轻簸着摇着,也恍恍惚惚要飞入梦乡了。等他诵完之后,大家才从催眠状态中遽然醒来,甚有打呵欠者。其音节之魅力可想而知。

这首《采莲曲》也奠定了朱湘在中国新诗坛的地位。正如沈从文在《论朱湘的诗》里对这首诗的评价:

> 以一个东方民族的感情,对自然所感到的音乐与图画意味,由文字结合,成为一首诗,这文字,也是采取自己一个民族文学中所遗留的文字,用东方的声音,唱东方的歌曲,使诗歌从歌曲意义中显出完美。《采莲曲》在中国新诗发展中,也是非常有意义的。

11月

10日　创作诗《秋》(未发表,收入《草莽集》)。

11日　创作诗《眼珠》(未发表,收入草莽集)。

14日　创作诗《残灰》(发表于1926年3月《小说月报》第17卷第3号,收入《草莽集》)。

12月

4日　创作诗《摇篮曲》(发表于1926年2月《小说月报》第17卷第2号,收入《草莽集》)。

12日　创作诗《端阳》(未发表,收入《草莽集》)。

21日　创作诗《月游》(未发表,收入《草莽集》)。

23日　创作诗《日色》(未发表,收入《草莽集》)。

本年底

由于性格不合群等原因,与孙大雨、饶孟侃、杨世恩之间出现矛盾,但彼此还是能够相融,互相帮助。

在清华读书的罗念生经常到梯子胡同看望朱湘,其在《忆诗人朱湘》中写道:

(四人)同住西单梯子胡同的两间屋子里,每天作诗、写文章。子惠(杨世恩)性情随和,与人无争,其他三位诗人,性格完全相同,都很急躁暴烈,所以生活上有时发生一些不愉快的事。有一次,子沅(朱湘)竟然叫大司务请子离(饶孟侃)离开饭桌,好让他写作。子沅贫穷,到了阴历年底,付不出膳费给厨司务,子潜便把他的黑缎万字花纹皮马褂送进当铺,借钱替他支付伙食。

1926 年 23 岁

1月

7日 创作诗《晓朝曲》(未发表,收入《草莽集》)。

9日 创作诗《婚歌》(未发表,收入《草莽集》)。

19日—2月12日 创作长篇叙事诗《王娇》(发表于1926年7月《小说月报》第17卷第7号,收入《草莽集》)。

朱湘从《今古奇观》一书中读到《王娇鸾百年长恨》一篇,被这个美丽而忧伤的故事深深打动了,由此想到古代的叙事诗《木兰辞》、《陌上桑》等,能否以新诗的形式来把这个故事演绎出来?此前他也尝试写过一首《猫诰》,带些童话的意味,算不上真正意义的叙事诗。于是,他开始着手《王娇》的创作:

> 南风来了,梅雨驱散,
> 天的颜色显得澄鲜,
> 绿荫密得如同帷幔,

蝉声闹在绿荫里边，
太阳把金光乱洒下人间。

麦田里边翻着金浪，
　四周绕着青的远峰，
鸟在林内齐声歌唱，
　豆花的香随了暖风，
吹遍了一片田野的当中。

乡下的原野越热闹，
　城中的庭院越清幽：
一片浓郁将它笼罩，
　竹帘上绿影往来游，
只偶尔有蜂向窗棂上投。

从房顶的明瓦里面，
　偷下来了一条日光，
这条日光移得真慢，
　光中群动无声的忙；
幽暗里钻出来一缕炉香。

书案边静坐着女郎，
　一阵困倦侵入胸内，
幻影在她前面飞扬，
　水在壶中单调地沸，
暖风轻轻拂来，催她入眠。

叙事长诗《王娇》,长达七节,第一节写王娇和周生在上灯节相遇;第二节写王娇与周生的对话及王父对往事的回忆;第三节写周生入了王府,同王娇在书房相会;第四节写周生、王娇在七夕结为夫妇;第五节写周生、王娇暂时分手;第六节写惊变,王娇毅然选择了死亡;最后一节是尾声。全诗塑造了周生、王娇、孙虎、王父等几个非常鲜明的人物形象,并采用了多种格律形式,无论从音韵、节调,还是从人物塑造、抒情和叙事的结合看,都是中国新诗史上难得的叙事长诗,也是朱湘新诗创作的又一代表作。

苏雪林在《论朱湘的诗》里曾评价这首诗说:

原来故事的间架,由诗人的想象加以改变,不相干的情节删去,而人物心理方面则添出许多琐碎细微的描写,不但使几百年的僵尸复活,而且使她变为一个具有现代人灵性的亭亭美人了。

第 17 卷第 7 号的《小说月报》不惜腾出大量的篇幅,发表了这首《王娇》,引起中国诗坛的关注。

本月　经常与朋友去看望闻一多。

闻一多迁居京畿道三十四号。朱湘在《闻一多与〈死水〉》一文中描述了闻的生活:

住房一觅妥了,头一件事,当然,是布置书斋与客厅,他说,要敷粘上无光的黑纸在四壁。壁楣上,他说,要用汉代的石壁浮雕之内的车马,制成一种图案,绘画在金纸上,连骈地敷粘起来。探问了多少的南纸铺,合宜的纸张算是找到了。至于绘制图案,我当场看见的,他提笔来便成功了。

本月　在《小说月报》第 17 卷第 1 号发表散文《打弹子》(收入《中书集》)、评论《评徐志摩的诗》(收入《中书集》)、诗《歌》(收入《石门集》)。

2月

写完《王娇》后,应罗念生之邀,到清华一游。不久,迁居北河沿一间公寓。

罗念生在《给子沅》一文写道:

你写好了《王娇》后,我曾请你清华一游,那日你多高兴,尽量地酌饮。我扶你到工字厅,给你卷好被,留好水,你说我的心很细,我那时很感觉骄傲,能够服侍一位诗人。

经罗念生介绍,结识罗皑岚。罗皑岚,又名山风,1906年生,湖南湘潭人。幼小的时候就表现得特别聪明,跟着父亲吟诗,作画,撰联。1920年入长沙明德学校,于蔡锷北路水风井"文化书社"见过毛泽东。受新文化运动影响,在《湖南通俗报》、《明德周刊》等报刊上发表过反封建礼教的白话小说。1924年考入清华学校,家里人要他学法律,但到学校后,他的数学学得特别好,教数学的郑桐荪先生劝他以后到美国学数学。然而他对文学的爱好有增无减,创作了很多小说,发表在《清华周刊》的《文艺增刊》上,如《我的日记》、《白露帖子》等。1925年,《文艺增刊》改名为《清华文艺》后,另印单行本,月出一期,就是由罗皑岚担任总编辑,可惜只出了四期就停办了。

朱湘与饶孟侃、孙大雨的关系越处越紧张,打算搬出去住,经刘梦苇介绍,在北河沿租了一个公寓住下。

这家公寓的主人姓黄,是个非常有趣的人。他家有祖上留下来的不少空房子,据说原来准备开个当铺的,后来改变主意办起了公寓,专门出租给来京的文学青年,而且可以赊帐。

沈从文、胡也频、丁玲、张采真、焦菊隐、于赓虞、顾千里、王三辛、蹇先艾、刘梦苇等这些后来名扬文坛的青年人,都曾在这个公寓里占了一间房子。

沈从文,1902年生,湖南凤凰人,出生于一个军事官僚家庭,13岁高小毕业后,就参加了当地的军队,因目睹太多的杀戮,毅然决定从文。1922年,沈从文只身飘泊到北京,在北大做了一名旁听生,一边写些文章,其崭露头角的文学才华,开始引起徐志摩和当时在北大担任统计学讲师的郁达夫等人的注意。沈从文还在北大结识了黎锦明、陈炜谟、冯至、杨晦等人,特别是与湖南老乡刘梦苇交情甚厚,也是通过刘梦苇的介绍,约在1924年冬,沈从文搬到这个公寓住下。

沈从文在这里住下不久,便遇上了胡也频和丁玲。

胡也频,原名崇轩,1903年生,福建福州人,曾在上海浦东中学、大沽口海军预备学校学习,因学校停办,到北京流浪。1924年开始创作小说。1925年初,他和项拙一起在西单堂子胡同内,以每期200份单张周刊作报酬,为《京报》编辑《民众文艺》。

丁玲,原名蒋伟,字冰之,1904年生,湖南临澧人,早年在桃源中学读书,受"五四"新思潮影响,不顾家人反对,和三名女同学一起跑到长沙,进入男子中学,后又受上海"工读自给"的影响,冒险来到上海大学读书。因为丁玲这时还是一个倾向革命的青年,对文学缺乏足够的热情,她与施蛰存、瞿秋白等人接触较多,后来与瞿秋白的弟弟交往很密,惹出很多谣言。1924年暑假,她离开上海大学,只身来北京闯荡。

经朋友介绍,丁玲认识了胡也频,两个人谈起恋爱来。那时的丁玲,圆脸,长眉,短发,上穿一件灰布衣,下着青色绸布短裙,对文学还没有很大的兴趣。由于沈从文和丁玲是同乡,故乡都傍近沅水,故有许多共同的话题,友谊也一天天密切了。

朱湘搬来后,刘梦苇就带了沈从文过来拜访。朱湘非常喜欢这个个子不高、纯朴厚道、对文学有着特别执着的沈从文。胡也频、丁玲也偶尔到朱湘的公寓来坐坐。一说起来,朱湘也是沅水边出生的,这和他们更多了一份亲近。

在这个公寓里,各人都为生计而奔忙着,常常一早出去,傍晚才回来,也没有很多的时间坐在一起闲聊。朱湘没有事,躲在房里看书、写作,很少开门。

本月　在《小说月报》第 17 卷第 2 号发表诗《摇篮歌》(收入《草莽集》)。

3月

本月上旬或中旬　与闻一多等人相聚于刘梦苇住处,商谈借用《晨报·副刊》的事。

蹇先艾在《〈晨报诗刊〉的始终》中写道:

一九二六年春天,在北平大学法学院预科读书的时候,我已经开始学写点似是而非的小说、散文,有时也胡诌几首新诗。有两位写小说的朋友,和我的年龄差不多,住在北河沿震东公寓,没有事,我就去找他们聊天。其中一位介绍我认识了湖南的刘梦苇,我是久仰他的大名的,因为我在《创造月刊》上读过这位浪漫诗人的《吻的三部曲》,我很佩服他的大胆。

有一次在他的屋里,又遇到了闻一多、朱湘和饶孟侃。这几位诗人常常来梦苇的小屋聚会,互相传阅和朗诵他们的新作,间或也讨论一些新诗上的问题,他们正在探寻新诗的形式与格律的道路。我比他们年青一些,对古今中外的诗歌涉猎不多,而且是初学写作,对他们那样活跃的小诗会倒颇感兴趣,当过几次旁听生。刘梦苇患病吐血,有一天晚上,我去看他,常去的那几位诗人也在座,正在翻阅梦苇手抄的他近两年的作品《孤鸿集》,还有两位新客——于赓虞和……梦苇虽然有病,谈诗的情绪仍然很高,他用沙哑的声音对我们说:"一九二二年,朱自清、刘延陵、叶绍钧几位办过一个'诗刊',可惜到第二年就夭折了!真可惜。我们这几个朋友凑拢来办一个'诗刊'好不好?"大家不约而同地点头赞成。只是有两个问题难于解决:一个是印刷费无着;一个是北洋军阀段祺瑞当权,办刊物要"呈报"备案。段祺瑞一向视新文学运动为"洪水猛兽",报上去,肯定会石沉大海。因此,大家又皱起眉头来。记不清是哪一位提出的:"我看,不如借哪家报纸副刊的篇幅出一个周刊,这个比较简单,只要副刊的编辑同意就行了。"当时,徐志摩和孙伏园分别主编北京《晨报》和《京报》的副刊,但是《京报》出的周刊相当多,看来是插不进去了。商量的结果决定找徐志摩想办法,徐也是诗人,周刊就由他来编,我们大家供给诗稿。当场公推闻一多和我去同徐志摩联系。一多与徐一向很熟;我的叔父和徐的父亲是朋友,徐到北京《晨报》社以前,住在石虎胡同松坡图书馆,我就认识了他;我又是一个经常向《晨报副刊》投稿的人。我们去联系,徐志摩没有作任何考虑,很爽快地就答应了。

尽管朱湘对徐志摩心存不满,但关系还能维持。

其时,闻一多的家也成了这场中国新诗形式运动的重要沙龙。朱湘和诗友常常来这里谈诗,诵诗,交流诗艺。沈从文在《谈朗诵诗》中对这时期闻一多书房的诗歌活动有这样的介绍:

在客厅里读诗供多数人听,这种试验在新月社即已有过,成绩如何我不知道。较后的试验,是在闻一多先生家举行的。他正从国外学画归来,在旧北京美术专门学校任教务长职,住家在学校附近京畿道某号房子。那时他还正存心作画师,预备用中国历史故事作油画,还有些孩子兴趣或摩登幻想,把家中一间客厅墙壁裱糊得黑黑的(除了窗子完全用黑纸糊上!),拦腰还嵌了一道金边。《晨报》社要办个诗刊,当时北京诗人有徐志摩、闻一多、朱湘、刘梦苇、孙大雨、饶孟侃、杨子惠……诸先生。为办诗刊,大家齐集在闻先生家那间小黑房子里,高高兴兴的读诗。或读他人的,或读自己的。不但很高兴,而且很认真。结果所得经验是,凡看过的诗,可以从本人诵读中多得到一点妙处,明白用字措词的轻重得失。凡不曾看过的诗,读起来字句就不大容易明白,更难望明白它的好坏。闻先生的《死水》《卖樱桃老头子》《闻一多的书桌》,朱先生的《采莲曲》,刘梦苇先生的《轨道行》以及徐志摩先生的许多诗篇,就是在那种能看能读的试验中写成的。这个试验既成就了一个原则,因此当时的作品,比较起前一时所谓五四运动时代的作品,稍稍不同。修正了前期的"自由",那种毫无拘束的自由,给形式留下一点地位。对文学"革命"而言,有点走回头路,稍稍回头。刘梦苇先生的诗,是在新的歌行情绪中写成的。饶孟侃先生的诗,因从唐人绝句上得到暗示,看来就清清白白,读来也节奏顺口。朱湘先生的诗,更从词上继续传统,完全用长短句形式制作白话诗。新诗写作原则是赖形式和音节作传达表现,因此几个人的新诗,都可读可诵。(参见《沈从文全集》)

18 日　**"三一八惨案"发生。**

日本军舰驶入天津大沽口,攻击驻守在那里的军队,被驱逐。日本纠集英美等八国,向段祺瑞政府发出通牒,要求中国军队交出大沽口的一切防务。帝国主义者的嚣张,极大地激怒了中国人民。消息传到北京,18 日,北京各界群众举行游行,反对八国通牒,遭到段祺瑞卫队的镇压,死 47 人,受伤 200 多人,造成了骇人听闻的"三一八惨案"。诗人们纷纷写诗撰文,揭露当局的暴行,歌颂流血牺牲的爱国志士。

27 日　**创作诗《昭君出塞》**(发表于 1926 年 4 月 8 日《晨报·副刊·诗镌》第 2 期,收入《草莽集》)。

同日　**徐志摩到闻一多家,商谈出版《晨报·副刊·诗镌》的事。**

徐志摩在《诗刊弁言》中写道:

我在早三两天前才知道闻一多的家是一群新诗人的乐窝,他们常常会面,彼此互相批评作品,讨论学理。上星期六我也去了。

29日　创作诗《光明的一生》(未发表,收入《草莽集》,作为《草莽集》的序诗)。

光明的一生

我与光明一同到人间,
光明去了时我也闭眼:
光明常照在我的身边。

太阳升上时我已起床,
我跟它落进睡眠的浪:
太阳照我在生动中央。

圆月在夜里窥于窗隙,
缺月映着坟上草迷离:
月光照我一生的休息。

30日　创作诗《春风》(发表于1926年6月4日《清华文艺》,收入《草莽集》)。

本月　在《小说月报》第17卷第3号发表诗《残灰》(收入《草莽集》)。

4月

1日　《晨报·副刊·诗镌》创刊,在上面发表评论《〈尝试集〉》(收入《中书集》)。

《晨报·副刊·诗镌》是中国现代文学史上第二个专门发表诗与诗评的专刊。"镌"字是沿袭《晨报·副镌》而来的。《晨报·副镌》的报头是当时《晨报》的总编辑蒲伯英用汉砖的字体写成的。

这第一期被闻一多等人作成了纪念"三一八"血案的专号。其中发表了闻一多《欺负着了》、饶孟侃《天安门》、徐志摩《梅雪争春》、朱湘评论《尝试集》等诗文。饶孟侃在诗中悲愤地写道：

> 前面那空地就叫天安门，
> 如今闹的却是请愿和游行。
> 不知道爱国犯了什么罪，
> 也让枪杆儿打得认不得人？——
> 身上是血，脸上发青，
> 好不容易长成个人！
> ……

（参见饶孟侃《天安门》）

徐志摩以饱含激情的笔，在《诗镌弁言》中这样向世人宣告《诗镌》的宗旨和态度：

我们信诗是表现人类创造力的一个工具，与音乐和美术是同等同性质的；我们信我们这民族这时期的精神解放或精神革命没有一部像样的诗式的表现是不完全的；我们信我们自身灵性里以及周遭空气里多的是要求投胎的思想的灵魂，我们的责任是替它们抟造适当的躯壳，这就是诗文与各种美术的新格式与新音节的发见；我们信完美的形体是完美的精神唯一的表现；我们信文艺的生命是无形的灵感加上有意识的耐心与勤力的成绩……

这一期发表的诗文中，爱国主义的热情渗透了字里行间，是一次爱国运动与文艺运动相结合的尝试。从形式上看，每一首诗都是体制输入的试验，都是一次音节上的探索,形式整齐,韵律和谐,口语、方言的运用也很成功。

朱湘的这篇《〈尝试集〉》,是评论胡适的新诗集《尝试集》的。除了正常的文学批评,也难免带着朱湘对胡适的不满。他把胡适的《尝试集》几乎说得一文不值:

"内容粗浅,艺术幼稚",这是我试加在《尝试集》上的八个字。

朱湘是《晨报·副刊·诗镌》主要策划人和撰稿人之一。这本诗刊稿件由他们轮流担任编辑,发行方面由徐志摩与晨报馆交涉。

众所周知,新文学的革命就是从诗歌开始入手的,为了打破旧文学的束缚,胡适等人极力主张"文要废骈、诗当废律",提倡"绝对自由",毫不关注诗歌的形式。以闻一多为首的这群年轻人,却有一个共同的诗歌追求,那就是不满于"五四"以来新诗过于散漫、自由的现状,觉得新诗也要有格律,要用"理性节制情感"。从这时开始,他们不约而同地掀起了一场影响中国新诗坛的"诗歌形式运动"。

闻一多从接触新诗的第一天起,就对新诗有着一种持之以恒的看法,那就是强调音节、节奏、形式等诸因素对于新诗的作用,一直在创作中探索,探索中创作。早在1921年,他就在《清华周刊》上撰文《敬告落伍的诗家》,指出:"若要真写诗,只有朝新诗这条路走,赶快醒来,急起直追,还不算晚呢!"在清华文学社举行的第二次常会上,他就提出了《诗的音节问题》的报告。胡适发表《谈新诗——八年来一件大事》,认为新诗只要"语气自然,用字和谐,就是句末无韵也不要紧",闻一多在《〈冬夜〉评论》中予以驳斥:"我们若根本地不承认带词曲气味的音节为美,我们只有两条路可走:甘心作坏诗——没有音节的诗,或用别国的文字作诗。"

朱湘加入清华文学社后,多少也受到闻一多等人的影响,有着同样的诗观。他在《诗的产生》一文中写道:"我虽然作的是新诗,作诗时所用的却依然是那有千年以至数千年之背景的中国文字,古代音律学的影响,我相信,新诗是逃避不了并且也不可逃避的。""平仄也是中文音律学中的一种特象,不可忽视或抛置。""新诗的读法异于旧诗,所以旧诗平仄的律法不能应用到新诗的上面,新诗作者应当去创造平仄的律法。"他一直在不断地摸索、创新,近几年来写出了大量格律体新诗,不久前就创作出代表作《采莲曲》等。

刘梦苇于1923年5月在上海《创造季刊》发表《吻之三部曲》,奠定了词藻美丽、字句整齐、音韵流畅的新诗创作格调。1925年8月他发表在《晨报副刊》上的《宝剑的悲歌》,是一首非常讲究形式的作品,全诗8节,每节6行,每行10个字,一韵到底,做到了句的均齐,节的匀称。后来他发表的《〈孤鸿〉序诗》《我们的新歌》《我所需要的不是爱情——献给那些将要赴敌的英雄》等诗,都是这类非常讲究形式的精品,受到闻一多、朱湘的高度好评。蹇先艾后来回忆说:"新诗的字句趋向整齐,着重音律,这可以说是梦苇开的头。大家跟着试验,于是才形成一种风气。"故后来朱湘称刘梦苇是"新诗形式运动的带头人",这种评价是不为过的。

孙大雨更早提出诗的语言要制约在严谨的格律里才成其为诗,他从西方格律诗中的音步结构得到启发,大胆构想出汉语新诗的格律形式。1925年的夏天,他到国内很多地方游历,盘桓在浙江普陀山圆通庵里几天,有意识地寻找一种新诗的格律规范,终于创建了他的"音组"理论,他按照这种理论创作了新诗《爱》,早于闻一多的《死水》先问世五天。

徐志摩深受这些年轻诗人的影响,也开始转变了创作倾向。正如他自己所说:"我的笔本来是不受羁勒的一匹野马,看到了一多谨严的作品,我方才憬悟到我自己的野性。"但徐志摩在这方面是做得不够的,他的一些作品盲目追求建行整齐,甚至造成语句违反了现代汉语规律。

从设想办诗刊开始,大家有着一个共同的追求,那就是要推动"新诗形式运动"。诚如梁实秋在《新诗的格调及其他》一文中总结的那样:"这是第一次一伙人聚集起来诚心诚意地试验作新诗。"

8日 在《晨报·副刊·诗镌》第 2 期发表诗《昭君出塞》(收入《草莽集》)。

一场在中国现代文学史上颇有影响的新诗形式运动如火如荼展开。

《晨报·诗镌》第 2 期刊登诗作 6 首,体制与音节上又有了新的试验与探索。朱湘的《昭君出塞》、饶孟侃的《寻找》、刘梦苇的《铁道行》、杨世恩的《她》尤其值得注意。4 首诗完全是 4 种不同的风格,4 种不同的音节。据有人统计,历代写昭君的诗词达 800 多首,最普遍的主题是描写昭君的悲怨以及对昭君远嫁的哀怜。而朱湘的《昭君出塞》一扫这些"悲怨"和"哀怜",而代之以是昭君对国家的"眷恋"和"难舍难分之情",表现了昭君勇于"和亲"的伟大胸怀,形式上尽可能吸取了民歌民谣的营养而加以创造,很巧妙地运用了同韵的平仄来表现出琵琶的抑扬的节奏。

与创作并行的是对新格律诗理论的建设。邓以蛰在《晨报·副刊·诗镌》第 2 期就发表了《诗与历史》一文总结:"至于诗的创格,是全章的音节在吟诵时,使人无形中起了快感,渐渐地脱口而出,于是这种音调就成一种形式。"紧接着,饶孟侃先后写了《新诗的音节》、《再论新诗的音节》等文章,先后发表在《晨报·副刊·诗镌》第 4 期和第 6 期上。他较为全面、系统地论述了音节对于诗歌的意义、作用以及所包含的内容。他指出:新诗的写作"差不多可以说是音节上的冒险","因为一首完美的诗里面所包含的意义和声音总是调和得恰得好处"。所谓音节,"实在包含得有格调、韵脚、节奏和平仄等等的相互关系","所谓的格调,即是指一首诗里面每段的格式",而韵脚应该格外多多的尝试,其作用太大,"既可以把每行诗里抑扬的节奏锁住,而同时又把一首诗的格调缝紧",主张"新诗押韵,不必完全依照旧的韵府,凡是同音的字,无论是平还是仄,都可通用,而发音的根据则以普通的北京官话为标准"。这个主张,不但扩大了韵脚的范围,而且能推进汉语的统一规范。

11日 创作长篇叙事诗《还乡》(发表于 1926 年 5 月《小说月报》第 17 卷第 5 号,收入《草莽集》)。

13日　创作诗《梦》(发表于1926年6月《清华文艺》,收入《草莽集》,为最末一篇)。

15日　在《晨报·副刊·诗镌》第3期发表诗《采莲曲》,对排版极为不满,与闻一多交恶。

作为这群年轻诗人的领袖的闻一多,也深受大家的影响和启发。这期间的一天,他路过西单二龙坑,看到一沟臭水,有感而创作了《死水》,便是他探索诗歌格律化的成果。全诗5节,每节4行,每行9个字,隔行一韵,加之比喻新奇,想象绮丽,词藻华美,发表在此期上,后来成为闻一多的代表作之一。

这天,闻一多给梁实秋、熊佛西写信,信中极为夸赞朱湘、饶孟侃、杨世恩、刘梦苇四位,将诗歌形式运动作为一种共同的追求:

《诗刊》谅已收到。北京之为诗者多矣!而余独有取于此数子者,皆以其注意形式,渐纳诗于艺术之轨。余之谓形式者,form也,而形式之最要部分为音节。《诗刊》同人之音节已渐上轨道,实独异于凡子,此不可讳言也。余预料《诗刊》之刊行以为新诗辟一第二纪元,其重要当与《新青年》、《新潮》并视,实秋得勿谓我夸乎?《诗刊》重要分子当数朱、饶、杨、刘。四子中三人属清华,亦又怪事也。("四子"之说最早见于此处)

而朱湘拿到了刚刚出版的《晨报·副刊·诗镌》第3号,看到自己的《采莲曲》竟然排在头版的左下角时,很不高兴。他也不满闻一多、饶孟侃、杨世恩、孙大雨、刘梦苇等人与徐志摩的紧密接触。从《晨报·副刊·诗镌》的创刊号开始,徐志摩就利用自己把持《晨报·副刊·诗镌》的权力,在版面的处理以及《前言》、《后记》里撰文,文中似乎给人一个印象,仿佛《晨报·副刊·诗镌》同人都是在他的领导下开始新诗形式运动的,他对此极为不满,甚至替闻一多鸣不平。

闻一多却不以然,为此,与朱湘产生一场较大的冲突。时间在15日至22

日之间。

22日 在《晨报·副刊·诗镌》第4期刊登《朱湘启事》：

我的新诗集《草莽集》已经付印了，内有一篇几百行的长诗《王娇》，两篇各长百行的叙事诗《月游》、《还乡》，与《猫诰》的二稿。以及许多没有发表过的诗和发表过的诗之二稿。我的《新诗评》决定和《新诗选》合出一册。这本《新诗评》分上下两编。上编是分评，除去已经发表过的几篇以外，还有《论闻一多所作诗的攻错》（先登《小说月报》）、《湖畔社》、《刘君梦苇的诗》等几篇。下篇是总评《新诗的途径》。书出来的时候，会在《小说月报》和本京的各报纸杂志上面通知的。

24日 在《晨报·副刊》刊登《我的读诗会》。

朱湘觉得自己及诗都被人冷落了、误解了，他想到西方诗人经常举行的读诗会。应该说，他和闻一多、刘梦苇等一群人经常聚在一起朗诵诗歌，也可以算得上一种小型读诗会，但这个范围太狭窄了。他决定自己来办一个更大范围的读诗会，以吸引更多的诗人和诗歌爱好者参加，同时也不否认有表现自己的欲望。他在《我的读诗会》里，表达了他对新诗创作的一些主张：

我的读诗会

在西方，文学上的作者常时在一个公共的场所开一个诵读会，请喜欢听的人来听作者自己念自己的作品。英国的狄铿士Dickens便是这方面一个极有名的榜样。还有一个诵读会，是专门的诵读家举行的，他们拣选古代文人的名著，大半是诗，来朗诵。听说北大的英人教授柴思义Chase就曾经在京举行过这种会。这两种诵读会的目的都是在阐发文章，尤其是诗的音节，使文学的爱好者能够根据着他们的听觉来判断这些文章的动人与否。

我国还不曾举行过这种的会,这是一件极可惋惜的事情,因为这种诵读会是能对于新文学,尤其是诗的音节的形成上有很大的帮助的,诗这件东西,说来,是应当内容,外形,音节三样并重的。我国的新诗,如今正是胚胎的时期中。"工欲善其事,必先利其器",所以现在的新诗应当特别用力在音节与外形两者之上,庶几可以造成一种完善的工具;完善的工具造成之后,新诗的兴盛才有希望。

如今在新诗上努力的人,注意到音节的也不少。但是这些致力于音节的人怎样才能知道他们的某种音节上的试验是成功了,可以继续努力,某种音节上的努力是失败了,应当停止进行呢?读诗会!读诗会便是解决这个问题的方法。

我个人,既不是一个大名鼎鼎的文人,像狄铿士那样,又不是一个专门的诵读家,像柴思义那样,为什么也要举行一个读诗会来自己读自己的诗呢?还是有一层道理的。我也是一个在新诗的音节上努力的人。在从前的时候,我的梦想是我在新诗的音节上作出了相当的成绩以后,希望得到一个音乐上的朋友,他或她,没有妒忌,能够同情于我工作以来所尝过的辛苦,并且有天才,能够解释出我诗中侥幸得到的一点音乐。但是,谈何容易?英国的薛悝Shelley为了寻求一个合他理想的女郎的缘故,受过了多大的耻辱,经过了多少的阻挠!薛悝尚如此,何况旁的人?何况旁的事?然而我终究存着希望,终究不曾向任何一个人读过我的任何一首诗,因为我想把我一切的诗,处女般的,留给我理想中的他或她来第一个读,现在不行了,现在已经有人误解我的诗了。所以我不得不暂时改变方针,暂且自己先举行一个个人的读诗会,暂且自己先试验一次。

文艺的爱好人呀,你们当中如有所想听的,便请来听一个孱弱的声音读他音节上的试验作品。

时间:五月一日下午三时半

地点：东四牌楼五显庙适存中学　不收费

对此，徐志摩是很赏识的，在文后还加了一段《附识》：

朱湘先生是最不苟且最用心深刻的一位新起作者，他的这次读诗会应分是新文学界的一个愉快！注意新诗的人们不可错过这次机会。志摩附识。

27 日　遭闻一多责骂，愤而退出《晨报·副刊·诗镌》编委会。

闻一多给梁实秋写信，谈及与朱湘的交恶，痛骂朱湘，信未入集。但梁实秋在《谈闻一多》中，引用了闻一多的信：

朱湘目下和我们大翻脸，说瞧志摩那张尖嘴，就不像是作诗的人，说闻一多妒嫉他，作了七千言的大文章痛击我，声言偏要打到饶、杨等人的上帝。这位先生的确有神经病，我们都视为同疯狗一般，就算他是 Spenser（因为 shakespeare 是他不屑于做的，他所谓服膺的是斯宾塞）社会上也不应容留他。他的诗，在他未和我宣战的时候，我就讲了，在本质上是……在技术上是 dull acrobatics，充其量也不过做到 Tennyson 甚至 Longfellow 一流的 kitchen poet，因为这类的作品只有 housewives 这才能鉴赏。这个人只有猖狂的兽性，没有热烈的感情。至于他的为人，一言难尽。

朱湘觉得还不解气，又给徐志摩写了一封信，声明自己退出编委，要与《晨报·副刊·诗镌》脱离关系。

徐霞村在《我所认识的朱湘》一文也提及相关的事：

《诗镌》刚出几期，朱湘便退出编委，告诉我他已经写了一封信给徐志摩，声明自己与《诗镌》脱离关系。我一问原由，才知道是因为朱湘不满于徐志摩的不严肃的编辑态度,不容忍于徐志摩利用编选权力,搞文人间的互相标榜吹捧的油滑的市侩作风。(载《新文学史料》1986年第1期)

29日　《晨报·副刊·诗镌》第5期出版。

5月

1日　写一纸条给徐志摩,要求推迟读诗会的举办时间。

这些日子,满脑胀血的朱湘哪有时间和心力来准备读诗会。这样言而无信,对报纸的声誉是有影响的。徐志摩无奈,只好自己写了一篇道歉的文字,2日不出报,直到3日才刊出:

有一件该得道歉的事。早几天,朱湘先生借本刊公布他的"个人读诗会",定在五月一日。谁知朱先生临时"回"了,他寄来的第二个字纸声明读诗会暂缓举行的,到今天下午(五月一日)才到我的手里!我很怕有人一定白跑了,如果有,我十分觉得抱歉,因为不能及早把"回"条贴出。还有朱先生来条上说,他要等到他的诗集于印出后再能"公开念",一并代为声明。

记者
五月一日

6日　《晨报·副刊·诗镌》第6期出版。

10日　在《小说月报》第17卷第5号上发表评论《闻一多的诗》(收入《中书集》)。

此文似即上月《朱湘启事》中所提到的《论闻一多所做诗的攻错》。文中就他所看到的闻一多《屠龙集》、《红烛》删节修改本以及后来作的一些诗,进行了批评,说"闻君是被视为老大哥的。然而老大哥是老大哥,诗是诗,完全不能彼此发生影响。而且在这种情形之下,我们更得要小心,因为一不在意,便易流于标榜的毛病。所以我在没有批评闻君的诗以前,先为自己立下一个标准,就是:宁可失之酷,不可失之过誉"。朱湘批评闻一多的诗"用韵不讲究","用字太文、太累、太晦、太怪"、"缺乏判断力"、"感觉紊乱"、"音乐性的缺乏"。当然,朱湘也肯定了闻一多的诗的长处,说:"他自有一条独创的路走着,虽然他的路是一条小径而且并不长。"

从《小说月报》发表文章的周期看,这篇文章应该写在与闻一多交恶之前。这样直率、火辣的文学批评,完全是对诗歌艺术而不对人。这也是朱湘性格里的一个弱点,不隐不遮,而不考虑这种批评别人是否能够接受。在与闻一多交恶后发表的这篇文章,更未必能让闻一多接受。

13 日　《晨报·副刊·诗镌》第 7 期出版。

闻一多发表了《诗的格律》一文,从理论上把音节在一首诗里如何统一作了更为完整的、更具有可操作性的论述,提出了大家的共同主张,是一篇纲领性的论文。在这篇论文里,闻一多开篇就指出,诗不能废除格律,就像棋不能废除规矩一样,诗人乐意"戴着脚镣跳舞"。他毫不手软地向诗国里的革命家们所遵奉的"皈依自然"开火,引用王尔德的观点来证明绝对的写实主义便是艺术的破产。他提出了他那广为后人所知的"三美"理论,即新诗应该具有音乐的美、绘画的美和建筑的美,从而从音节、词藻、节的匀称和句的匀齐方面给新诗制定了规矩。他强调,每一个诗行的音组要大体一致或者有规律地变化,整齐的字句是调和音节必然会产生出来的现象。最终他满意的断言,新诗的音节确乎已经有了一种具体的方式可寻,这种音节的方式发现以后,新诗不只是要走进一个新的建设时期了。

20 日　《晨报·副刊·诗镌》第 8 期出版。

27 日　《晨报·副刊·诗镌》第 9 期出版。

闻一多在第 9 期发表《诗人的横蛮》,大骂朱湘:

依孔子的见解,诗的灵魂是要"温柔敦厚"的。但是在这年头儿,这四个字千万说不得,说出了,便证明你是个弱者……我们的诗人早起听见鸟儿叫了几声,或是上万牲园逛了一逛,或是接到一封情书了……你知道——或许他也知道这都不是什么了不得的事件,够不上为它们就得把安居乐业的人类都给惊动了。但是他一时兴会来了,会把这消息用长短不齐的句子分行写了出来,硬要编辑先生们给它看过几遍,然后又耗费了手民的筋力给它排印了,然后又占据了上万上万的读者的光阴给它读完了,最末还要叫世界,不管三七二十一,承认他是一个天才。你看这是不是横蛮?并且他凭空加了世界这些担负,要是那一方面——编辑,手民或者读者——对他大意了一点,他便又要大发雷霆,骂这世界盲目、冷酷、残忍、蹂躏天才……这种行为不是横蛮是什么?再如果你好心好意对他这作品下一点批评,说他好,那固然算你没有瞎眼睛,你要是敢说他半个坏字,那你可触动了太岁,他能咒到你全家都死尽了。你说这不是横蛮是什么?(参见闻黎明等编《闻一多年谱长编》)

相对闻一多来说,徐志摩对待朱湘的胸怀还是非常宽广的。有人说,这是徐志摩为人圆滑的一方面,他这样做是为了故作公允,笼络人心。即使真是这样,徐志摩能做到这种地步,也是可敬的。不管怎么样,徐志摩还是能容得下朱湘。可惜像徐志摩这样对待朱湘的人太少了。

31日 创作诗《残诗》(发表于1935年7月《人世间》第32期,收入《永言集》)。

和闻一多的交恶,受到来自各方的指责,朱湘在冷静之后,或许感到后悔、痛心。在这首诗里有了明显的体现:

残诗

湖中间忽然腾起黑浪,

一个个张口向我滚来；
劲风卷着水丝的薄雾，
吹得我的眼无法睁开。
　我独撑着这小舟，
　岸不知在天那头；
只有些云疾驰而过呀，
教我向谁去申诉悲哀？
我不能作水下的鱼，
任是浪多大依旧游行；
我不能作水上面的雁，
任是水多长它不留停。
　我的舟尽着打圈，
　看看要沉下波澜。
只是这样沉下去了呀，
不像子胥也不像屈平。
吞，让湖水吞起我的船，
从此不须再吃苦担忧！
　　……
　虽然绿水同紫泥，
　是我仅有的殓衣，
这样灭亡了也算好呀，
省得家人为我把泪流。

赵景深在《永言集》的序中说：

也许，他写这首《残诗》的时候，就有了自杀的念头。

6月

4日 在《清华文艺》发表诗《放鸽》(未入集)。

9日 下午,和刘梦苇在北海谈新诗。

去北海,想在北海完成新诗《洛神》,呈给一位不认识的女郎。

路上遇见刘梦苇,于是朱湘变更计划,邀刘梦苇一同去逛北海。两人坐于后堂的白石桥上,谈到中国的新诗发展,其中不乏一些颇为新颖的主张和具创造性的观点,在朱湘《北海纪游》(发表于《小说月报》第17卷第9号)中有载:

我们坐定之后,谈了些闲话,谈到我们这一班人所作的诗行由规律的字数组成的新诗之上去。梦苇告诉我,有许多人对于我们的这种举动大不以为然,但同时有两种人,一种是向来对新诗取厌恶态度的人,一种是新诗作了许久与我们悟出同样的道理的人,他们看见我们的这种新诗以后,起了深度的同情。后来又谈到一班作新诗的人当初本是轰轰烈烈,但是出了一个或两个集子之后,便销声匿迹,不仅没有集子陆续出来,并且连一首好诗都看不见了。梦苇对于这种现象的解释很激烈,他说这完全是因为一班人拿诗作进身之阶,等到名气成了,地位有了,诗也就跟着扔开了。他的话虽激烈,却也有部分的真理,不过我觉着主要的原因另有两个:浅尝的倾向,抒情的偏重。我所说的浅尝者,便是那班本来不打算终身致力于诗,不过因了一时的风气而舍些工夫来此尝试一下的人。他们当中虽然不能说是竟无一人有诗的禀赋、涵养、见解、毅力,但是即使有的时候,也不深。等到这一点子热心与能耐用完之后,他们也就从此销声匿迹了。诗,与旁的学问旁的艺术一般,是一种终身的事业,并非靠了浅尝可以兴盛得起来的。最可恨的便是这些浅尝者之中有人居然连一点自知之明都没有,他们居然坚执着他们的荒谬主张,溺爱着他们的浅陋作品,对于真正的方在萌芽的新诗加以热骂与冷嘲,并且挂起他们的新诗老前辈的招牌来蒙蔽大众:这是新诗发达上的一个大阻梗。还有一个阻梗便是胡适的一种浅薄可笑的主张,他说,现代的诗应当偏重抒情的一方面,庶几可以适应忙碌的现代人的需要。殊不知诗之长短与其需时之多寡当中毫无比例可言。李白的《敬亭独坐》虽然只有寥寥的二十个字,但是要领略出它的好处,所需的时间之多,只有过于《木兰辞》而无不及。进一层,我们可以说,像《敬亭独坐》这一类的抒情诗,忙碌的现代人简直看不懂。再进一层说,忙碌的现代人干脆就不需要诗,小说他们都嫌没有功夫与精神去看,更何况诗?电影,我说,最不艺术的电影是最为现代人所需要的了。所以,我们如想迎合现代人的心理,就不必作诗;想作诗,就不必顾及现代人的嗜好。诗的种类很多,抒情不过是一种,此外如叙事诗、史诗、诗剧、讽刺诗、写景诗等等哪一种不是充满了丰富的希望,值得致力于诗的人去努力?上述的两种现象,抒情的偏重,使诗不能作多方面的发展,浅尝的倾向,使诗不能作到深宏与丰富的田地,便是新诗之所以不兴旺的两个主因。

谈完之后,两人租定一条小船,在北海游玩。遇大雨,停船上岸,又到漪澜堂吃点心,爬天王殿。尽兴而归,再次谈到新诗的创作:

我们一面走着,一面还谈。我说出了我所以作新诗的理由,不为这个,不为那个,只为它是一种崭新的工具,有充分发展的可能;它是一方未垦的膏壤,有丰美收成的希望。诗的本质是一成不变万古长新的;它便是人性。诗的形体则是一代又一代的:一种形体的长处发展完了,便应当另外创造一种形体来代替;一种形体的时代之长短完全由这种形体的含性之大小而定。诗的本质是向内发展的;诗的形体是向外发展的。《诗经》《楚辞》,何默尔的史诗,这些都是几千年上的文学产品,但是我们这班后生几千年的人读起它们来仍然受很深的感动;这便是因为它们能把永恒的人性捉到一相或多相,于是它们就跟着人性一同不朽了。至于诗的形体则我们常看见它们在那里新陈代谢。拿中国的诗来讲,赋体在楚汉发展到了极点,便有"诗"体代之而兴。"诗"体的含性最大,它的时代也最长;自汉代上溯战国下达唐代,都是它的时代。在这长的时代当中,四言盛于战国,五古盛于汉魏六朝唐代,七古盛于唐宋,乐府盛的时代与五古相同,律绝盛于唐。到了五代两宋,便有词体代"诗"体而兴。到了元明与清,词体又一衍而成曲体。再拿英国的诗来讲,无韵体(Blank verse)与十四行诗(Sonnet)盛于伊丽沙白时代,乐府体(Ballad measure)盛于十七世纪中叶,骈韵体(Rhymed couplet)盛于多莱登(Dryden)、蒲卜(Pope)两人的手中。我们的新诗不过说是一种代曲体而兴的诗体,将来它的内含一齐发展出来了的时候,自然会另有一种别的更新的诗体来代替它。但是如今正是新诗的时代,我们应当尽力来搜求,发展它的长处。就文学史上看来,差不多每种诗体的最盛时期都是这种诗体运用的初期;所以现在工具是有了,看我们会不会运用它。我们要是争气,那我们便有身预或目击盛况的福气;要是不争气,那新诗的兴盛只好再等五十年甚至一百年了。现在的新诗,在抒情方面,近两年来已经略具雏形;但叙事诗与诗剧则仍在胚胎之中。据我的推测,叙事诗将在未来的新诗上占最重要的位置。因为叙事体的弹性极大,《孔雀东南飞》与何默尔的两部史诗(叙事诗之一种)便是强有力的证据,所以我推想新诗将以叙事体来作人性的综合描写。

10日 《晨报·副刊·诗镌》出完最后一期。短短两个月,共出刊11期,发表了22位作者105篇诗文,其中诗83首。

徐志摩在《诗镌放假》一文中对诗的音节也作了特别的总结性的强调,他说:"诗的生命是在它内在的音节的道理,我们才能领会到诗的真的趣味;不论思想怎样高尚,情绪怎样热烈,你得拿来彻底音节化,才可以取得诗的认识。要不然思想自思想,情绪自情绪,却不能说是诗。"徐志摩还用了一个形象化的比喻来强调音节的重要:"一首诗的字句是身体的外形,音节是血脉,诗感或原动的诗意是心脏的跳动,有它才有血脉的流转。"

这是一场轰轰烈烈、影响深远的中国新诗的形式运动,《晨报·副刊·诗镌》无疑成为参与运动者们的一个阵地。朱湘当之无愧是这场运动中的先行者、活跃分子,对中国新诗的发展有着不可磨灭的伟大贡献。

按原定计划,《晨报·诗镌》在暑假中将把版面暂时借给由余上沅和张禹九提议筹办的另一副刊《剧刊》。不久,时局发生了较大的变化,奉系军阀控制了北京,张作霖在北京组织"中华民国军政府",更加压制言论自由。闻一多返回湖北,徐志摩、饶孟侃等人南下上海,《晨报·诗镌》也便永远退出了历史舞台。尽管如此,这份诗刊在中国现代诗歌史上烙刻下的痕迹,却是永远不会湮灭的。正是由此,当他们中的部分成员于1928年后再次聚合时,才会涌动起诗歌运动的又一强劲热潮。朱湘虽较早地离去,但他在这场诗歌运动中先行者的角色,始终为人们所叹赏。

1931年,后期新月派诗人陈梦家编选的《新月诗选》由新月书店印行,他的编选范围就是从《晨报·副刊·诗镌》开始,共选了18位诗人的诗作,其中包括朱湘的诗作。这一时期,正是前期新月派诗人走过的旅程。陈梦家在他那篇文辞丰瞻华美的序言中,重申了前期新月派共同的审美追求,总结了他们共同的创作主张,那就是"本质的醇正,技巧的周密和格律的严谨"。也许,这正是有人把朱湘划为新月派的一个重要原因。

从《晨报·副刊·诗镌》的诞生过程也可看出,它与徐志摩当年牵头成立的新月社、新月社俱乐部是没有必然联系的,朱湘也一直未加入新月社。1927年,闻一多、饶孟侃、徐志摩、胡适等人在上海共同筹办新月书店,出版《新月》月刊,其时朱湘已到了美国,和这个《新月》也无任何瓜葛。因此,没有理由硬将朱湘拉到新月派诗人的行列中。

新月派是中国现代文学史上第一个自觉注意新诗的诗美追求的流派,它作为新诗发展的重要一环,使新诗由张扬个性的抒情浪漫,进入到"理性节制"的非个人化倾向。不可否认,朱湘的创作主张和新月派有着不可分割的联系,正是由于他与刘梦苇等人当初的参与与影响,再经过闻一多、徐志摩、孙大雨、饶孟侃、陈梦家等人的不懈努力,新月派才得以最终形成。但朱湘是游离于其外的,他与新月派的诗人们个人性格与经历等方面有着很大的区别,而且他一生不愿与胡适、徐志摩等人为伍,如果一定要将他列入新月派的行列,有些硬拉之嫌。

18 日 "清华四子"之一杨世恩去世,年仅 22 岁。

本来杨世恩是考取公费留美的,在上海等船的间隙到杭州去玩,因为吃了不洁的食物,回到上海发肠热症死亡。

朱湘创作长诗《死之胜利》以悼念(发表于《小说月报》第 17 卷第 12 号,收入《石门集》)。

21 日 得到清华同意回校上课。

经饶孟侃、孙大雨、罗念生、罗皑岚等反复与校方恳请,校长曹云祥同意朱湘重回清华读书。

第 388 期《清华周刊》登载消息:"新添级友——甲子级朱湘君,下年又将来校,又丙寅级同学燕夒,本学年因病休学一年,闻二君下年均将入丁卯级上课云。"

本月 在《小说月报》第 17 卷第 6 号发表诗《夏夜》(收入《草莽集》)、《雨前》(收入《草莽集》)、《诀别》(未入集)、《美》(收入《石门集》)。

7 月

在《小说月报》第 17 卷第 7 号发表示长诗《王娇》(收入《草莽集》)。

9 月

4 日 创作诗《恳求》(未发表,收入《石门集》)。

同日　致信罗皑岚。

赞成罗皑岚学文学,要他多读些本国的文学书,提醒他要乱看,快看。并反对罗皑岚的早婚计划,谈了自己"这过来人"的感受:

> 你且听我这过来人的痛苦的呼声:早婚是该铲除的,在任何条件,甚至于爱情之下!我更沉痛的叫出,纤头式的婚姻是非人的,你如在此圈套之中,就得赶快挣脱,即使手握圈套的人是善意的,甚至爱你的!我便是已入圈内的牺牲;我的前途满是荆棘,连我自己都不知道是个什么结果呢!

从此信看出,朱湘与霓君婚姻已出现许多令朱湘不如意处。以朱湘的个性及两年婚后的磨合,这样的不如意应该也属正常。

9日　刘梦苇因肺结核在医院去世,年仅26岁。

此前朱湘曾三次去医院探望这位挚友。朱湘十分悲痛,创作散文《梦苇的死》(发表于自编《新文》月刊创刊号,收入《中书集》)、诗《悲梦苇》(未发表,收入《石门集》),以表悼念。

朱湘、沈从文、焦菊隐等友人一起,将刘梦苇安葬于北京郊外的南下洼。徐志摩也在《晨报·副刊》发了一篇启事:"梦苇的身世,最是可怜,他既无父母,又无同胞,流寓的背景,在呕血与苦工间挨度光阴;他病时少人护侍,他呼号,有谁听得,但天佑他热烈的灵魂,这'孤鸿'如今实现了他最后的自由,更不在人间啼叫了。"

本月　开学初,因为经济拮据曾想放弃到清华就读。

罗念生借钱与朱湘,使他回到清华,插入丁卯级。

柳无忌也是这个班的学生。柳无忌(1907—2002),江苏吴江县人,柳亚子之子,在圣约翰中学读了几年洋学堂,因为"五卅运动"闹学潮而离开了学校。1925年夏天,在清华教书的二舅父帮助他插入这个班读书。柳无忌后来也成为朱湘的挚友。

对重返清华的感受,朱湘在《诗的产生》一文中写道:"我自从(1923)年的冬天,赌气离开清华,在社会上浪游了两年半,而此刻又回校,精神随着肉体的舒适而平定下来。"应该说,朱湘这里用"赌气"来解释离开清华的原因,是比较清醒而客观的。

朱湘这两年虽然在外漂泊,但一直没有放松学习,因此其课程水平远远超过同班学生,尤其是英语更令一些同学望尘莫及。英文班的任课教授是美国人史密斯先生,当他看到朱湘将自己的一篇文章《咬菜根》译成英文稿,连连叫好,破例给了他一个最优等加花的成绩,并特准他不必来上课,待大考时交一篇作文就行了。教授莎士比亚课程的楼光来先生也很快发现了朱湘的才学及对莎士比亚的熟悉和理解程度,也准许他免学,只待考试来一下就行了。当时,学校准备请现代评论家陈西滢来任他们的英文教师。朱湘放出风声:"陈西滢也配到清华来教书,只有我来教他才差不多。他来教我,我就退学。"这句话后来传到陈西滢的耳朵里,陈也不想来清华了。(参见罗念生《忆诗人朱湘》)

陈西滢参加过新月俱乐部。在朱湘的眼里,他也属于胡适、徐志摩一个团体的,是所谓文坛的学阀和权威,是新诗发展的"大阻梗"。他要来清华教书,也便激起了朱湘本能的反抗和抵触。

20 日　**中秋前夜,创作诗《今宵》**(发表于 1934 年 7 月《诗歌月报》第 1 卷第 4 期,收入《永言集》)。

30 日　**创作诗《燕子》**(发表于 1934 年 5 月《人间世》第 4 期,收入《永言集》)。

本月　在《小说月报》第 17 卷第 9 号发表诗《哭城》(收入《草莽集》)、散文《北海纪游》(收入《中书集》)。

10月

21日 **创作诗《呼》**(发表于1934年9月《人间世》第11期,收入《永言集》)。

11月

30日 **创作诗《慰元度(徐霞村)》**(发表于1934年5月《人间世》第4期,收入《永言集》)。

12月

在《小说月报》第17卷第12号发表诗《死之胜利》(收入《草莽集》)。

下半年

返回清华后,做了两件大事。

其一,使几乎停止活动的清华文学社又重新恢复。

继"清华四子"之后,清华园又冉冉地升起了许多颗文学新星,如罗念生、罗皑岚、柳无忌、李健吾、陈铨、曹葆华等人,他们也早就想把清华文学社振兴起来。朱湘的回校,无疑使他成了他们中的领军人物。朱湘虽是一个个性极强的人,但面对这些年轻无名的文学青年,表现得特别亲切和热情。

清华文学社的活动又开展了起来,每周都要开小组会或常会。朱湘偶尔在会上朗诵他的新诗,他继承和发扬了"新诗形式运动"的成果,强调新诗中音节的作用,也深深地影响了其他社员。柳无忌便是受了朱湘的启示,开始觉悟到诗的形式和格律,由从前喜欢用华丽的词藻,转而开始锻炼清新的诗句了。文学社又将《文艺增刊》恢复出版,主要发表社员的作品。朱自清先生作为中文系教员,对文学社的活动非常支持,经常参与其中,自己也一直坚持散文、诗歌和评论的创作,对社员影响很大。柳无忌在《朱湘:诗人的诗人》中说:"二朱对我的启发和影响相当大。"

其二,着手自己创办一份刊物《新文》。

朱湘曾写了一篇考据《离骚》的文章,想在《清华学报》换点稿费。可是主编陈达先生对这篇文章不满意,让他多次修改,这让朱湘感到没面子,但看在钱的份上,他只得改了又改。最后,连他自己都觉得没意思去送稿,叫罗念生代他送了去。这篇文章最后还是没有发表出来,让朱湘很生气。他又联想起《晨报·副刊·诗镌》的事情,强烈感到受制于人的苦恼。他多年前就想自己办一份刊物。(参见罗念生《忆诗人朱湘》)

朱湘拿出了自己好不容易积攒起来的一点稿费,靠着一股狂烈的文学理想和激情,自编、自写、自费办起一份《新文》月刊。朱湘几乎把整个身心都扑在了这件事上,在京城的几家报纸发了广告。

罗念生在《忆诗人朱湘》中写到朱湘重回清华的生活:

朱湘在清华从来不看电影,他有偏见,认为那不是艺术。他最爱好的娱乐是打弹子和唱歌。大一学生住的大楼(上面题有"清华学堂"四个大字)下面有一间漂亮的弹子室,经常空着无人打。他多次教我打厚打薄,我始终没有学会。他最爱唱《一百零一首名歌》中的 My bonny is over the sea(我的好宝宝是在海外),歌声柔和悠扬,至今犹缭绕在我的耳际。

饭后我们在校园里散步,他经常谈论新诗的写作,我只是偶尔讲述西蜀风光和儿童时期的乡村生活。他听得入神,叫我写成文章。我怀疑散文的品格不高,他回答说:"好的散文和好的诗一样高。"我后来写了一些散文,其中一篇题名为《芙蓉城》,曾在清华校刊上发表,后来被林语堂命名为"特写"。

朱湘称赞我的散文风格"清丽",有一股奇气,过誉得使我深感汗颜。那年冬天,下了一场好雪,我们上颐和园,偌大一个好去处,就只有我们两人。他是在雪中寻诗句,我只顾看雪压枝头,这是我们最快乐的日子。

一日三餐,朱湘尽啃馒头,偶尔有点好菜,他才吃米饭。这一年,我同他只下过一次馆子,就是到前门外去吃"馅儿饼周",这家铺子有粥有饼,味道鲜美,他大享口福,笑得眼睛都睁不开。我很少看见他这样大笑过。二十年后,我又去吃过一次,时过境迁,觉而淡而无味。

在学校吃饭,我们都是向厨房赊帐。朱湘毕业时欠二厨房的饭费和裁缝的工钱,都是由我担保付还的。他后来在给霓君的信上说:"我从前不是托罗先生在清华还债吗?他暑假就出洋,一个钱也没有,我只好在5月寄了美金二十元给他。"

本年

热心支持无须社。

胡也频、沈从文、焦菊隐、许超远、王森然等人还办了一个文学社叫作无须社,取"无须存在"的意思。徐霞村常到朱湘这里来,与胡也频、沈从文混得很熟,也加入了无须社。他们两个礼拜举行一次聚会,都是一群穷光蛋,不过在一起喝喝茶而已。无须社的社员们也经常到朱湘这里请教,受到朱湘的热情接待。

1927 年
24 岁

1月

9日 致信《洪水》编辑部。

该刊的编者是刚从广州回到上海整顿创造社出版部的郁达夫。这封信是朱湘谈其诗《还乡》的,为一封未公开的佚信,特录如下:

编者先生:

是几个月以前的事:有一次,一个朋友寄一本《洪水》给我,并且说,"有人骂你的《还乡》一诗,你平常是不看这一类杂志的,所以我寄一本给你看"。我当时曾经写了一张明信片给贵刊前任编者周君全平,大意是说:骂我的人态度不正,因为他作着应当负责的文章而用不负责的假名……并且他程度太低,因为《还乡》诗中有"茶叶的梗"一词语,这词语是暗示着民间的一种迷信(茶碗里浮着茶叶梗子是有客来的兆头)。某君诗还不曾看懂,便来谩骂;某君在人格与智识两方面既然都是可议的,我便不屑于降低身份去对牛弹琴。

这张公开的明信片据周君回信说已经转去广东了；如今贵刊已经复活，我的信并未登出，不知此中究竟有何曲折？素仰贵编者主持公道，敢请将此挂号信登入贵刊通询（讯）栏中以明是非，幸甚幸甚。

朱湘　一月九日

第17卷第5号的《小说月报》上发表了朱湘的《还乡》。几个月后，有个署名"青民"的批评者撰写了一篇《评朱湘的〈还乡〉》，刊登在1926年9月1日出版的《洪水》上，认为这首诗"生涩勉强是他的行文，无聊平常是他的诗思"，"是大大的失败了"，"朱君的《还乡》，在他自己意中也许以为亦是这些新体诗中之一篇，但我觉得这正是他的错；因为这诗完全是脱胎于常常为人们一口所抹煞的没生气的一总的旧诗"。批评者还一一指责朱湘诗中因体式所限而造成的生硬古怪、辞意的累赘和欠缺、韵脚错叶，并且劝告一般的诗人："工夫没有学到，切不要作新体的尝试，甚且舞弄了一长篇。即或不得已有诗瘾在其中作痒，亦望做完了，不要轻易拿去投登，尤其那位编辑是为你所熟识者。"这篇批评所言并非全无道理，只是言辞充满火药味，对朱湘所进行的新格律诗的试验也全无理解之同情，因而朱湘未予置辩，而是写了这封颇有些抗议色彩的公开信，对"茶叶的梗"所包含的民俗知识进行澄清，并表示自己"不屑于降低身份去对牛弹琴"。这封信发表在2月16日《洪水》上。

1927年4月1日出版的《洪水》又刊出青民的《答诗人》，与朱湘的声明针锋相对："他的诗和我的文都在社会人的眼睛里，这并不是什么冷矢而用着去预防的。何况他的声明，非但百分无聊，而且满呈着一种恼羞成怒的语气。"认为朱湘说他"在人格与智识两方面既然都是可议的，我便不屑降低身份去对牛弹琴"是"他自己见识狭小"，同时强调"批评就是所以'明是非'，以见中国目前能作一诗比《还乡》好的人还很多，叫阅者勿被人瞒混，留心诗园里的莠草。其实我对他的诗本来有点不屑批评的，这是要请他知道，而希望他用不着到贵刊这里来摆架子，教人肉麻"。

从这次事件正可见出诗人的性情以及当时文坛的批评风气,而且也可以帮助我们从批评者的角度来理解朱湘等人的新格律诗的创作。(参见周红《诗人的自负——朱湘的一封佚信》,载《文汇读书周报》2008年1月17日)

18日　创作诗《星文》(发表于1934年11月《人世间》第15期,收入《永言集》)。

本月　自编自印的《新文》月刊——这份在中国文学史上称得上别具一格的刊物问世了。

这是一本32开的书型小杂志,装帧、版式等均由朱湘一人设计,其风格质朴、明快。第1期刊有朱湘诗2首——《恳求》(收入《永言集》)、《烽火》,译诗2首——莎士比亚的《晨歌》、彭斯的《美人》,散文3篇——《咬菜根》(收入《中书集》)、《梦苇的死》(收入《中书集》)、《月圆室之文》。朱湘还写了一则启事,交待刊物的有关事宜:

在广告里本来说了这一期要有《颐和园》、《我自己的诗》、《改良标点》三篇文章。就中除去首篇要等加上春的颜色再送到读者之前,以外,别的两篇我都决定不作了。诗人要自己来解释,这未免太丢当代评坛的丑。至于改良标点,我现成的有榜样在这里,读者自己自然去拿去与那些杂货铺一般的书互相比较,看究竟是哪个干净?

这里的改良标点,是指朱湘在《新文》里使用的自创的标点,即黑点和圆圈。这是诗人独出心裁的发明,前者代逗号、顿号,后者代句号。朱湘后来的许多诗作,都采用了他自创的这两个符号。不过,朱湘把当时由胡适等人创出的新式标点讥为"杂货铺"里的货色,也未免太过自负了。他没有想到,日后通行的恰恰是后者。不过,朱湘的这种创新精神,还是值得赞许的。(参见钱光培《现代诗人朱湘研究》)

朱湘在后来给罗皑岚的信中写过:

我记得从前印《新文》月刊,看到几大捆的书打开的时候,什么都是自己出的主意,那一股滋味真是说不出的那样钻心。

《新文》每期印数定为500,大部分由东安市场的一家旧书摊寄售,第1期出版后,订阅者虽然遍布京、沪、津、宁、广州、新会、柳州、沈阳、吉林乃至日本等地,可发行仅20多份,赔款达10多元。(参见钱光培《现代诗人朱湘研究》)

2月

本月　《新文》第2期出版。

本期刊登朱湘创作诗2首——《小家》(收入《永言集》)、《我如》(收入《永言集》),翻译的诗2首——莎士比亚的《仙歌》和海涅的《情歌》,散文三篇——《书》(收入《中书集》)、《空中楼阁》(收入《中书集》)、《月圆室之文(二)》(收入《中书集》,并更名《杨晦》)。

《新文》还是产生了一定的影响,也引来了一些妒忌。远在湖南老家的罗皑岚在上海的《幻洲》上看到一篇文章,大骂朱湘,说朱湘的诗不过像程砚秋的戏,缺少男人的阳刚之气。罗皑岚连忙写了一篇批驳文章,寄给《幻洲》的编者叶灵凤,替朱湘鸣不平,但文章没有发表。罗皑岚后来将此事写信告诉朱湘,让他想不到的,朱湘非常平静,回信说:"骂也好,赞也好,反正我的诗不会损害毫末的,皑岚,你让他们去吧。"

本月　与刘霓君团聚京城。

清华放寒假,朱湘本拟寒假回长沙看望霓君,让罗念生把他的信件转到他家里去。罗念生转出去的信中,有一封女作者给朱湘的情书。而实际上,朱湘并没有到长沙去,而长沙的霓君收到这封信,醋意大发,冒着北伐战争的战火赶到北京,与朱湘在城中租屋居住,两人生活美满。(参见罗念生《忆诗

人朱湘》)

4月

15日　致信罗皑岚。

其时,湖南正在进行北伐战争,罗皑岚回家度寒假,因战乱无法返校,将其创作的小说《赌徒》寄朱湘指正。朱湘信中再次谈及婚姻问题。

5月

16日　致信罗皑岚。

信中谈及,他与北新书局交涉好,办个半月刊,并出丛书。并谈到《新文》可能办不下去。

25日　致信吕蓬尊。

吕蓬尊(1899—1944),原名劲堂,笔名渐斋,广东新会人。当时是小学教员,可能是个文学爱好者,致信朱湘购买《新文》,朱湘复信,信中解释《新文》不能按时出版事:"《新文》第三、四、五各期之稿,久已草就,惟因手头拮据,不克如期印行,焦灼奚似!"

信后来发表于《平山月刊》1934年第1卷第1期,原题《月圆室书札二通》。

26日　致信罗皑岚,透露不想放弃《新文》。

此前,朱湘将译稿《英国近代短篇小说集》交北新书局出版,希望得些稿费来继续办刊。

到了《新文》的读者有五百人的时候,我的卖文为活的计划便有一半的功效了,再加五年,便可完全以著作编译谋生。我身受文人之厄难,将来年壮之时手宽裕,一定要开一书屋(文同书屋),拿重价收买稿集(好的,不是好销的),觅妥人经理,凡托书屋代卖的书籍都要先经过我的选择。我五年回国后免不了要教点书以贴补鬻文的所得,但至各书销行到千份时,便每礼拜最多只作四时的演讲。这便是我的计划,虽然实行时在枝节上免不了有点迁就,但大体仍然不变。"有志者事竟成",这句俗话便是我的格言。

6月

26日 罗念生进城送朱湘出国。

罗念生把身上的钱全部送与朱湘。想不到,此别竟成永诀。

本月 参加清华学校在同方部大礼堂举行的丁卯级毕业生毕业典礼。

本月 在《小说月报》第17卷号外发表8篇论文。

分别是《三百篇中的私情诗》、《李笠翁十种曲》、《古代的民歌》、《五绝中的女子》、《王维》、《救风尘》、《吟风阁》、《蒋士铨》(都收入《中书集》)。

7月

6日 致信罗皑岚,诉说着他毕业的快活心情,同时对罗皑岚的生活表示关怀:

清华生活已经结束了,为之一快。如今同妻子住在京中,大约一星期内动身去上海,到时一定有信告诉你的。听说你恭喜了,这在个人生活上是很重要的一页,精神状态一定要发生很大变动,并且结婚以后,社会上便以成人相待,有许多从前闻所未闻的事如今也窥见了,这是我们文人观察社会实情的第一步梯子,想必你是不会任机会过去的……

本月 携霓君到上海候船,住四川北路上海青年会,初见赵景深。

利用这空余时间,朱湘去上海开明书店。此前,他将第二本诗集《草莽集》,交开明书店出版,初见编辑赵景深。赵景深,字旭初,1902年生,四川宜宾人,出生于浙江,后举家迁往安徽芜湖。就读于南开中学,曾追随周恩来等人包围直隶府公署,向天津警察厅长杨以德请愿。后考入天津棉业专门学校,加入邓颖超组织的"女星社",毕业后在长沙、绍兴、海丰教过书。

得知《草莽集》很快就会出版时,朱湘提出他对《草莽集》排版的意见。他曾经请清华的同学唐仲明设计了一个封面,要求每面上下都有图案画,必须直排加空嵌,并用他自己设计的标点。唐仲明,又叫唐亮,清华1926年毕业生,热衷美术,此时正在美留学。

赵景深送朱湘一本自己翻译的《安徒生童话集》。

8月

10日 致信吕蓬尊。

告诉吕蓬尊《新文》不能办下去,决定留美回国后自己印行诗集。信后来发表于《平山月刊》1934年第1卷第1期,原题《月圆室书札二通》。

14日 创作诗《戍卒》(发表于1934年11月《人间世》第15期,收入《永言集》)。

此前,朱湘将霓君送往长沙,其时霓君怀有身孕。这首诗表达了对霓君的深切思念和关怀。

17日 与同学罗皑岚见面。

罗皑岚在湖南战事结束后,离家到上海办事,去看望朱湘。

同日 创作长诗《招魂辞》(发表于1934年4月《中国文学》第3、4期,收入《石门集》)。

同日收到罗念生从上海寄来的信、衣服等物,回信罗念生,谈《草莽集》的出版等事宜。

本月 准备《草莽集》的出版。

赵景深以极高的办事效率,拿出了《草莽集》的封面和样本,预先给朱湘付了70元的稿费,也缓解了朱湘经济的困窘。朱湘又花了几天时间,对样本进行了校对。朱湘对封面和样本基本满意,只是未按他的要求使用他自定的标点,对此,他向赵景深再一次提出了要求。赵景深表面应付着他,但不会按他的要求去做的,因为书是要卖给读者的,必须按照读者的要求去做。

《草莽集》比起《夏天》来,朱湘在这里表现的,视野更开阔了,题材更新鲜了,脱去了那些天真和稚气,多了许多思索和深沉,充分宣泄了真实人生中的那些欢乐与痛苦。像《哭孙中山》、《猫诰》、《王娇》、《还乡》等诗情感热烈,透溢出他对人生和社会的认识和思考。而像《采莲曲》、《热情》、《答梦》、《情歌》等诗则辞调绮美,从中不难感受他一颗搏动的热爱生活和忠于艺术之心。他在技巧上也进一步成熟起来,充分吸收了西方诗歌整齐而又多变的长处,又善于借鉴中国古代词曲以及民谣鼓词讲究韵律节奏的特点,造成了一种既整齐多变、又悦耳动听的艺术效果。

《草莽集》的出版,标志着朱湘的创作进入了成熟期,是中国新诗史上的一个重要收获。它不仅深为诗人自己所喜爱,也一向被许多评论家所推崇。沈从文在《论朱湘的诗》中说:"《草莽集》才能代表作者在新诗一方面的成绩,于外形的完整和音调的柔和上,达到了一个为一般诗人所不及的高点。""它的全部调子建立于平静上面,整个的平静,在平静中观照一切,用旧词中属于平静的情绪中所产生的柔软的调子,写成了他自己的诗歌,明丽而不纤细。"苏雪林在《论朱湘的诗》中说:"《草莽集》虽没有徐志摩那样横恣的天才,也没有闻一多那样深沉的风格,但技巧之熟练,表现之细腻,丰神之秀丽,气韵之娴雅,也曾使它成为一本不寻常的诗集。"

18 日 和同学们登上了历届清华留学生留学时乘坐的杰克逊总统号赴美。

所有留学生都持有外交护照,统一购买了头等舱票。蒋介石的前任夫人陈洁如,由张静江的女儿张菁英和魏道明的夫人郑毓秀陪同,也乘这艘船赴美。(参见钱光培《现代诗人朱湘研究》)

24 日 船到日本神户。与同船者上岸观光。

下旬 于船上创作诗《泛海》和《洋》(发表于 1927 年 10 月《文学周报》第 5 卷第 10 期,收入《石门集》)。

柳无忌提议,海上行程时间将近一月,可以办一份刊物,就叫《海上》,每周一期,可出三期。大家可以写点东西,登在上面,用来活跃和调剂海上行旅生活。朱湘的这首《泛海》和《洋》,也是朱湘在无韵诗体上的试验,都刊登在《海上》第 1 期上。

9 月

7 日 在船上致信罗皑岚、陈林率、罗念生,谈及神户码头、檀香山的见闻。

朱湘在信中谈到自己的一些设想,如在开明书店出版丛书,丛书分两种,一是自己的作品以"新文丛书"出版,《草莽集》则为第一种,二是朋友们的作品以"友声丛书"出版。他曾和赵景深初步商定可以这样做,所出的丛书按《草莽集》的方法抽取版税,即初版印 2000 册,抽税 15%,可预提取 500 册版税的现款,再版按 20% 抽税。因此,他希望尽快编好自己的文集,以"友声丛书"形式出版。后来,由于多方面的原因,朱湘的这些设想都没有成为现实。

10 日 和同学们抵美国旧金山。

抵美后,朱湘第一件事就是给霓君写信,信中谈到旅途见闻,谈到在檀香山看到的"鱼介博物馆",还把在上海青年会写的那首《戍卒》抄了下来,又怕霓君看不懂,慢慢解释给她听。

中旬　进入劳伦斯大学,插入该校四年级。

除了少数留在西部就读的同学,大部分同学即乘坐当日的火车沿美国南部东行,然后再北上芝加哥。朱湘、柳无忌和另一位学理科的同学郭伯愈,由芝加哥转去威斯康星州的阿普尔顿。他们选定的劳伦斯大学,就坐落在"苹果里"(指阿普尔顿)小镇上。

美国大学很多,劳伦斯大学无论从规模还是名气,都属于较小的一类。朱湘和柳无忌之所以选择这所学校,因为清华旧制学生留美期限是五年,如果进哈佛、耶鲁等名牌大学,只能插入二年级,进芝加哥大学或其他一些有名的州立大学,最多也只能插入三年级。而进劳伦斯这一类小的大学,可以直接插入四年级,一年即可毕业。如果成绩良好,也还可以申请就读耶鲁或哈佛的研究院,这样就可在三年读完博士学位,余下的时间可去美国各地或欧洲旅行,这也正是他们所愿望的。整个劳伦斯大学,也就朱湘、柳无忌和郭伯愈3个中国留学生。

郭伯愈住学校宿舍,朱湘和柳无忌租了一间民房。房东是个工人,屋舍简朴,却整齐清洁,他们的房间也宽大适用,光线充足。临窗有一长方形书桌,朱湘的椅子面对着窗,柳无忌的在左侧。只有一张大床,两人同床而卧。

两人还找到住房斜对面一家希腊人开的餐馆,与老板商定,每日两餐都在这家饭馆用餐,早餐是一杯咖啡和两枚油炸小甜饼,晚餐有点肉类蔬菜,需付8角钱,房租是每周5元,由两人平摊。这样,他们每个月可从80元官费中节约出40元,朱湘除少量用于买书和应付必要的开支,其余全部寄回国内的霓君,用以维持他们的生活。

朱湘插入四年级。为了实现他三年获得博士学位的愿望,入校便选修了五门课程:拉丁文、法文、古英文、丁尼生研究和英国浪漫运动研究。每周上课在17小时以上,其余的时间也花在了读书上,晚上还要抽出一至二个钟点译诗、写诗,寄到国内换一点稿费。(参见柳无忌《朱湘:诗人的诗人》)

19 日　致信罗皑岚。

罗皑岚将他在湖南家中躲避战乱时写的一些小说结集为《东镇》,寄给朱湘审正,并请朱湘作序。朱湘在这封信中提出了许多极其中肯的意见,寄回他,希望他再予以修改,将来以"友声丛书"形式出版。朱湘还谈及在"苹果里"的生活,并对出版"友声丛书"充满了信心:

皑岚:

　　海上一信想已收到,此信达时,《洋》诗料亦见到矣。已在亚坡屯镇觅得房屋与柳君合居,东家相待,尚称文雅。美邦交通便利,行旅无忧,故此次二万里之海道以及一万里之陆程,较之国中自津赴沪,舒适不仅十倍而已也。此中人相待并不甚恶,大概因人而定,我以礼往,彼亦不免以礼来也……文学社友如有佳作,亦甚欢迎。我在此间,自亦当催促无忌及其他文友作稿。国内之稿望陆续寄我,以便编定。文坛上有何佳作,对《草莽集》有何意见,均祈随时见告是幸。

子沅　九月十九日

27 日　致信罗念生,讲《草莽集》等事,托代觅《晨报·副刊》。

10 月

9 日　致信罗念生,谈劳伦斯大学的生活:

　　此校教员至少比清华好,自然环境方面都好似清华。生活程度极低,连买书每月仅需 50 元。我读五种功课,拉丁,三年级法文,英古文,浪漫运动,谈尼生,很忙。除上课十七点钟外,每天到晚的读书,平均每日读书八时。晚间我拿一点钟到两点钟的时间译诗。

不难看出,朱湘初到劳伦斯,学习非常刻苦,有心成就一番事业。

柳无忌在《朱湘:诗人的诗人》写到当时的读书生活:

> 朱湘和我所选的都是西洋文学与文字的功课,却不尽相同。我们同读一年级拉丁文,二年级法文(但不在一组,课本也不同)与英国浪漫诗人。此外,我读英国戏剧与德国古典文学(用德文教的)。而朱湘选的是英国古代文学。我们大家忙,非但郭伯愈见不到,就是我与朱湘,在读书时也不大讲话,倒是吃饭及同去学校时可以随便聊天。日常读书以外,朱湘有时写诗,很用工夫,但不太多。他勤于家书,很惦念他的太太。他不大爱听教授的演讲,只孜孜地读他自己喜好的书。我们不上电影院,更没有其他娱乐,唯一的消遣,是英诗背诵的竞争。在这方面,我年轻,记忆力强,占了优势。我们两人都不运动,就是走路,也限于上学的一段路程。我们过的是专心苦读的生活。而其中自有乐趣融融——我知道,朱湘也有同样的感觉。我们两人平分的房间,变成我们唯一的读书与生活的安乐窝了。

功课之余,朱湘很少创作,而是把主要精力放在了苦读和翻译两个方面。到劳伦斯大学仅两月时间便译出了英国十九世纪4首著名的叙事长诗,结成《三星集》。因为在朱湘看来,当我们正洗沐在外国的学术空气中时,最当致力于外国作品介绍和翻译。他翻译作品的时候,很少打草稿,把全段诗意熟读后,在心里再三斟酌,然后一气呵成。他觉得这种翻译,如同创作一样也是快乐的,创作时好像探险一般,走到意想不到的佳境,许多奇美风景涌呈于眼前。创作后好像母亲对着新生儿凝视,看着他四肢的调和,肤色的红润,目光的闪动,声音的圆转。这创作后的快乐,在修改《三星集》时,又一度品尝到了。他将《三星集》寄给唐仲明,请唐仲明帮助设计封面。

16日　致信孙大雨。

感谢孙大雨将《海上歌》投寄《新诗选》,谈在劳伦斯情况。并感谢以前住在上海孙府时孙大雨母亲的照顾。欠下孙吃饭和车费,希望能于暑假前归还。

本月 致信赵景深(原信未标日期),谈《草莽集》和托交文稿给徐霞村事。

11月

5日 创作诗《人性》(未发表,收入《永言集》)。

13日 致信罗皑岚、林率、罗念生,谈寄稿给徐霞村的事。

同日 致信孙大雨,谈及中国人才紧缺,明年毕业后想拣一自由的场所住两年。

14日 致信赵景深。

朱湘收到赵景深从国内寄来的《草莽集》,十分欣喜,复信赵景深,谈了对这本书感到不足之处,希望再版时改正:

景深兄:

《草莽集》出来了。这对于作者自己,好像头一胎的儿子对于产妇,当然是一个欣悦。尤其是这色彩端重而不板滞、秀媚而同时雄浑的封面,给了我一个高度的愉快,它是唐仲明(名亮)的手笔。印刷时,因了我的疏忽,没有能把"唐仲明作封面"六字印在封面的后幅:在这他自然是很能谅解,不过我总歉仄得很。此书印得很雅致,这是应当多谢开明书店同印刷所的。不过有几处地方希望再版时更改好一点,便是:(一)上述的,封面后幅加入那六个字。(二)标点要排在字旁(这层我曾力争过,但因种种的不得已,此版中不能改正,我是很能谅解的)。(三)我个人如今应用一种自定的标点,再版时一定要按照此法改正这初版中的标点。(四)序诗的花边改成尾声的那种。(五)《王娇》中的几段,它们的行的高矮不对,要改。(六)一五一页上的"鸭兽"两字应当改作"铜鸭"。我在此集中用分类法排列出各诗,本不如编年法那样妥当。

不过我想让我各方面的努力更明显的映出,所以暂时不用了它,将来的集子就仍然要用那较妥的编年法。关于我的诗,文坛上有何值得回答或需要回答的文章,我自然要回答的,否则置之不理。

弟湘　十一月十四日

19日　致信罗念生,谈《文艺汇刊》中"会友录"的事。

所谈《文艺汇刊》为清华文学社丛书,1923年4月出版第一集,此为第二期,为朱湘留美后清华文学社罗念生、罗香林等人策划编辑。该书收作品十二篇:1.张大东《文学与社会》(论文);2.香林《什么是粤东之风》(论文);3.柳无忌《柳絮飞》(诗);4.林率《鸭声》(诗);5.罗罗《鸟声》(诗);6.翼《过年》(戏剧);7.汪梧树《一年》(小说);8.凉虫《往事》(小说);9.景苏《如此的爱情》(小说);10.尉梅《大人》(小说);11.罗皑岚《杀猪过年》(散文);12.朱湘《明妃三曲》(论文)。

本书书末附有"本社社员表",社员有:朱自清、朱湘、罗正晫、陈麟瑞、柳无忌、张大东、闻一多、梁实秋、顾一樵、罗懋德、熊学谦、夏鼐、陶焕民、汪梧树、秦善鋆、邹文海、罗香林、罗皑岚、何鸿烈(已故)、杨子惠(已故)。这是当年全部社员的名单。

此表中漏掉孙大雨的名字,让朱湘感到不安。从这封信中朱湘说"我明明白白地记得曾经录入",表明朱湘在清华学校时是参与《文艺汇刊》的编辑工作的。

12月

4日　致信赵景深。

朱湘信中询问徐霞村可到了上海？文中流露出对西方人的愤恨,表达出强烈的爱国心:

要证明我们不是一个退化野蛮的民族,便靠着我们这一班人的努力。如若我们(中国精神文化之一方面的代表者)不能努力,不能有成绩贡献出来,那就我们自己也不能不承认,我们实在是一个退化的、不及他们的民族,应该受他们的轻蔑踩躏!我来这一趟,所得到的除去海的认识外,便类似这种刺激。我们的前面只有两条路:不是天堂,便是地狱!

从此信可以看出,朱湘受到美国人的歧视,激发出心中强烈的自尊心。

11日 致信罗念生,欲离劳伦斯大学。

在朱湘、柳无忌赴美后,罗念生、罗皑岚、李健吾,加上1927年秋考入清华的曹葆华、李惟建等人,继续保持着旺盛的创作劲头,组织办好清华文学社,出版了《文艺汇刊》等。朱湘接到罗念生的信,得知这些情况,感到非常欣慰:

念生:

信收到。第三期《文艺》想必就要看见了。回国事还不一定,不过万一回去不了时,我决定改进希加戈(芝加哥)作一旁听生,不要文凭,只选一种功课,专门翻译中诗,译成一本,找到发行部的书店后,即行回家。再等几天就能接到监督处的回信了,那时便可决定。如若留美,有几部中文书,那时要托你寄来。第二期《文艺》的《芙蓉城》文字作得很清丽,再寄给你稿子一篇,乡土文字望你多多努力,我想有了十五篇,不论长短,便可以印一本书的。这是你的第一步,自然不用我叮咛,你自己是很能努力的。我的《三星集》仲明在替我画着封面了,想必阳历年底可以寄去中国……关于选校事,此间我已决裂,无人替你去说话。我想不如在威斯康新(星)或斯丹佛(斯坦福)两校中选个。不过下学期可由无忌去替你商量一下,看看结果如何。此校别处是承认的,最要紧的还是在个人。

子沅　十二月十一日

信中明确表达要离开劳伦斯大学,改进芝加哥大学。朱湘欲离去的直接原因,是两件事的发生。

其一,朱湘与柳无忌约好去看纽约戏剧协会演员来"苹果里"演出《银索》一剧,但当他们把原剧梗概读过之后,朱湘看到剧里有讽刺华人吸食鸦片的几句,认为是侮辱中国人,就愤恨着把一元半买来的票子撕去了。(参见柳无忌《我所认识的子沅》)

其二,某天上课,老师让一个美国同学朗读都德的小说:"那遥远而湛蓝的天空,那飞速急泻的瀑水,那啭叫悠扬的莺鸣……难道这是中国的土地?然而,这确实是在中国,而且曾是清朝皇帝逃遁的避难所……这时,从山道上走来几位身材矮小、浑身泥土的中国山民,他们衣衫褴褛,瘦弱不堪,与这优美的山林,是那样的不和谐,他们就像几只肮脏的觅食的猴子……"

这种明显带有歧视的语言,引发满堂美国年轻男女的大笑,朱湘不堪此辱,愤然离去。

柳无忌在《朱湘:诗人的诗人》一文中描述:

有一天我们从学校回来,一路上朱湘拖长着脸,阴沉沉,一语不发。我也不问。抵家后,他爆炸了:"我要退学!"在大吃一惊之下,我开始问他,他才告诉我那天在学校的经历。在法文班上,他们读都德的小说,其中有一段形容中国人像猴子一般;在这当儿,那些年轻的美国男女学生都哄堂大笑起来。朱湘不能忍受此侮辱,因为这不是他个人而是全体中国人的耻辱。忙着与别的学校通信接洽后,他决定立即离开苹果里进芝加哥大学,正好那里春季开始。我再三劝他,在劳伦斯大学再忍耐二个多月,就可毕业;相反的,去芝加哥大学从三年级重新读起,至少要有六个学季始能读完大学。至于我们二人私人的友谊,自不必说了。他固执不听。我眼看着朱湘离去住宅的一幕镜头:他手提着简单的两件行李——其中大部分是书——一辆黄色汽车就把他载走了。

17日 致信罗皑岚。

谈罗皑岚写的小说之长短。并托罗皑岚的夫人到长沙化龙池打听霓君地址。

25日圣诞节 愤然离开劳伦斯大学。

此前,负责留学生事务的官员对他的做法,也感到非常吃惊,欣赏他的这份爱国爱忱,苦苦挽留他继续完成功课。那位官员还把法文老师找来,要他登门向朱湘道歉。法文老师也登门来了,当着朱湘的面表示了歉意。但朱湘的去意已定,任何人也无法劝阻他。(参见丁瑞根《悲情诗人朱湘》)

本年

在《小说月报》第17卷号外发表《三百篇中的私情诗》、《李笠翁十种曲》、《古代的民歌》、《五绝中的女子》、《王维》、《救风尘》、《吟风阁》、《蒋士铨》(以上文章均为文学评论,收入《中书集》)。

1928 年

25 岁

1月

上旬 来到位于风景秀丽的密歇根湖畔的芝加哥大学。

美国人约翰·洛克菲勒靠开采石油发了横财,资产达到几千亿美元,成为石油大亨。他把大部分资产都用在慈善事业上,而他认为最好的投资就是办大学。于是,在1891年,他投资创办了芝加哥大学。这所大学虽是私立大学,但论其规模、师资和声望,完全可与州立大学相媲美。朱湘还是基本满意这里的环境,很顺利地插入了这所大学的三年级。他的志向还在比较文学上,除原已学过的英文、法文、拉丁文外,又开始学习德文和希腊文。他想把全世界的原文诗都拿来读读,以期亲自从各国诗歌原有的语言中去领悟它们的真谛,为中国新诗的建构提供借鉴。

15日 致信罗念生,收到《文艺汇刊》。

本月 致罗香林和夏鼐的信。

大约是看到罗念生寄来的《文艺汇刊》,对文学社员罗香林与夏鼐的文字十分欣赏。

罗香林(1906－1978),字元一,广东兴宁人。1924年毕业于兴宁县兴民中学后,到上海承天英文学校就读。1926年夏入清华史学系,兼修社会人类学。朱湘曾在文学社与罗香林相见,对他非常器重。在朱湘留美后,罗香林一度主持过文学社事宜。

罗香林《粤东之风自序》中说:"说到书里的讨论之部,有一段趣事,可以向大家谈谈。大概也就是去年夏间的事,那时朱湘先生,刚要替文学社出一本《文艺汇(会)刊》,因为同社的关系,好几次他向我要稿子。我被他迫得无法,所以便随便把那讨论之部第一章《什么是粤东之风》和第二章《客家歌谣的形质》交他发表。"

其时,朱湘正在编辑《友声丛刊》,很欣赏罗香林的文字,特意来函再向罗香林征稿:"我因在文艺汇刊中看到你的与夏鼐兄的文章最喜欢,因此专函乞稿。"

同时,朱湘还给夏鼐写信,也向夏鼐约稿。朱湘对这些学弟一向是热心帮助的。

夏鼐,浙江瑞安人,1927年进入清华学校,后曾留学英国。

在给夏鼐的信中,朱湘调侃式的写道:"夏鼐兄:现在快到'过年'的时候了,不知道你得到一些感兴没有？前一些时候,看西人过耶稣圣诞节,小孩子最快活了……希望我们能时常通讯。"这两封信都未注明时间,从这段文字可以看出,此信写于旧历年前。这两封信后来发表在罗香林主持的《书林》1937年第1卷第2期。

又　霓君在长沙生下一个女孩。

朱湘给她取名雪,小名小东。这自然更加增添了朱湘的负担,考虑住校花费太多,他决定搬出来,搬了两次家,最后在学校旁边租了一间幽暗简陋的小楼,房东是位老太太,人也挺和气的。芝加哥有100多名中国留学生,朱湘几乎成了一个局外人,独来独去,在同学眼里,是一个性格古怪、行动诡秘的人物。

2月

6日　致信霓君(《海外寄霓君》之一)。

在这里,霓君和朋友们的信成了朱湘唯一的精神安慰。霓君从小读过一些书,而婚后,朱湘也教她识字读书。霓君非常聪明,进步很快,能写信了,基本能把想说的话有条理地、较准确地表达出来。霓君给他的来信,此时已有8封了,他决定给霓君的信编上号,同时从今天起,也给他寄给霓君的信编上号,此为第一封(朱湘编好的信,因为部分遗失,这里所取编号根据《海外寄霓君》里的编号)。

霓妹,我的爱妻:

(前略)我在芝加哥城里过得好些,身体也好,望你不要记挂。我到今天总共收到你八封信。你信内并不曾提到岳母大人同憩轩四兄的病,想必都好了。你的奶水不够,务必要请奶妈子。照我如今这般寄钱,是很够请奶妈子的,千万不要省这几块钱。小东身体已经不好,如若小时不吃够奶,一定要短命。那时我决定不依你,小沅你是不用我说就会当心的,所以我也不多讲。罗先生倒是很帮忙,不过那取衣的钱一定要还他。不知你已还给他了没有?千万记得还他……我这几个月因为搬了两次家,省而又省,只省得二十块美金来,阳历三月初寄给你,阳历四月半你可以收到。连着稿费也有九十块中国钱了。以后希望每月能省十五块美金寄给你,我这样省,恐怕书都买不了什么。我来美国许久,电影同戏一次也不曾看过。等一年之后,你进了学堂,我或者可以多买些书,偶而添点衣裳。像现今这样,是决定买不成的。不过这我一点也不埋怨,我书尽有的看,因为芝加哥大学的图书馆极大,要看什么书,就有什么书,我的霓妹妹替我带着一男一女,我每月至少总要有中国钱三十块寄给她,才放心。

　　　　　　　　　　　　　　　　　　大沅　二月六日第一封

16 日　致信霓君(《海外寄霓君》之二)。

信中说到决定自己做饭,每月寄 20 美金给霓君。自己做了两套衣裳。做梦梦见自己落水,霓君跳进水里救了他。

17 日　致信罗念生。

让罗念生暂时替他归还欠学校的三笔欠款,一是学费,二是消夏团费,三是消夏团借款 50 元。对来芝加哥表示满意。

21 日　致信霓君(《海外寄霓君》之三)。

信中借苏武的诗,表达对霓君的思念。

28 日　致信霓君(《海外寄霓君》之四)。

谈寄信的问题,对于霓君用挂号寄信与他,非常感动,告诉霓君不用再挂号了。想买个打字机,但买不起。

本月　在《文学周报》第 5 卷发表论文《说译诗》(收入《中书集》),书信《关于〈草莽集〉》,诗《泛海》、《洋》(都收入《石门集》)。

3 月

4 日　致信霓君(《海外寄霓君》之五)。

亲爱的霓妹:

我昨晚做了一个梦,梦到你,哭醒了。醒过来之后,大哭了一场。不过不能高声痛快的哭一场,只能抽抽喧喧的,让眼泪直流到枕衣上,鼻涕梗在鼻孔里面。今天是礼拜,我看书看到眼睛都痛了,半是因为昨夜哭过的原故。今天有太阳,这在芝加哥算是好天气了。天上虽然没有云,不过薄薄的好像蒙上了一层灰,看来凄惨的很。正对着我的这间房(在二层楼上)从窗子中间,看见一所灰色的房子,这是学校的,一点声音也听不见,好像死人一般。房子前面是一块空地基,上面乱堆着些陈旧的木板。我看着这所房,这片地,心里说不出的恨它们。我如今简直像住在监牢里,没有一个人说一句知心的话。

有时看见一双父母带着子女从窗下路上走过去,这是礼拜日,父亲母亲工厂里都放了工,所以他们带了儿子女儿出门散步。我看见他们,真是说不出的羡慕。我如今说起来很好听,是一个留学生,可是想像工人一样享一点家庭的福都不能够,这是多么可怜又多么可恨。我写到这里,就忽的想起你当时又黄又瘦的面貌来,眼眶里又酸了一下。只要在中国活得了命,我又何至于抛了妻子儿女来外国受这种活牢的罪呢?霓君,我的好妹妹,我从前的脾气实在不好,我知道有许多次是我得罪了你,你千忍万忍忍不住,才同我吵闹的。不过我的情形你应该明白。我实在是在外面受了许多的气,并且那时一屁股的欠债……我实在是不知怎样办法是好。我想你总可以饶恕我罢?这次回家之后,我想一定可以过的十分美满,比从前更好……天哪,天哪,但望三年后,夫妻都好,再能尝尝那种爱情的美味罢。

沅　三月四日

5日　致信霓君(《海外寄霓君》之六)。

刚刚寄出4日写的信,收到霓君于阴历年底从长沙万府寄来的信,还收到二嫂从南京寄来的信。朱湘的心里是既高兴,又难过。高兴的是得知霓君娘儿仨平安,难过的是霓君在信中说:"将来我们共同生活,金钱独立,人穷智(志)短,可以收回。"言语中有怨他之意,让他摸不着头脑。从二嫂的信中方读出其中缘故,因为霓君也给二嫂去了信,说朱湘不曾写信给她,把她们遗忘了。二嫂也便写信来批评朱湘,这让朱湘感到很冤枉。不过,他还是能够理解霓君,一封信寄到国内,要花一个多月时间,再等收到霓君的回信,又要一个多月的时间,这来回三个月的时间里,难免会产生许多误会。霓君写这封信的时候,正是过大年的时候,看到别人合家团圆,热热闹闹,心里自然有些伤怀。朱湘在这封长信里给霓君解释一番,并建议霓君最好能去学校读书,把两个孩子寄养在万府,请个奶妈,每月付些钱给万府作为两个孩子的开支。

14日 致信霓君(《海外寄霓君》之七)。

叮嘱霓君带好两个孩子,表示自己回国后,要做一个一百分好的丈夫,要做个一百分好的父亲。

17日 致信霓君(《海外寄霓君》之八)。

说到他坐电车到芝加哥城去,很便宜,仅花七分钱,而且可以换一次车,不用再花钱。电车上有藤椅,比上海的头等电车还要好。他在街上的商店里买回一些信封、纸等。他还看到一种发网,有单线和双丝的两种,标明是"剪发的女子用"的。朱湘想到霓君也是剪了头发的,这东西可能用得着,两角钱一个,不贵,朱湘买了两个,在信中一并给霓君寄去。

19日 致信罗念生。

一、谈罗念生的书出版的事;

二、谈选业的事,劝罗念生不要学图书馆学;

三、谈自己的工作与学习,努力把中国文学介绍到西方来;

四、谈性的描写,认为《金瓶梅》中性描写是非常踏实的。

24日 致信霓君(《海外寄霓君》之九)。

谈到"我自然要考到了一个名气再回国,不然落人耻笑,也混不了饭吃"。翻译了两首诗,登在芝加哥大学学生出的《凤凰》杂志上。去看了博物馆,给霓君讲博物馆的见闻。

4月

2日 致信霓君(《海外寄霓君》之十)。

霓君在信中要朱湘寄相片,而他没有钱照相,还要归还罗念生的欠债。别人每月用的不够,可以找家中要,而他是省了又省。多天做梦都回到家,从梦中哭醒。

同日,致信罗香林。

谈关于出版"友声丛刊"的事。此信见于1937年《书林》第1卷2期上，为两封的第二封。

3日　致信罗念生。

收到罗念生几篇文章，表示很喜欢，希望罗念生在英文上再下功夫。

7日　致信赵景深。

收到赵景深寄来的《文学周报》第5卷第23号和24号，得知他正在集中精力翻译《柴霍甫（现译契诃夫）短篇小说全集》，致信去予以鼓励：

景深兄：

（前略）你译的意大利童话《盖留梭》，文笔我留意看过去，完全是中文的语气，毫无生硬的欧化词话，比《悒郁》更进一竿头。将来《霍柴甫短篇小说全集》脱稿之后，我相信一定能在文坛上放一异彩。创造一种新的白话，让它能适用于我们所处的新环境中，这种白话比《水浒》、《红楼梦》、《儒林外史》的那种更丰富，柔韧，但同时要不失去中文的语气：这便是我们这班人的天职。（略）我近来不曾作多少事，只是对着窗子看外边绿草上落四月的春雪；早晨听到抱红鸟啁啾个不歇，看见它们像麻雀般小巧的身躯在尚未著叶的树枝上跳跃，如今却是无闻无见了。芝城靠湖，所以如此。江南现在想已经飞絮了。

弟子沅　四月七日，于芝加哥

同日　致信霓君（《海外寄霓君》之十一）。

写到"四年以后，我们夫妻团圆，那时候我抱你入怀，又软和，又光滑，又温暖，像鸟儿的毛一样，那时候我便成了抱红鸟了"。

21日　致信霓君（《海外寄霓君》之十二）。

因为没钱寄霓君，请求宽恕，谈到罗念生对自己的帮助。

25日　致信霓君（《海外寄霓君》之十三）。

让夏天出洋的熟人带竹布大褂、桂圆和莲子来。

本月　在《文学周报》第 6 卷发表书信《中国神话的美丽想象》、书信《评〈寂寞的国〉》。

5月

2 日　致信霓君(《海外寄霓君》之十四)。

诉说对霓君的思念,寄 30 块美金给霓君,还让培丽公司直接寄一百多张画片给霓君。

7 日　致信霓君(《海外寄霓君》之十五)。

谈到芝加哥的天气热了,却只能穿西服,让请裁缝做大褂,由霓君自己做小褂寄到美国来。特别关心霓君的身体:

我的亲妹妹霓君:

（前略）霓妹妹,你对自己为什么那样不看重呢?你要知道你害一次病,两个小孩子有谁管呢?虽说有奶妈,也只管得了小东。小沅你还是要操心的呀。并且家中事务也无人指挥呀。你添了两个孩子,身体已经不如从前了,再多操劳,害了病,这教我怎么能放心呢?你对自己的口头饭食,也太省俭了,这一层也务必改去。长沙的荤菜很便宜,你应当多吃点好菜才对。鸡蛋同豆子都是补品,应当每天都吃。（后略）

我想你决不会隔二十天不写信给我,一定是害了病。推原其故,自然是我不曾有钱寄回家,你急出病来了。霓妹,请你饶恕了我这一次罢。以后我是决不再让你担忧着急了。我译的两本诗,由赵先生寄给徐先生、罗先生看完之后,便会寄给你,你替我好好收存着罢。等两年后我回国时再印。

沅　五月七日第十六封

同日　收到赵景深信。

这是不好的消息,因为开明书店把出书的读者群主要定在初中学生这一块,担心朱湘的译作《若木华集》《新诗选》《三星集》以及他前不久寄去的《索赫拉与鲁斯通》这类纯文学的书销路不好,又加上朱湘提出的条件太麻烦,已正式作出决定,不印了。朱湘满以为等这些书卖出去得些稿费,以补贴霓君的开支,这个希望又落空了,让他心里很难受。这也意味着,他设想的"新文丛书"和"友声丛书"都将流产。赵景深说他也打算离开开明书店了,但那几本书稿他会努力推荐给其他出版社。

同日　致信罗念生。

祝贺罗念生得到知心之友邓小姐。另外谈出书、还债等事。

9日　致信霓君(《海外寄霓君》之十六)。

收到霓君信,果然不出朱湘所料,霓君是真病了。霓君贫血,加上生孩子月子没坐好,家务事又操劳过度,竟然晕倒了在地上。小东的奶水也并不十分充裕,常常整夜哭闹。因为房屋正当西晒,太热,小沅身上长了疖子,这都让霓君得不到很好的休息。没有依靠的霓君更加怀念远在美国的朱湘,给朱湘写信:"哥哥哪里去了?哥哥哪里去了?我可同去否?我可同去否?"朱湘读到这些文字,眼泪禁不住又涌了出来。他放下手头的功课,立即给霓君写回信:

我最亲爱的霓妹妹:

(前略)由此看,可见你对我之爱情是怎样怎样深,你只记我的好处,你自己的过人之处,别人再也赶不上你的地方,你却一点也不提。最亲爱的霓妹妹,我如今凭了最深的良心告诉你,你有爱情,你对我有最深最厚的爱情,这爱情就是无价之宝。你居然把它给了我,我便已经十分福气了。我对你只要爱情,不要别的。那斑白胡须的老先生学问最好,我假如要学问,我去找那些老头子好了。我自己也有学问,很够用了,我为什么还要学问呢?我只要爱情！假的我不要,我单要真的爱情。我的亲妹妹,你居然把你千真万真的爱情给我了,这我是多么的福气啊!

(前略)我亲滴滴的爱人呀,让我明年秋天回家的时候,着实感谢你一番罢。你懂得我是什么意思吗?哈哈,昨天我想起来,小沅小东叫你妈妈的时候,你心中不知是怎样一个味道。很想早早回家去,看你那时候是个什么模样?……

永久是你的亲爱,沅　五月九日

19日　致信霓君(《海外寄霓君》之十七)。

夸奖霓君能干,说自己"在外国住,孤零零的,实在无味,不过想到将来,又不能不忍耐"。

同日　致信罗皑岚。

罗的《东镇》和自己的《三星集》因多种原因不能出版,朱湘打算自己将来开书店。并谈到自己的创作:

> 我的散文集子已经编好,分作四什:一什是纯文,有九篇(两万字),二什关于中国诗学,有五篇(一万五),三什是关于新文学,有两篇(五千)(《呐喊》、《杨晦》),四什关于西方诗学,有三篇(五千)。诗集子叫《永言集》,百页,诗卅三首。要是我们找不到书店,我想从明年春天起就开始自己印书。

这封信还评价了当前的中国新诗创作,表露出对徐志摩的不屑:

> 《死水》想必看见了。我以为《你指着太阳起誓》、《也许》、《死水》、《洗衣歌》四篇最好。《翡冷翠的一夜》是同名诗集中的唯一好诗。最末了一首当中用"干柴烈火"、"采花"两个故典,你觉得肉麻不?自署的集名写了一个大别字,"泠"。这便是梁启超的门生!汪静之兄的《寂寞的国》集中我以为《叔父

说的故事》《不能从命》《那有》三首最好,《一只手》的末章简直是伟大了。

"翡冷翠"是"佛罗伦萨"的旧译。

1927年出版的《翡冷翠的一夜》由徐志摩自题签,"冷"写成了"泠"。

23日　致信霓君(《海外寄霓君》之十八)。

盼望早日把书读完。伤心几个月不曾寄钱给霓君。想到将来找几个朋友,自家开个书店。

26日　致信霓君(《海外寄霓君》之十九)。

求霓君不要过劳,一定要保护好身体。打算另搬一公寓式的房子,可以省些钱。再次憧憬起未来的生活:

(前略)如今树一齐绿了,我每天下午到草地上散步半点钟。精神很好。妹妹,我爱的妹妹,我想到几年(如考博士就是四年)之后,回家时候,见到你,那是多么有味啊。日里我出去教书,或是在家作文,吃早饭是拿腌的白菜萝卜豇豆扁豆(还有几个红辣椒)下饭,中饭是拿豆腐、红烧肉丸作菜。你在家里主持家务,那时候小沅、小东都大了,我们夫妻两个教他们书。偷到了空工夫,我就坐在你的身旁,挨在一起,你的热气飘到我身上来,我的热气飘到你身上去,我还握紧你的手,尽望着你,望着你,低声说些喊喊的话,温柔话,说我怎么爱你,怎么敬你,在美国时候怎么想你。到了晚上,小孩子同一家人都睡了的时候,我们一个枕头,帐子放下来了,你把头枕到我的臂膀上。唉呀,那时候那种亲热恩爱,怎么是这枝秃笔所写得出的啊。霓妹妹,我最恩爱最敬重的霓妹妹,我们耐心等着罢。

永远是你的恩爱丈夫　沅　五月廿六日

霓君接到朱湘的信,感到不安起来,因为朱湘的信中,流露出强烈的思家情绪,便写信说他不该过分思家,在美国应以学业为重,只有完成了学业,才有美好的未来,并再次表达了她对朱湘的一片挚情。霓君写道:"旁人哪知道我夫妻感情,哪知道我们亲密恩爱。"这坚定了朱湘完成学业的信心,只想早日考出个名义回去,让霓君也感到光荣。

6月

2日　致信霓君(《海外寄霓君》之二十)。

谈送画片的事,写到他在芝加哥的生活:

> 汽车我很小心,并且我很少上街,平均一个月上一次街,我还不曾看过一次电影,别的可想而知。我因为汽车太贵,以后再也不曾坐过它。我如今只想多余几个钱寄给你,别的我都不看在眼里。我读书决不太用心就是,请你放心。我每天下午到草坪中散步一点钟,精神很好。我同朋友都少来往,旁事更不用说。

3日　致信彭基相。

谈继承中国文化,暂时借助于西方文风,这不为耻。

7日　致信霓君(《海外寄霓君》之二一)。

诉说对霓君的爱,看到她写的字都爱。

12日　致信霓君(《海外寄霓君》之二二)。

听说霓君搬回般若庵,并与余家舅母合住,放下心来。

15日　致信霓君(《海外寄霓君》之二三)。

叮嘱霓君加强营养,注意饮食卫生。

22日　致信霓君(《海外寄霓君》之二四)。

讲述自己的近况,念三样功课,比以前忙得多。

25日　致信霓君(《海外寄霓君》之二五)。

谈到自己经济情况,尽量节约钱寄霓君,并要归还罗念生的欠款。

29日　致信霓君(《海外寄霓君》之二六)。

说自己做饭的事,让霓君寄些腌鱼腊肉与他。霓君因生活所迫,当掉了戒指,这让朱湘很感内疚。

中旬　夏季开学,朱湘选修三门功课,其中包括希腊文。

为了节省开支,自己做饭,每天只吃两顿。

7月

6日　致信霓君(《海外寄霓君》之二七)。

再三叮嘱霓君保重身体,憧憬"考个博士回去,教你面上光荣……四年后我们就永远不分开了,你也永远作'博士太太'了"。夸奖霓君打的信封好看。

10日　致信霓君(《海外寄霓君》之二八)。

听说小沅害了一场大病,小东又没奶吃,十分忧心,安慰霓君熬过这段艰难的日子。

17日　致信霓君(《海外寄霓君》之二九)。

谈及自己生活情况,答应寄50美金给霓君。

23日　致信霓君(《海外寄霓君》之三十)。

谈到两个孩子的事情,为节约霓君开支,不让霓君寄衣裳。

25日　致信罗念生。

以"过来人"身份告诉罗念生如何对待婚后生活,及徐霞村办刊物的事。

30日　致信霓君(《海外寄霓君》之三一)。

收到霓君端午来信,再次说到计划回国开书店的事,承诺以后每两月寄50美金,决无一误。

8月

4日　致信霓君(《海外寄霓君》之三二)。

收到霓君寄来的药物,非常感动于妻子对自己的关怀。药能医治别的病,但不能治他的相思病,做梦都想飞回长沙。希望霓君照张相寄他。

10日　致信霓君(《海外寄霓君》之三三)。

收到霓君寄来的信和诗二首,深深打动了他的心。这封信写得很长,述说心中不尽的相思:

(前略)我很想明年暑假得到了学士就回家,只要衣食不愁,何必考什么博士!老实一句话,博士什么人都考得,像我这样的诗却很少人能作出来。这多年你为我吃了很多苦,真是数不清说不完。明年回国,只会一天好似一天,那时让你享点福,才算对得起你。妹妹,妹妹,你近来身体不好,你要千万当心当心。一不要过于省钱操劳。你太不吃菜了,须知菜是人的血,对于人性命最关重要,人不吃菜,就像炉子不加煤。妹妹,妹妹,我求你看开一点,无论家中多么穷,我们夫妻同儿女总饿不了的。妹妹多吃点补血的菜吧!像鸡啰,鸡蛋啰,各种肉啰,才是补菜。我求你多吃点罢。妹妹,妹妹,你不是说你肯听我的话吗?你何以不顾自己的身体,只顾省几个臭钱呢?妹妹,妹妹,你的身子就是我千金之宝、无价之宝。妹妹,妹妹,我求你保重身子吧。多吃补菜吧。你不要过于思量伤心。须知明年我就回家,还不快得很吗?何必愁呢?你可拿别人一比,就不会愁了,就说我家二嫂,一人孤零零的,永无再见二哥的日子。如意珠好是好,将来也要出嫁。这样看来,你的命不是好得多吗?我看你伤心,别有一个道理,就是你住的房子靠近尼姑庵不好。我听得你说同余家舅母同住,我当时才放下心。如今看来,决定要搬家才好。不必管押钿多大,你一定要搬家才好。你可以多同亲戚朋友来往,省得一天闲时多,就前思后想,伤神……妹妹亲爱的,须知我们的姻缘是天注定的父母指腹为婚,我怎能把你抛舍,那我不是成了畜生吗?我也曾经过许多风波,到了关头,我无刻不想你那可爱的相貌,慈爱的心肠,又能干,又聪明。我们的爱情,我们的关系已经像铁一样结实,但你有时还不免疑心,我实在伤心。妹妹,我这一片心拿出来给你看,求你始终相信我,那我就心满意足了……

信末还附《赠答霓妹来诗》,朱湘很少写古体诗,这几首比较特别:

> 两地相思一线通,
> 离情只诉梦魂中。
> 来年被底团圆夜,
> 紧抱卿卿说意浓。
>
> 金钱用尽又随来,
> 何必因它自苦哉!
> 惟有一桩卿爱惜,
> 千金身体我常怀。
>
> 携儿抱女胜多人,
> 何必颦眉发叹声!
> 一岁重逢相对笑,
> 孩童绕膝唤双亲。
>
> 亲卿贤慧爱卿娇,
> 那怕相离万里遥。
> 有如白日行天上,
> 百载恩情永不消。

11日　致信徐霞村。

谈开书店的事,关于将来回国教书的计划,决定不偏重一国,而是用世界的眼光去介绍。评国内的诗:闻一多、刘梦苇最好,汪静之、郭沫若次之,徐志摩又次之。

18日　致信霓君(《海外寄霓君》之三四)。

说到寄画片的事,不仅寄了霓君,还寄了憩轩四哥、稚壮连襟、季眉姊夫。还谈到在公园划船、学校出钱配眼镜。

本月　收到徐霞村的信,并回复。

在朱湘的鼓励下,这一段时间,徐霞村在上海埋头写作。不过,他对当时混乱的社会深感忧虑而迷惑,不知道文学在这个社会里能起什么作用?朱湘给他回信,谈及自己对时局和社会的一些看法,坚定徐霞村对文学的信心:

莫索:

开书店我是决计进行了,在这里我要尽力所能及的去省,自然不牺牲生活就是。我生活上并不苦,只是隔绝人生,不能提笔作文,这是我的两大痛苦。明夏得学位后,或译一本诗,或考个硕士就回家。近来种族的自觉更深。蒙古民族如今正在生死关头,政治改良、军械制造我已经来不及改行了(我相信当今这两种事业更比文学重要)。并且我的性情也不宜,只得尽一生精力于这不是当今急务而是文化之一峰的文学罢。不打败(日本),我们中国就是有很高的文化,别人也不理会。但是,将来打败了(日本)的时候,我们也要有东西给世界看才行。中国如今最需要做木牛流马的诸葛亮,但写《正气歌》的文天祥也是一个英豪。单就文学书讲:王维固然同杜甫一样好,但在当今时势之下杜甫实在更重要。或者拿哲学来比譬文学,老子并不差似孔子,但如今是更需要孔子。

文学只有一种,不过文学的路却有两条。唯美、唯用并非文学的种类,它们只是文学的道路。道路虽然不同,归宿只有一点:这便是,文学;换个法子讲,便是,真正的文学,好的文学。力量不够的人走了半截路,走不动了,便停下了,所以他看另一条路上的人以为彼此是不同甚至相反的,惟有天才从不同的路上同达于归宿,彼此相视而笑,李、杜、莎士比亚、易卜生便是好例。

……

子沅　八月十一日

23日　致信霓君(《海外寄霓君》之三五)。

收到霓君寄来包裹一件,内有茶叶一包,罐头三个,麻菌一包。回信中,反对霓君进新学堂,让她可常常看看电影,同亲戚朋友多来往。

27日　致信霓君(《海外寄霓君》之三六)。

夸奖霓君寄来的香椿好,茶叶寄的正是时候等琐事。

当天晚上,做晚饭时,吃到霓君寄来的京冬菜,高兴不已,一边吃饭,一边给霓君写信:

刚才我快活得一大跳。你不是寄来玉堂香菜一罐吗?我看外面画着两颗白菜,以为是煮白菜,没有过意看它,那知一打开,里面是我喜欢得很的京冬菜,我真说不出的快活。我如今真想家不得了。要是明年秋天找到事作,我真想提早回家。你心里真细,玉堂香菜,香椿,我再不会想到的,你替我想到了。大褂子放长得刚好。茶叶里又寄来我喜欢的菊花。妹妹,你真钻进我心眼里去了。

29日　致信霓君(《海外寄霓君》之三七)。

收到霓君厚信一封,再次陷入对家与国深深的思念之中:

(前略)就像你寄给我的玉堂香菜同香椿,这就是纯粹国货,在外国寻遍了也寻找不出;它们味道多好,那真是不必我来说了。又像你寄给我的衣服,多么合身,多么舒服,比那些外国衣服又硬又热,中国衣裳不知要好几十倍。我个人意思,中国衣,中国菜,中国茶,是全世界上最好的菜,最美的衣,最香的茶。

(前略)你想再进学堂,这一番求学苦心,我自然极其佩服,不过你要细想一想,那怎么办得到呢?家中无人作主作头脑,那还成个什么家?这是第一层,要是说写信,你如今写得很好了,何必多进学堂?这是二层。要说是谋生,我将来作事想必就够了,挣钱是男人的义务,你为妻的义务是管理家务,你管理家务一直是能干,不用进学堂。这是平常的话。万一我有时运气不好,靠卖书就够活了。所以谋生方面,绝不用你担心。

(前略)你说的朋友不要多交,要交就交好的,这实在是很有道理的话。我听到极其佩服。夫妻互相勉励,互相劝导,这是极其应该的。不然,敷敷衍衍,随随便便,好也不管,坏也不管,那不成为生人了吗?夫妻之间,应该有什么话就说什么话。这才是两人同心,你就是我,我就是你,合而为一,成了一个整人。好像枕边相抱,两人成了一个一样。妹妹,这封信暂且停住,等后天考完了,再多多写信罢。

9月

1日　致信霓君(《海外寄霓君》之三八)。

难耐思乡、思亲人之苦,决定明年八月得了芝加哥大学学士,九月就回家。

5日　致信霓君(《海外寄霓君》之三八,与1日信同寄)。

寄30美金给霓君,因寄钱太少,感到非常惭愧。

朱湘打算明年8月拿到芝加哥大学的学士学位以后就回国去,要么开个书店,要么去大学教书。他给彭基相等几个朋友去信,让他们留意一下哪个学校可能找到工作。自己辛辛苦苦译出来的书,出版不了,寄到国内去的文章,发表的也不多。这让朱湘有些莫名地消极起来,觉得读书没多大的用处。

在这封信里,他说,古往今来多少英雄,都是斗大的字认不满两担的,但是一生轰轰烈烈。他们有些人做了皇帝,有些人做了大官。读书人除了写几篇文章还有什么用处,甚至有些读书人还做了奸臣。

8日　致信霓君(《海外寄霓君》之三九)。

说到寄画片与邮票给霓君,花30美金做了些衣服。特别说到理发的事,别人是一星期理一次发,他为了少花钱,半个月才理一次。这次理发,朱湘干脆让他们理一个陆军式的短发,可以隔一段时间不需再理,而且洗起来也方便。反正放了假,天天在租房里,不怕同学们看见。理发师要用香水洗发精给他洗头,可要多收一倍的钱,朱湘不肯用,理发师也瞧不起他,故意留些发屑不给梳去,弄得他身上痒痒的。

13日　致信霓君(《海外寄霓君》之四十)。

谈及美国风情,看不惯妖妖怪怪的女戏子。希望霓君再寄些腌鱼腊肉来,但不要多。

中旬　接待友人唐仲明。

唐仲明利用假期,在美国各地游历,来到芝加哥大学看望朱湘。朱湘有很多事都是拜托他做的,特别是封面设计一类的事,将来开书店,那更离不开他了。因此他的到来,朱湘是要热情招待的,陪他进芝加哥城玩,前后一个星期,自然也花去了朱湘不少的钱。

22日　致信霓君(《海外寄霓君》之四一)。

因陪同唐仲明,朱湘隔了9天没有给霓君写信。送走唐仲明,立即给霓君写信,因为经济困窘,朱湘忽发奇想,是不是让霓君寄些湘绣来,卖给百货公司,说不定很得美国人喜欢,能赚些钱。于是,他在9月22日给霓君的信中,又添上一段文字:

外国卖绣花事未尝不可以试一试,将来如若可以成功,很可以请唐先生画画寄回长沙绣。你可以定作一尺见方的白缎子绣花,下本钱都总要下一点,要挑全长沙绣得最好的人去绣一只凤凰,外绣寿字花边或者是其他样的好看花边也可以。作好后你可以寄给我,看他们要抽多少税,然后我去公司中商议价钱。如若成功,赚他一笔钱立刻回中国去开书店倒再好不过。

25日　致信霓君(《海外寄霓君》之四二)。

朱湘在前不久寄出的一封信中让霓君尽量把钱看得淡薄一些,本意是让霓君保重身体要紧,想不到,霓君却起了疑心,认为朱湘嫌她老是要钱花。不免又伤了她的心,在信中哭诉了一番。朱湘接到信,不得不再向她解释:

(前略)以前那封信,我是怕你把自己身子看得太轻把钱看得太重,所以那样说。至于两个孩子我知道你是很宝贵的。我十分知道,你省钱并不曾在孩子身上省过,你都是在你自己身上省。我们夫妻从前在一块的时候,你就是十分爱惜我,却在你自己的身上省。我那封信拿钱说得很不好,正是要你把钱看得轻,把自家身子看重。至于古时候也常说"铜臭",铜臭,不过是说钱并不希奇,并无别的意思。我信里那样说,也不过劝你把钱看轻就是,并无别意。我本想明年就回家,恐怕办不到,最迟后年决定回家,你千万不要记挂就是。菜同茶叶以后隔两个月寄个一块两块钱的给我就够了。你上邮局时,务必坐车,不然,我吃的时候心也不安。小沅吃得很多饭,东东奶水充足……我要是再埋怨你,那真是我没有良心了。世上最亲的便是夫妻儿女,我将来回国要让你们过舒服日子,我才快活。我写信时候我最高兴,功课少念点,分数还是一样多,所以我以后还是每礼拜至少一封信寄给你。你写信越写越好,我每封信都留起,好回家时两口子从头细看。

26日　致信罗皑岚。

担心罗译《十日谈》会遭禁。建议罗来加州斯坦福大学,学比较文学,认为"专研究一国的文学,不免眼光狭窄偏畸"。

同日　致信罗念生。

谈看报,报上有条消息,说北大毕业生黄天来打算由美国加州乘飞机横渡太平洋到广东,朱湘心里真是说不出的高兴,他觉得,这次飞行不管成与不成,只要用一种无畏的精神去做,总是能为中国增光的。美洲土著的红人据说也是中国人的后代,当初白令海峡不曾分离大陆时候来美洲的。听唐仲明说,他在加州的先生的夫人祖上是红人,她打算写一本书专门来论述此事。蒙古地质调查团通过实地考证,也证明红人的文明同蒙古文明一样,都是源于中国。照这样说。美洲为中国人发现,应该在哥伦布之前。沟通亚美以前是中国人的事业,现在这项事业又有黄天来这样的中国人来继续。这又引发了朱湘的诗情,专门写了一首《赠黄天来》(散佚)。

28日　为安慰霓君,写诗一首(《海外寄霓君》之四三),表达他对霓君忠贞不渝的爱情。

致霓君

我好比长河里那河水,
你便是小鱼安居水中。
水作衣将鱼浑身搂抱,
黑夜到白天一刻不松。

暴雨点有时河上敲打,
虽曾激起过美丽螺纹,
不是有鱼儿靠怀安慰,
怎生能雨后立刻回清?

河水曾流过污泥之上,

曾流过竹阴一片平沙,
泥沙与年月一同落后,
水带了鱼儿到处为家。

鱼儿爱河水前行不止,
河水爱鱼儿掉尾婀娜。
人都埋怨她心中冰冷,
不知她热情皆与小河。

青青苹藻下正好孵子,
河水的精华好养孩童,
只要女同男孳生不断,
不愁到来日没有蛟龙。

29日 在连收到赵景深两封信后,致信赵景深,谈新诗技巧,将来回国开书店,要向国内介绍世界文学。

本月 在《文学周报》第7卷发表评论《刘梦苇与中国新诗形式运动》(收入《中书集》)、书信**《致莫索》**(收入《朱湘书信集》)。

10月

6日 致信霓君(《海外寄霓君》之四四)。
求霓君把心放宽,不要整天闷在家里,闷出毛病来。

9日 致信罗皑岚。
谈罗皑岚小说《催租》发表和稿费,又让罗皑岚把短篇小说集《东镇》寄来,帮他校对。

13日 致信霓君(《海外寄霓君》之四五)。

谈及在"德国短篇小说"课上大出风头事,很是欢喜。再说到希望通过在美国贩卖湘绣赚点钱。

17日 **致信霓君**(《海外寄霓君》之四六)。

回忆从前的美满生活,赞扬霓君的信越写越好。

22日 **致信霓君**(《海外寄霓君》之四七)。

诉说对霓君的思念与恩爱,希望"三年回家,再把一番知心话细细在枕边说罢"。

25日 **致信霓君**(《海外寄霓君》之四八)。

再次说到拟贩卖湘绣的事,想托罗念生来美时带来。

11月

6日 **致信霓君**(《海外寄霓君》之四九)。

因为自己没钱寄回国,希望霓君借些钱度日。

18日 **致信霓君**(《海外寄霓君》之五十)。

读到霓君三首五言绝句,不觉魂灵都飞去了她的身边。希望霓君保重好身体。随信附寄从《星期画报》中剪下的许多画片。

19日 **接到霓君来信,致信霓君**(《海外寄霓君》之五一)。

这封信也写得很长,挂念霓君的身体和生活,表示尽可能多寄钱回家。

22日 **致信霓君**(《海外寄霓君》之五二)。

吃到霓君寄的鲜菌,有说不出的快乐。

23日 **致信霓君**(《海外寄霓君》之五二)。

想翻译小说托罗皑岚去卖些钱,让霓君留心身体。

25日 **致信霓君**(《海外寄霓君》之五一)。

由吃霓君寄来的笋子,想到以后也亲手做给霓君吃。朱湘又忽发奇想,何不到美国饭馆子里去做中国菜?这样可以挣些钱。他又立即写信让霓君买些烹调方面的书,内容最好能有粥的几种做法?怎样腌酸菜?怎样做点心?怎样做甜汤?……为了生活,朱湘可谓办法都想尽了。

26日　致信霓君(《海外寄霓君》之五二)。

连同22、23、25日写的信一起寄出,说到正在翻译一部小说,想换些钱。

12月

3日　致信霓君(《海外寄霓君》之五三)。

尽管朱湘每日为钱发愁,然而,在给霓君的信中,他却表现出特别乐观,鼓励霓君勇敢地熬过这些艰难的日子:

> 我如今自己作菜,吃得很舒服。比方昨天,我买了猪肉扁豆,回家用中国街上买的酱油红炖,我用文火炖了两三点钟,吃起来肉都烂了。我本想买栗子炖肉的,不过剥皮麻烦,我就没有买。我这几天又想到两个孩子的身上。记得我小时候,娘过去很早,爸爸也在我十一岁上去世了。到南京之后,大哥他自己还管不了,哪能靠他来管我。到北京后,三哥东奔西跑的找事,也很少见面。我现在这一点成绩都是我一个独闯出来的。我相信我小时候要是有父母或哥哥教领,一定身子能比现在好,学问也比现在好。我想到自己,所以就想到小沅、小东。如今世界改了,男女平权。所以小东将来做事,也要同小沅一样。如今外国有女议员,我们中国也有了女县知事。外国中学教员,一半是女人,小学教员差不多全是女人。店里伙计,各种书记,十个里有七个是女人。俄国现在都有女人开火车,当警察。所以小沅小东我都一样看待,打破古代重男轻女的旧思想……
>
> 你近来常常害病一定是因为吃物过差,不多游戏之故。好强的女人常常短命。从前娘不也是好强?爱妹爱妹,求你多听我一句话,将来夫妻儿女都要沾光。一个人总要吃得好,调养得好,讲究卫生,才能多做事,不然是要伤

身子的。我近来最看重身子,不必念的书我都不念,省得伤身子。唉,这都是因为小时不曾操练身子,所以如今身子不好,不能多做事。

9日　再次搬家。

假期,听一个中国留学生讲,他租住的那户人家还有空房子,特别便宜,连房子、做饭、用水等每月只要20元,只是房子下层就是生火房。朱湘去看了房子,和房东太太讨价还价,每月只需18元。为了省钱,朱湘搬了过去。

11日　致信霓君(《海外寄霓君》之五四)。

谈搬家的事,打算送点礼物给女房东,想念吃中国菜。

14日　致信霓君(《海外寄霓君》之五五)。

因为路上掉了一封信,霓君久不收到朱湘的信,埋怨朱湘有"别故"不通信。朱湘认为她:"总而言之,你还是疑心太重,惹得自己苦恼。"

15日　致信罗念生。

谈近期生活,托付罗念生他们设法将其《三星集》、《索赫拉与鲁斯通》在国内出版。

24日　致信霓君(《海外寄霓君》之五六)。

收到霓君寄来的桂圆、藕粉、茶叶等,信中劝慰霓君"夫妻间要彼此信任,可以免得不少烦恼"。

本月　与女房东家发生矛盾,引起风波。

一开始,朱湘搬到这家,对女房东印象很好,还要霓君寄些礼物带给她。但不久,两人闹翻了。朱湘认为女房东曾在欧洲当过妓女,还好奇地调查女房东是否有情人,结果因为自己手段太差,上了女房东的当,以至于同住各人相信是朱湘调戏女房东。(参见朱湘1929年4月15日致罗皑岚的信)

本月　《文学周报》第7卷发表朱湘书信《荷马史诗里的罗托斯》(未入集)、**《〈翡冷翠的一夜〉》**(收入《中书集》)、**《〈草莽集〉的音调和形式》**(未入集)。

本年

夏季　与柳无忌再次同学于芝加哥大学。

柳无忌从劳伦斯大学毕业,预备到耶鲁大学去,因为朱湘的关系,先到芝加哥大学读暑期学校。柳无忌在《我所认识的子沅》一文中回忆:

我到了芝加哥,把行李寄在一个友人的地方,第一件事就去看子沅。据子沅的友人说,子沅在彼处的行踪很奇特,只是一个人来来去去,不同认识的人打招呼,他住的地方还没有一个中国学生去过。我终于在一间幽暗简陋的房中找到了他,久别初遇,有说不出的快乐。在家里他自己煮饭,这次因为我去看他,特别煮了面请客;两人对吃着,面是自己烧的,所以倍觉有味。我本想搬来与子沅同住,但他那儿没适宜的空房子,而且他旁边的一间,新近有个住房客因经济的压迫而自缢,虽说外国没有鬼,总觉得心里不舒服,所以我就在附近一所中国学生住的公寓里租了间房间。

那时子沅正在努力做两种工作,读希腊文,翻译中文诗。我因为要补习德文,选读了歌德一课,所以我们没有同班的机会。但在余暇的时候,我们很多次聚晤着。每次都是我去找他,因为我住的公寓内中国学生居多,时时打牌玩耍,子沅不大愿意去见他们。大多的时候我们同去到华盛顿公园散步。在鲜绿如茵的草地上,我们不知徘徊了多少次;我们也同伴去划船,荡漾在自然之中,当晚上月耀灯明的时候,一叶扁舟迢递,乐无穷尽。

我与子沅的友谊,在这时候最是密切;不幸,这也是我们最后的一次相聚,除了今年十月初他匆匆来津的一刻。在我尚未离开芝加哥以前,渐渐地已有阴荫遮蔽我们的交情。这隔膜的起始与原因我从未知道过。只记得有一次我去看他的时候,他忽然很冷淡,似乎不高兴我的样子。我不知甚么缘故,或者也是我一时的多心,但是从此我不再去看他,他也不来找我,我们的关系就此因二人同样固执的脾气而断绝了。

朱湘一边读书,一边还要照顾远在千万里的中国长沙的家,尽量寄钱回国。朱湘对柳无忌的一时冷淡,或许因为纠结于经济与家庭的困窘,而这些,岂是柳无忌所能知道的?

又　写文章声讨有人对刘梦苇的不公正评价。

朱湘收到赵景深寄来的《文学周报》第6卷,发表了赵景深的《小说史中谈到诗人》,里面说有人讲刘梦苇不配算作诗人。这句话,令朱湘感到极其愤怒,他更不能容忍别人诬蔑自己的好友、已经死去了的刘梦苇,自己必须出来说句公道话,不然太对不住死者。他写了《刘梦苇与新诗形式运动》一文,评价刘梦苇是"新诗形式运动的总先锋",特别值得一提的是刘梦苇发表的《宝剑的悲歌》、《〈孤鸿集〉序诗》等诗歌,其中对音节的刻意追求,引起了闻一多和其他诗友在诗歌形式方面的高度注意,后来大家才都有意识地在这方面很下功夫,从而掀起了那次新诗的形式运动。

朱湘怀疑赵景深文中的有人就是徐志摩之流,他们不过故意贬低刘梦苇,包括朱湘在内,从而来抬高自己,因此对徐志摩又增添了一层厌恶。他在这篇文章中说,他很早就已经看透了徐志摩是个假诗人,不过凭借学阀的积势以及读者的浅陋在那里招摇。他找来徐志摩在1927年出版的《翡冷翠的一夜》,用了极其鄙视的语调,把这本书说得一无是处。开头和结尾是这么写的:

翻开徐君志摩的第二个诗汇,第一首便是与书名相同的《翡冷翠的一夜》。看完这首诗,倒觉得满意。我心里想,要是这本书的篇篇都是这样,那就也算得现今国内诗坛上一本水平线上的作品了。

那知道看下去,一首疲弱一首,直到压轴一首《罪与罚》,我看了简直要呕出来。

……

徐君没有汪静之的灵感,没有郭沫若的奔放,没有闻一多的幽玄,没有刘梦苇的清秀,徐君只有——借用徐君的朋友批评徐君的话——浮浅。

又 发生一起"桃色事件"。

朱湘想把中国古典诗歌译成外文,向外国人推介,以光大弘扬中华民族优秀艺术,同时也在校内显示一下自己的才华。在劳伦斯大学时,他就在劳伦斯大学的校刊上发表了一首。进入芝加哥大学后,他又将译好的欧阳修的《南歌子》和辛弃疾的《摸鱼儿》送到校刊《凤凰》杂志,很快便在 2 月号上刊登了出来。

朱湘发表在《凤凰》的诗,被一个美国女同学看到了,非常喜爱,为之心动。她暑假和朱湘上过一样功课,同时又是《凤凰》杂志的销行部副经理,她也写了一首十分热烈的诗应和。后来朱湘又写了些诗给那位女同学,她同样在杂志上有诗答和。

《凤凰》的主编也很欣赏朱湘的译诗,打电话给朱湘,希望朱湘能去他的办公室谈谈。朱湘对校情不清楚,也不知道主编的办公室在什么地方,放了学去找,终于找到了,主编却下了班。找了两次,朱湘便厌烦了,再也不去找了。这使那个主编很不高兴,到处说朱湘这个学生太狂妄,大泄私愤。朱湘和那女同学的事被别有用心的他们一渲染,便成了"桃色事情"。朱湘曾将此事写信告诉霓君与罗皑岚等,但可能与霓君语焉不详,后来又通过别人添油加醋传到国内霓君的耳朵里,掀起轩然大波。

关于朱湘与那位女同学之间的交往,具体细节不可知,但在异国他乡,两位年轻而互相爱慕的男女,其爱恋之情也可想象。朱湘曾有一首《花与鸟》(载 1934 年《中国文学》第 1 卷第 3、4 合期,收入《石门集》),写的似乎就是这段恋情:

花与鸟

她

美丽如一朵花;

我

热烈如太阳火——

任随我仔细端详,

　并不萎黄,

愈久,她愈芬芳。

圆,

她的眼珠像弹丸;

鸟,

我的心应弦而倒——

我情愿舍了天空,

　偎着小笼,

长悬在花气之中。

朱湘深受传统教育,笔者以为,他对这样的事肯定是"发乎情而止乎礼",特别是要对霓君忠诚。否则肯定不会停留在"传闻"这个地步。(参见朱湘1929年4月15日致罗皑岚的信)

朱小沅在《诗人朱湘之死》中对此事记载十分详细:

这位女同学是美国人,生得十分美丽,楚楚动人,很有才华。她是一个美国做煤油生意的百万富翁的独生女。

由于我父亲品貌端正,才华出众,写的诗字字珠玑,使这位小姐十分仰慕,通过写诗一唱一和,油然地产生了爱慕之情,使得她如痴如醉,毫无顾忌地写信倾吐了她的爱慕,狂热地追求这位年轻的中国诗人。

她并且是百万富翁的唯一继承人,她父亲的总经理的职位可以让出来给这位中国人。

在美女、金钱、地位的面前,怎么办呢?

父亲并不为这些耀眼的五光十色所动,委婉地拒绝了这位诗友的爱情,高风亮节,真正是富贵不能淫,威武不能屈。他曾把这件事写信告诉我的母亲,谁知竟招来一场旷日持久的笔墨官司。尽管做了许多解释,她还是耿耿于怀,在感情上时时引起猜忌,这样,便给以后的家庭生活,乃至夫妻关系,罩上了一层忧郁的阴影。

以后的事实诚然如此,但我仍然感谢父亲,不然,可能更早的时候,我便失去了他的爱护。

这是促成他离开芝加哥的原因之一。

1929 年

26 岁

1月

1日　致信霓君(《海外寄霓君》之五七)。

谈到新搬的住所虽然便宜,但不太干净,和房东一家同一个厨房做饭,油烟很浓,衣服上有气味了,洗也洗不掉。让霓君带孩子回武宁去和岳母一起住,武宁是个偏远地方,花费少。

5日　接霓君去年11月28日信,致信霓君(《海外寄霓君》之五八)。

霓君收到了朱湘的信,得知朱湘与那位美国女同学的事。可能她又四处打听这件事,得到不同说法。因此,在这封信中,醋意大发。再加上朱湘隔了两个月没给霓君寄钱,多心的霓君怀疑起朱湘把钱花在了其他不正当的用途上。霓君本来就对朱湘不放心,联想到朱湘经常让她寄些小件绣花来,肯定是用它们来送给那个美国小姐。还有,她太想看看朱湘了,多次信中让朱湘寄张相片,也一直没有寄。这封信中,霓君说要送给朱湘一个女孩子。朱湘不得不再作一番解释,耐心劝慰霓君。并决定放弃卖绣花和到餐馆做中国菜的事。心中有太多的委屈：

> （前略）小妹妹，小妹妹，你真是一个小妹妹，吃空醋吃得这样有味。别人托作相框也没有什么希奇，何必这般大惊小怪，自寻烦恼？我每逢拿你的相框给人家看的时候，个个都称赞你相貌年轻，绣花真好，别人问我那是谁，我每次都是回答，我的太太。
>
> 我前一些时候打听，知道绣花抽税很重，你说不抽税，那是在中国不抽出口税，到了美国还是要抽入口税的。我看你再到邮局一打听，就可以知道。无论如何，先寄一小块来试试再决定。这种事我都是外行，至于到饭馆作菜等等，那更是于面子有损，因为外国人作给外国人吃没有什么，中国人作给外国人吃就不成了。老老实实，还是把中文书翻成英文，最好，又体面，又有钱，不过难一点，一时不能见效。
>
> （前略）但是你也该多想一想，我到外国来举目无亲，不单用心念书，还在省月费寄家作用，我想自从清华送学生出洋以来，每年也不容易遇到一个。你要是多想一下，一定可以想透。不过自从还不曾结婚以前你就疑心我是恶人，所以从此以后，每逢有了什么意外事情，你不先问清楚根由，就一笼统往我身上一推。这教我怎么不伤心！即如我这次出洋，论理说不比以前，你回家去借住几年，也并不损于面子。总之，我们这一对夫妻天生得都有点心里想不开……你说我写信比你写得少，这不然。我差不多五天有一封信。我信里注定号码，你总可以封封查出，哪封掉了，哪封收到。

6 日　致信霓君（《海外寄霓君》之五九）。

劝告霓君夫妻之间一定要信任，再次表白："我与某某小姐事，我也告诉了你，我实在不曾同她有过事情。"

11日　致信霓君(《海外寄霓君》之六〇)**，表白对霓君的爱：**

我对我的妹妹实在是一片真心。如今我那小妹妹有时虽然生起气来，我并不见怪。自然我不能寄钱，难怪小妹妹要着急。只望小妹妹原谅我罪有可赦，那就好了。隔了七天不曾接到你的来信，好像已经一个月一样。我要不要怪小妹妹呢？不能，不能。我简直不敢往下想了。不知小妹妹怎么想法过年的。唉，都是我不好。妹妹，求你饶我这次罢，我想到再隔二十天又能寄钱给你，心中稍微宽松一点。你能不能让我毕了业就回去呢？

14日　致信霓君(《海外寄霓君》之六一)**，主张霓君再进学堂。**
同日　致信罗皑岚。
谈及近来生活，情绪十分低落：

我如今虽然每天忙到晚，不是念法文，就是念德文，不是作饭，就是睡觉，然而毫无生趣，简直是一个走肉行尸……我现在简直同从前在清华时候一样，完全隔绝了人生；想去欧洲，就是去得成功，把头两个月一点新鲜过完之后，还不是一样要无聊。又想回家，总得有事找定才成。左思又想，归根是想到你们就快来了，宽怀了许多……

19日　致信霓君(《海外寄霓君》之六二)**。**
半个月不曾收到霓君的信，甚为不安，又担心霓君犯疑心病。给霓君讲阿里巴巴的故事。
同日　致信罗念生。
谈自己的一些作品，希望大家早日在美国相会，同进一所学校，"抱着世界的眼光"学下去。

25日 致信霓君(《海外寄霓君》之六三)。

收到霓君写于去年12月13日的信,果不出朱湘所料,霓君又怀疑他与房东太太的关系了,而且对他以前与那个美国女孩子的事仍然耿耿于怀。她写来三首诗,抱怨朱湘是个负心郎。又无端地说朱湘有意不收她的信,是想渐渐疏远她。翻开信封的背面,还写着"祝你们爱安,空人霓君白"的字样。朱湘含泪写长信一封,表示自己的委屈和一颗真心:

(前略)你来信哪有不收之理?给别人看见,好像我真不肯收你的来信了。妻子要是真爱丈夫,就是丈夫做错了事,妻子都替他遮盖。我并不曾做错事,你却要我空驮一个名。你就是不为我想想,也应该替自己想想。我的名气坏了,将来到哪里去找饭吃?……某某小姐我与她本无关系,就是你闹得个个都以为我同她发生关系了。后来我被你无缘无故设法折磨我,我真想狠起心来,同她玩耍一顿,省得担个虚名,未得实惠。到底是因为你辛苦持家,我不忍心。

(前略)下月的钱准寄,决不会误事。离今天只有七天了。我心里快活,早寄钱给你,我早安心。我把你的信又看了一遍,忍不住又伤心起来。妹妹,你疑心何以这样重,一个相框居然惹得你害起病来,不是自寻烦恼吗?你一定要我的命,我求你快把这种疑心病改了罢。我也舒服,你自己也舒服。我又翻转信看,上面写明"祝你们爱安,空人霓君白"。我又忍不住笑出来,这一坛空醋吃得太有趣了。"空人"者无有别解,吃空醋人是也。"你们"这两个字是两个人的意思,这两个人是谁呢?让我老实告诉你。一个姓朱,叫子沅。还有一个呢,她有了子女,并不是外国人。相貌长得很美,我爱她一片好心。她长得比我矮一点。妹妹,你如今看到这里,一片醋味直往上冲,是不是?我同她爱情真浓,她说她是武宁人,她称我达达。哈哈,妹妹上了哥哥的当了。看妹妹以后再吃醋不?再吃就再教她上当。妹妹,今天这个笑话比以前两次的故事如何?我求你以后多笑一点,少闷一点,省得闷出病来。我一时不能寄钱给你,你就不吃药,拿自己的身子糟透,又何必呢?日咳夜咳,万一成了肺痨,如何是好?你存的那几个钱难道那么珍贵吗?我回家以后,还你岂不很容易。

(前略)阳历九月,两个罗先生就到美国,他们同我进一个学堂,得到两个朋友谈谈笑笑,总可以不至于十分寂寞。你那时候也进了学堂,可以多活泼活泼,多见识见识,不要老在家里那样闷。

本月 决定退出芝加哥大学。

事情起因于去年4月,朱湘选修了德文课。德文教习起初不愿意有中国人上课,不时从言语里流露出来,说德文不适合中国人学习等无稽之谈。朱湘刚从劳伦斯大学退学而来,纵然再受侮辱,也是忍受着。那个教习发下几本讲义,朱湘看完后,因为不愿意和他说话,只是把讲义放在他的讲桌上。后来他进教室,朱湘亲眼见他把讲义收回。但过了几天,他在教室里大发脾气,说有的同学不还他讲义。他先问朱湘旁边的一个同学,接下来问到朱湘。这是什么用意?无非是说朱湘没有还讲义。但是朱湘的德文确实学得好,考试结束,这位教习还是给了朱湘一个优等。

夏季学期,朱湘还是选了这位教习的课。有一次,他在课堂上解释一个问题明明错了,朱湘听得特别刺耳,便在下课后告诉了他,教习从此对他态度发生了很大的改变,老是对朱湘冷嘲热讽,朱湘也很生气,寻找机会要报复。秋季学期,朱湘照旧选了他的课,又有意指出了他的几处错误。这使他恨透了朱湘,上课的时候,有许多与课本毫不相干的事情他也拿来讲,说什么好像澳门是中国广东的一个地方,被葡萄牙国占了去,而且是多次提起,有意要侮辱中国,言下之意就是中国弱小无能。士可辱,国不可辱,朱湘一气之下,便退出了他的课。

去年11月,又选了另外一门功课,也是同教习斗智。那位教习同样看不起中国人,朱湘出于报复,老是有意挑他的错处。有几次他不曾讲的话,朱湘替他讲了。到了学期末,教习难以忍受了,破口大骂亚洲人。朱湘以缺课来表示不满,那知当晚搬家,病了十多天没上课。新学期开学,明明班上有七个人,那位教习说只有六个人。他又说了很多很多,朱湘气得嘴都发抖。

校报上有人发表文章,说有某国留学生不认真学习,到美国来寻欢作乐。朱湘一看就知道是写自己和那个美国女同学的。他最不愿别人再提及此事,想不到有人借此大做文章,分明是有意要诬蔑、丑化朱湘。这是哪个人写的?不用去猜,肯定是他曾经得罪的《凤凰》的主编、德文教习、法文教习之流,合起伙来报复他。

这回朱湘忍不住了,但他又实在找不到更好的上策来对付这些人。因为写那些文章的人用的是笔名,也没有指明是朱湘,干涉不了。他觉得再在这里留下去,自己肯定要发疯,于是,他向校方交去了一张退学书。

2月

7日　接到霓君12月24日来信,致信霓君(《海外寄霓君》之六四)。

因为没有收到朱湘的钱,霓君疑心朱湘同女房东不干不净。朱湘又得解释,让霓君相信他的一片真心。

(前略)妹妹,你这多疑的性情到什么时候才改得掉?你说你是孔明,一猜一个准,我说你是周瑜,只晓得乱疑心。你同我说的话我何至句句都告诉人!有许多话更是只要我两个心上明白,不给旁人知道。可以告诉人的话,好像说小沅乖巧,小东有趣,这些话说给旁人听是不要紧的,其余一切都是夫妻当中的知心话,哪可以说给外人知道。我的信你切不要让朋友看,你寄来各信我半个字也不曾让人看过。将来回国,也只有我们夫妻两个看得。

(前略)我说,霓君你这小冤家,你为什么不改一改,把那一种无意识的疑心完全打倒,那就夫妻之间团团如意了。我回家以后,决定不教很多书。只要一家子够用,能稍微余一点,预备万一闲时不至于一家子饿,就成了。剩下时间,一部分作文,一部分教小孩子,还有一部分时间用在夫妻之间,我要把我小时候从生下一直到现在,件件事情都告诉你,你也照样告诉我。我们或者在月光下闲游,或者在灯光下谈心,手握着手,心对着心,虽然久已结了婚生了儿女,也像不曾结婚,还是一对情人一样。将来就是夫妻两个头发都白了,也照样。就像一对二十岁的情人,那是多么有趣!只要我们这一对心不老,我们就是年老了,也还是少年。

同日　致信霓君(《海外寄霓君》之六五),**谈翻译《今古奇观》。**
15日　致信霓君(《海外寄霓君》之六六)。
谈转学俄亥俄大学。把14日一天发生的事详细记下,讲给霓君听。

3月

7日　致信霓君(《海外寄霓君》之六七)。

对于是否离开芝加哥大学,仍然有犹豫。指望小沅将来做一个实业家,或者工程师,或是造船,或是修铁路,或是造汽车,或是开矿,或是发展农业。自己很后悔,从前不曾学工业。

同日　致信罗念生,思想上变化较大,想到实业兴国。

面对这一年多来所受到的种种欺侮,朱湘为自己感到特别悲哀,愈来愈觉得文学软弱、无用,恨自己为什么没学点工业或军事,将来可以通过办工厂或指挥军队,使国家富强起来,不至于像今天这样遭人欺负。他在信中写道:

念生:

我近来思想起一大变化,以前专顾文学,不管其他的方针已经取消。自然我将来做事还是在文学一方面,不过社会中各问题,尤其是本国社会各问题,我决定多多研究。至少要知道有哪些问题,各问题实情如何,对它们我应当采取何种态度。……念生,你如今还来得及改,我劝你为祖国最近的三十年计算,把文学牺牲了罢。实科文学你都能作得出好成绩,那就应该舍文而取实。念生,我们中国是能作文的人多,能办实业的人少呀。你作的一些小品文,既然不行时,不过据我个人的眼光,它们实在在小品文界中发一异彩。将来你有空,我还希望你不要忘记了它们。不过,念生,我以前听你说过一件事,可见你有科学的天赋,这点天赋在当今的中国真是无价之宝呀。就是明德老弟,我也劝他不要学文学,专攻经济学,或实科。他家里在南洋已经立有根基,他回去可以说是轻车熟路。……

子沅　三月七日

11日　致信霓君(《海外寄霓君》之六八)。

谈到搬家的事,给霓君寄去一些小物件。

13日　致信罗念生。

告知出洋的一些准备工作,托买一些便宜小件。

17日　致信霓君(《海外寄霓君》之六九),反思自己这些年的行为:

我因为脾气不好,换了一次学堂,弄得要三年才能大学毕业。同从前清华半路停学三年一样。好在等一年过去,以后再也不用进学堂,那时再也不要作这种讨厌的学生了。其实呢,我并不是不肯念书,不过上课就像是一架机器,教习教你动就要动,不教你动你就不能动;这我却受不了。好在只有一年了,千忍万忍也过得去。

18日　致信罗皑岚。

评价美国式的大学教育不好,唯有国内的书院制最妙。赞扬罗皑岚小说《认识》比之《东镇》又进了一步。

23日　转学美国西部的俄亥俄大学。

29日　致信霓君(《海外寄霓君》之七十)。

谈俄亥俄大学的情况,找到房子,听说中国又要打仗,十分牵挂霓君及其孩子。因为用度太多,只能寄20元钱给霓君。

4月

6日　致信霓君(《海外寄霓君》之七一)。

说及俄亥俄大学地处半城半乡,比芝加哥大学环境好,打算在这里好好做事。

14日　致信霓君(《海外寄霓君》之七二)。

谈到同学替他照了相,下封信可寄去。想回国,可是国内仇人太多,不甘心就这么回去,心有点烦。

同日　致信罗皑岚。

谈及发生在自己身上的"桃色事件"和"房东风波"。

15日　收到彭基相信,十分高兴,立即回复。

本年初　产生回国的打算,曾致信嘱咐彭基相代找工作。

闻一多于1928年到南京中山大学任教,时逢武汉大学刚刚合并而成,校长王世杰亲自登门拜访,希望他回家乡执教,于是,他放弃了刚刚稳定的环境,来到了武汉大学,受任文学院院长。彭基相也同时应聘来到武汉大学。彭基相记得朱湘的嘱咐,向闻一多介绍了朱湘的情况。闻一多很同情朱湘的遭遇,也原谅了他从前的年轻、冒失,想到随着朱湘年岁的增长、阅历的增加,性格肯定会改变不少。他同意向校方介绍朱湘,如果能行,朱湘就可到武汉大学任教,月薪是每月300元。一则有事可做,有事做就可回国,二则闻一多主动要与自己和好,和闻一多闹翻以来,朱湘一直感到很内疚,也不敢与闻一多联系,以为他无法原谅自己。这两方面让朱湘感到特别高兴,也更坚定了回国的决心：

叔辅：

  我这几个月份过得真是十分颓丧。如今又换了一个学堂。暑假中又想去纽约，暑假后能见到二罗，生活总可大变一下。我悬想一下，要是有你来同住这两年，这两年一定是多么快活啊！朋友、性、文章，这是我一生中的三件大事，其中一项又要靠了另两项，只看我诗文作得最起劲的时候，正是头次尝到性与朋友甜头的时候。所以用科学分析起来，我的文章有三分之一实在是你们的……我最近作了一件卢梭式丑事。(中略)近来因功课关系，上一课心理学。教科学很有趣，说到听觉视觉等处，我最喜欢。据生理学者说，太高太低的声音人类听不见，太强太弱的光线人类瞧不见。中国关于神仙狐鬼的文学原料最是丰富，将来我用这原料作诗之时可利用科学。刚才接到三月七日信。天下最难的是朋友。不管下半年你同一多怎样，我决定回国。与其受异种人的闲气，倒不如受本种人的。得到友谊作后盾，在国内就是受点闲气，也吞得下去。先寄一封信给一多，以后再寄子离。

子沅(一九二九年) 四月十五日

  朱湘在朋友面前，毫不隐瞒自己的想法，甚至当时国人很讳言的性。还说自己做了"卢梭式的丑事"，可能是手淫之类。远涉重洋，对于年轻、浪漫的朱湘来说，性饥渴也是一直困扰他的事情。朱湘在致霓君的信中，除了火热的爱情，也不乏对性的渴望。

17日　致信霓君(《海外寄霓君》之七三)**，对工作有了着落甚为高兴：**

霓妹爱妻：

  (前略)要是闻先生下半年还在武昌，我这下暑假早则阳历六月底，晚则八月初，一定回家。那时候又是夫妻，又是儿女，又是朋友在一起，多么快活。

妹妹,以后写信千万不要说"叩头",我看了伤心。夫妻是平辈,你只少多心点,要说三句话,只说两句,我们这一对夫妻就一定再好不过。妹妹,你实在是再好不过。心又好,作事又能干。我平常何时不记得?就是你的口厉害一点,说一句话,能刺人的心。我那时就立刻糊涂了,把你好处一齐忘记了。……妹妹,原来你要我照相,一半也是怕朋友疑心我们夫妻不好。我听到这层,心中十分难受。妹妹,实在是我对不起,过于大意,教你在别人面前难过。请你宽恕我吧!想到上次寄了照相回家,心中稍微放宽一点。由此看来,这种日记的方法实在很好。东伢子我们也要当心,如今世界男女平权,养大一个好女儿,同儿子一样得力。我们待她好,她决不会忘记的。

爱夫,沅哥哥 四月十七日

22日 致信霓君(《海外寄霓君》之七四)。

写在俄亥俄的琐碎生活。信中谈及遇到一位同学,同学也已在国内结婚,只寄过几个月的钱回家,每月十块左右,由此想到自己实在不算坏人。

二嫂薛琪瑛写来信,说她父亲薛南溟不幸于2月15日去世,她赶回无锡娘家帮忙料理后事了。从小以来,二嫂给了自己很多帮助,这是不能忘恩的。其实,二嫂自己也没有钱,靠的全是娘家的接济。这些,朱湘是记在心中的,他想报答二嫂。朱湘在这封信中想到,将来自己在武汉大学立住了脚跟,也争取把二嫂介绍来教书,大家住在一起。这次薛姻伯的丧事,朱湘想到几个哥哥一定都送了丧礼,他没有钱送,想来二嫂可以谅解他。将来自己生活富足了,等到如意珠出嫁时,自然要加倍多送些东西。

29日 致信霓君(《海外寄霓君》之七五)。

憧憬回家后与家人团聚的欢乐场景:"每天下午一定要运动一点钟或者踢毽子,或是打网球,总要把身体练得十分强壮。"

5月

2日 致信罗念生,希望秋天能在美国旧金山相会。

9日 致信霓君(《海外寄霓君》之七六)。

夸赞霓君管家、明理都是及格,并且是一百分。

22日 致信霓君(《海外寄霓君》之七七)。

由罗念生的婚事想到他们夫妻二人,"两个是由父母配定,刚刚凑巧,配得很好"。

28日 致信霓君(《海外寄霓君》之七八)。

想到即将回家,精神就舒服了三分。

29日 致信罗皑岚,谈自己作诗的情况。

31日 致信霓君(《海外寄霓君》之七九),**计划9月动身回国。**

6月

1日 致信霓君(《海外寄霓君》之八十)。

谈在商店里买到一种新信纸,又买到花边两种,编花几个。

10日 致信罗皑岚。

谈文学与性,让罗皑岚到上海时打探书业的行情,预备将来开书店。

12日 致信霓君(《海外寄霓君》之八一)。

想象回国后美好的家居生活,一面教书,一面开一家书店:

霓妹贤妻:

回家以后,很想无事时候种种花草。最好住房后面有一片园地。此外多买旧书,好把中国文学大大研究一下。五年十年过去,便完全教授中国文学,不教西文了。饭菜要作得好吃一点,也要滋养。这里讲住家。我们夫妻两个最大的责任便是带大小沅小东。

(前略)回国以后,决不愁没有事作。你千万放心,不要愁。回国以后,一面教书,一面开书店。并不是自己开,有从前的学生可以一人管理。我同彭先生、闻先生、两个罗先生、清华同学等等一共十个人,每人每月存洋五元,四年之后,就开书店。初开越小越好。做事情最要紧是忍耐。这书店开十年,就可以不必教书了。那时候你不过四十岁。就可专心开店了。……我们这十个人开店,实在是最好不过。我就要发愤,作给人家看看,教别人知道,我并不是一天到晚作梦。我要精明的时候也能够精明。

爱夫,沅　六月十二日

17日　致信霓君(《海外寄霓君》之八二)。

夸奖霓君信写得好,是一个再好不过的贤妻。

28日　致信霓君(《海外寄霓君》之八三),计划回家的事。

30日　致信霓君(《海外寄霓君》之八四),谈购买月经棉等事。

7月

上旬　来到了旧金山,在加州大学中国留学生会馆住下。

本来打算8月上旬就离美的,但由于他没有经验,临时上船买票,却没有票,只好推迟到下一班船。为了省钱,他开始准备坐三等舱,但听说三等舱不卫生,易染上传染病,特别是夏天,总要死两三个人。于是,他不得多花50美金,买了二等舱票。

10日　致信霓君(《海外寄霓君》之八五),谈到旧金山及买船票的事。

20日　致信霓君(《海外寄霓君》之八六),谈及昨天上街为霓君购物。

30日　致信霓君(《海外寄霓君》之八七)。

谈为霓君购买的手袋、发网、汗衫短裤,归心似箭。在这封信,还谈及夫妻二人准备为彭基相找女朋友。

8月

11日　致信霓君(《海外寄霓君》之八八)。

谈以前什么事不懂,做事糊涂,是不会做丈夫。

12日　致信霓君(《海外寄霓君》之八九)。

谈及当天购物。给小沅、小东买了玩具。还为徐霞村买了英文版的《爱伦坡小说选》、为赵景深买了《世界小说选》等。剩下的钱,自己也选购了很多书,他想这些书回国是必不可少的。

30日　致信霓君(《海外寄霓君》之九十)。

谈及25日以来在旧金山等船的生活,打算回国后,从上海先到武汉,再回长沙。

至此,朱湘共给霓君写信106封,可能有些在路上或被霓君遗失,存90封,结集《海外寄霓君》,1934年12月由北新书局出版。

9月

5日　致信罗念生。

希望罗念生投身实业,中年做一个大实业家,到老年再做一个大文学家。他还总结了来美两年的经历和感受:

我这来美的两年,改了三次学堂:第一次因为法文教科书里把中国人叫作"猴子",我离开了罗伦士。第二次因为教授疑心到我不曾将借用的书归还,我离开了芝加哥。第三次是彭基相说闻一多要我回去武昌教书,我就不考了。希奇古怪的事也看过不少,犷野,无信,下作,嫉妒,阴险,真是无所不有。恶疾之噩梦我也作过,醒过来之后,虽然知道了是虚,但那黑夜我到现在想起来,还觉得不舒服。罪恶这东西,我从前全是书生之见,以为极其浪漫,这次来了西部,看见了真的罪恶,才把银色的幻影一阵狂风给刮走了。

10 日 怀着无比急迫的心情,启程离开美国。

11 日 罗念生、罗皑岚抵美,3 位挚友就这么擦肩而过,不再相见。

罗念生放假后,回了一趟四川老家,得到亲友们的资助,才筹足赴美的费用,抵美后,立即入俄亥俄大学,倘佯在鸟语花香的校园,犹能闻到朱湘的气息。罗皑岚到旧金山稍作停留,后入斯坦福大学,在加州大学中国学生会所里,看到了朱湘留给他的一封信,一块中国墨,几枝新毛笔,以及一箱托他代运回国的书。

10 月

上旬 回国后,到省立安徽大学任教。

朱湘乘轮船抵达上海。下船拜访赵景深。和赵景深到海关取回行李。

徐霞村、饶孟侃、余文伟等友人都在上海。朱湘将自己从美国带来的一套十册《世界小说选》和一套十册《爱伦坡全集》分别送与赵景深、徐霞村。

经饶孟侃、余文伟推荐,朱湘放弃了去武汉大学任教的打算,而改到安徽大学应聘。

在上海逗留几日,朱湘乘船抵达家乡安庆。

早在五四运动以后,安徽省内外的一些皖籍学者名流一致认为安徽教育落后,建设大学刻不容缓,就有筹建安大的倡议,并于 1921 年 7 月以进步学者蔡晓舟为首,组建"安徽大学期成会",后因军阀混战,遂告中辍。1926 年 7

月,重提前议,又因北伐战争兴起,筹办工作再次告吹。1927年9月,安徽省政府重聘同盟会员刘文典等11人组成"安徽大学筹备委员会",公推刘文典为预科筹备主任兼文法院筹备主任,并确定校名"安徽大学"。在筹备期间,刘文典全力以赴,首先解决校舍,决定以安庆百子桥原安徽法政专门学校校舍为第二院,供学生住宿,另租锡麟街圣公会房屋为第一院,作为教室、办公室及图书馆之用。其次是筹措经费,呈请省府审定全年度经费为72万元,另划全省契税收入82万元为大学基金,同时派员分赴各地购置图书仪器。1928年2月,开始招收预科学生140余人,4月10日正式开学上课。这年冬天,因安大学生与邻近女中发生冲突,当时蒋介石正在安庆,责难校长刘文典,遭到刘文典的当面顶撞。蒋介石大怒,下令将刘文典收押入监。1929年初,省政府决定由教育厅长程天放兼任校长,由于程天放大量安插亲信,遭到全校师生的强烈反对,将程天放驱逐出校。1929年7月,省政府延聘王星拱接替其职。

王星拱,字抚五,1888年生,安徽怀宁人,就读于安徽省立高等学堂,后赴英攻读化学专业,曾在北大担任化学系教授。1928年,武大聘请他为化学系教授、系主任。接到安徽省政府的聘书,为家乡教育出力,自当不能推辞,于是于1929年出任安大校长。他思想解放,富有科学和创新精神,到任后,将安大在原有文、法两院基础上再成立理学院,增设农、工、医学三院。王星拱在北大任教期间,彭基相和余文伟创办适存中学,曾聘他当过校董,因此对朱湘及其才学也是大致了解的。当余文伟向他推荐朱湘,他欣然应允了。学校还决定由朱湘任外国文学系主任,但当时并未设立这个系,只是有这么个打算。朱湘还把在美国买的一箱外文书,全部捐给了学校。

郁达夫也应聘来到安大教书。早在1921年,郁达夫经郭沫若介绍,曾在安徽省立法政专门学校教授英文。在这里,郁达夫创作了自传体小说《茫茫夜》。菱湖和大观亭的秀丽风光,多次在郁达夫的日记和作品中得以描述。这些年,郁达夫一直赋闲在上海,疯狂追求王映霞,并与之成婚,于1928年生下郁飞。因生活所迫,郁达夫不得不离开妻子,来到安庆教书,但没有料到这里的环境也非常复杂。10月6日,郁达夫就受到安徽省教育厅长程天放的攻击,并被列入"赤化分子"的黑名单。亏得友人邓仲纯事前通知,要他立即离开安庆。郁达夫即乘上一条船回到了上海,行李等物都来不及回校去拿。

到安大来教书的还有苏雪林、陆侃如、冯沅君、陶因等人。苏雪林,1897年生,安徽省太平县人,北京高等女子师范毕业,赴法国留学,此时已出版了多部著作。冯沅君,1900年生,河南唐河县人,出自前清进士之家,与大哥冯友兰、二哥冯景兰,先后考入北大,出国留学,被称为"唐河三冯"。陆侃如,1903年生,江苏海门人,是朱湘的校友,毕业于清华大学国学院。冯与陆是夫妇,结婚不到一年。

建校之初,安大不惜花高薪来聘请教员,使学校有支精强的教学力量。当时的消费水平是:30元可供一个学生一个学期的饭费。各县教育馆员月薪仅10元,但安大一般职员月薪为50元~60元,专任讲师为200元~240元,专任教授达260元~340元,而当时国内财力雄厚的清华大学,教授月薪也只是160元~320元之间。郁达夫的月薪是340元,朱湘是300元,苏雪林是240元。朱湘赴美留学两年,连个学士学位也没拿到,而享受专任教授的待遇,可见校方对他的器重。

10日　参加学校双十节庆祝会,并发表演讲。

当时安大办有《安徽大学校刊》,每周出两期。

1929年10月16日第4期《安徽大学校刊》有报道《双十节庆祝会志略》:

本校于双十节上午八时,在预科举行庆祝仪式,教职员及学生出席者约三百人,记者到时,朱湘先生在台上演讲刚毕……

可惜由于《校刊》记者来得较迟,未能听到诗人的演讲,因而没有交代朱湘此次的演说内容。

11日　参加了文学院院务会议。

1929年10月16日第4期《安徽大学校刊》有报道《文学院院务会议(第一次——十月十一日)》，记载了开学伊始文学院教职员讨论教务的会议，出席者包括谭天凯、杨亮功、姚仲实、彭基相、朱子沅等，由杨亮功主席，刘灼记录。其中朱子沅即诗人朱湘。接着又记录了出席者的提议，涉及朱湘的一条为：

朱子沅先生提议英文小说，宜减学分，决议，英文小说，改英文短篇小说二学分。

他当时在安大讲授的每周九时的课程包括"英文短篇小说"。据1930年1月9日《安徽大学校刊》第22期上登载的《学期考试科目日期表(学期考试文法两院各级试验科目表)》，可进一步确定朱湘此学期主讲的课程有"英文""英文短篇小说""英文名著选读"三门。

朱湘领到工资，过上了较为优裕的生活。罗念生在《忆诗人朱湘》一文描述：

朱湘回国后，在安徽大学教书，起初一段时间，生活似乎很优裕，每月薪金三百元，有闲钱买古董，如新出土的陶马、郑板桥的墨迹。他很喜欢这陶马，写信告诉我时，问我还记不记得他的诗句："黄土的人马在四周环拱。"至于那幅墨迹，已经被鉴定为仿制品。后来，他时常和霓君争吵，两人把房间的东西砸毁，次日和好了，又去购买一套新的。

由于学校房子不多，教授都必须住在校外。校内仅各院长、系主任有办公室，各院教师仅一间休息室。朱湘立即给霓君写信，让她们马上赶来安庆。

21日　致信在美国俄亥俄大学的罗念生,告诉自己的近况:

念生:

　　我在这里每星期担任九时的功课,明年大半可以办外国文学系。此处气候很像北平,又没有灰,离上海只有一天半的路,离庐山只有一天,是王星拱的校长,他很想着实办一下。我月薪三百,听说从前最低不过打过一次八五折。家眷过几天就要来了,明年功课钟点还可以减少。你究竟如何?很想你详细的告诉我。初到美国,感想如何?要是你在西部停下了,有一件事很想托你,就是那个书箱子,请你赶快寄给我,由上海闸北天通庵路三丰里五号赵景深先生转交可以了。能直接由 Amer. Rlwy. Expr. 寄到安大,那自然是再好不过。垫款应当如何处置,请告诉我。

湘　十月二十一日

24日　致信施蛰存,谈读施蛰存《上元灯》的感受。

月底　全家团聚于安庆。

　　霓君带着两个孩子来到安庆。一开始,住在学校的休息室。朱湘嫌太小了,租东门宝善庵三十九号居住。

11月

2日　致信罗念生。

　　计划开书店。谈罗念生写评论《草莽集》的文章。赞扬霓君"是一个很好、很能干的女子"。

本月底　蒋介石亲抵安庆,出席石友三就任安徽省政府主席的宣誓典礼。

　　次日,蒋介石令石友三率部南下援粤。想不到,石友三发动兵变,士兵在安庆大肆抢掠,造成物价飞涨。不久,蒋介石又电令安徽省政府代征民夫参加军阀战争,遭到安庆工人的强烈抵抗。安庆乱象丛生。

12月

12月9日 为"安徽大学月刊"撰写启事。

启事刊登于12月12日《安徽大学校刊》第21期,录如下:

湘以菲材,辱承校务会议不弃,委以月刊事务,任重力薄,实处陨越。是以力荐姚老先生自代,惟姚老先生辞谢于前,校务会议又督促于后,湘只得勉力从公,以免贻误学校之大政方针。今特将私拟之进行步骤,谋为学校当局诸公、编辑委员会议同仁、诸教授职员先生、诸同学,一陈之。

(一)旧学新学,兼收并采。标点由作者自定,文责由作者自负。

(二)师生合作。

(三)特请出版组长洪传经先生为本月刊之总经理。

(四)筹备印行安大月刊丛书,广罗本校旧学耆儒、新学泰斗之宏篇巨著,同学之优美之品,精装出版,以发挥本校之精神,光大本校之誉荣。

惟是众志成城,古有名言,尚祈当局诸公,教职员诸先生,以及诸同学,时赐教言,以匡不逮,则月刊幸甚。

月刊之第一期创刊号,校务会议指定须于本学期内出版。除已特请王校长、杨代理校长、陶代理教务长赐文以外,务祈诸先生、诸同学,早惠佳作,以襄盛举。创刊号收稿截止日期为阳历年底,又启。

十二月九日

此处姚老先生,指姚永朴先生(1862－1939),字仲实,晚号蜕私老人,桐城人,桐城派后期的代表人物。1928年初,安徽筹建安徽大学,聘先生为教授,与开县李大防、长沙陈朝爵等共事于文学院,均为有名教授。

从这个启事可以看出,朱湘到安大后,是受到校方重视的,注重发挥他在文学方面的才能,安排他负责月刊事务。

朱湘接手这个事务,是有一番雄心壮志的。他准备接受新与旧、职工与学生的稿子,表明他在学术上兼容并包的精神,还准备出"安大月刊丛书"。

安大办学,历尽坎坷。这个由朱湘主事的月刊后来是否出版?不得知,现有资料中并未发现。

12月19日　参与《安徽大学校刊》等事务。

12月26日　《安徽大学校刊》发出《启事》:

稿子按格式赶印六千张,凡校教员,可到出版组领取,欲投稿的同学,可到朱湘处签领。

还有消息:预科班筹备新年同乐会,聘请朱湘、闻介藩、罗丹光、陈季伦诸先生等为指导员。同乐会定于12月31日举行。

12月31日　下午,参加全校师生同乐会。

节目甚多,有京剧、魔术、杂剧、黄梅戏等。至夜十时方散,每人赠点心一包。

1930年

27岁

1月

1日 全校教职员工60余人在旅社会餐。（参见《安徽大学学报》第22期）

2月

被时局影响到情绪。

由共产党人领导发动安庆车夫1000余人,为反对征收牌照捐,要求减少车租举行罢工。这一段时间,安庆还发生流行脑膜炎,近千人染病,死者十之有四,一时闹得人心惶惶。（参见《安庆地区志》）

3月

本月　致信罗念生：

念生：

　　英文信收到。我近来懒得写信。安庆又没有地方走动,真是闷坏了。开手译哈第的《诸德》,年底可以译成。作小说我自知不合时宜,我天生得不耐烦顾及小节目,不过译小说倒觉得有趣,尤其这本《诸德》,我十分心爱。译来更加增一层艺术的乐趣……

湘　三月

　　从此信不难看出,朱湘对安庆已生出厌倦的情绪。

　　朱湘像上学期一样,过着一份非常平静而幸福的生活。不过,他也开始注意到了学校愈来愈失去秩序的现状,领导层出现的危机,特别是教员内部不同派系之间存在的明争暗斗,朱湘不愿卷入其中,而且对此现象非常厌恶,觉得学校当以教书育人为第一要事,不应该有这些无序、争斗。这些,也给他对生活充满着光明的希望里,蒙上了一层阴影。

　　安庆虽然只是个小城,但自1912年以来,时运带给这个小城的,似乎只有混乱、恐惧。朱湘来这里半年来,原来的那份新奇渐渐淡去。而那种混乱、恐惧在他的意识里与日俱增,使他对这个小城渐渐产生些厌倦、无奈来。

23日　致信罗念生,说罗念生的短文"维多利亚的气息太浓重了"。

本月　学校出现诸多不安定因素。

　　王星拱出任安大校长之际,还承担主持武汉大学校务工作,多数时间留守武汉,从而极大地限制了他的精力,安大管理工作常常让文学院院长杨亮功代理。对此,王星拱自己也感到惴惴不安。1930年4月初,王星拱经反复思量,向安徽省代理主席、省教育厅厅长程天放递交辞呈。

虽王星拱在辞呈中谦称因才学所限和武汉大学的牵制,无法胜任安大校长职责,但是他的辞职其实还另有原因。3月底,安徽大学和安庆市内出现署名为"安徽省教育革进会"的传单,恶毒攻击和诽谤王星拱在安徽大学的管理方针和工作业绩。这份攻击性传单无疑是王星拱萌生急流勇退念头的主要原因。虽然安徽大学学生的热情支持使王星拱感到些许安慰,但是这无法改变他辞职的决定。随后,他离开安庆前往武汉,并向省政府正式递交辞呈。王星拱此次离校在安徽大学师生中引起恐慌和混乱。(参见周乾《王星拱与省立安徽大学早期发展》,载《江淮文史》2007年第1期)

4月

王星拱执意离开安大。

5日的安庆《民岩报》刊登消息,称"安大校长王星拱氏,曾以有署名安徽教育革进会名义,散发宣言,妄肆诋毁因愤而去皖赴汉。该校全体学生职员均以王氏主持校务,备经艰辛,此次因少数分子捏词攻击意图捣乱,致令王氏离校,影响校务进展为大,尝经全体学生组织代表会,挽留王氏,并呈请省府电促王氏即日返校,主持校务"。学生们派代表前往武汉,劝说王星拱返校。安徽大学文学院院长杨亮功、法学院院长陶因、理学院院长张其浚、预科主任邓季宣和总务处处长余子风,也联名致函省府,请求省府出面挽留王星拱。

安徽省政府接受安大师生的要求,随即致电已回武汉的王星拱。由于王星拱未改变辞职决定,4月下旬,杨亮功、陶因、张其浚等安大各学院院长,再次联名致函代理省主席程天放,恳请挽留王星拱。程天放复函表示:"抚五校长辞职,已一再挽留,并促其返校视事。"无奈王去意已决。(参见周乾《王星拱与省立安徽大学早期发展》,载《江淮文史》2007年第1期)

5月

15日 作诗《夏夜》(未发表,收入《永言集》)。

本月 陪霓君回过一趟长沙。

途经武汉,看京剧名旦徐碧云的戏,对京剧产生浓厚的兴趣。(参见6月3日致罗念生的信)

6月

3日 致信罗念生,再次流露出强烈的厌倦安庆的情绪:

念生:

来信收到。《诸德》译了一个开端,听说有许多人在译,我早已不译了。一多倒没有译它。这次去长沙,在汉口看了一次徐碧云。我如今对于旧剧很有兴趣,买了许多唱片,生、旦、净、丑,各有各的好处;大鼓我也喜欢。今年冬天,一定要去北方听戏。安庆这地方无聊之至,电影院都没有,有一个大戏班子,坏透了。人生这出戏我倒不怎么喜欢看,没有音乐,没有图画,没有任何什么,只是猴子在那里变把戏。

子沉 六月三日

7月

2日 安徽省政府接受王星拱辞呈,任命杨亮功为安大校长。

杨亮功,安徽省巢县人,1897年生,早年毕业于北京大学,赴美纽约大学留学,获哲学博士学位,他也是应王星拱之邀来安大任职的,还具体负责安大的校务。到任后,体察校情,专注学校的长远发展,扩充文、法、理三院各系,文学院设外国语文学系,任命朱湘为主任。

本月　对学校设立的"外国语文学系"的名字有些不满。

早在国外时,朱湘就设想过以英语教授世界各国的文学,从与世界文学的广泛联系和比较的大背景上,来重新认识中国新文学。他觉得应该叫"英文文学系"更加合适一些,为此,他向杨校长提出建议,但没有结果。

许多老师离开安大,苏雪林去了武大,这让朱湘心中有些不平,他一度也打算离开安大。不过,学生们还是非常喜欢朱湘的,特别是晓风文学社的同学们,听说朱湘想离去,都挽留他。有的同学还跑到朱湘的家中,力劝朱湘留下,说外国语文学系没有朱湘来教授不行。朱湘这才留了下来。

8月

新学期即将开学,与同学饶孟侃、谢文炳成为同事。

新学期开学,饶孟侃、谢文炳以及诗友汪静之来到安大任教,与朱湘交往较多,也许是因为朱湘性格的原因,不愉快的事时常发生。

谢文炳,湖北汉川人,1923年毕业于清华。毕业后赴美留学,1928年回国。二十世纪三十年代开始发表作品。著有长篇小说《诗亡》、《一代知识分子》,中篇小说《匹夫》、《史密斯太太的中国客房》、《留美笔记》等。

谢文炳在晚年曾有信致罗念生,信中说及朱湘:

关于朱湘在安徽省大学的情况,我知道一些,并拟写进第三卷(指其长篇小说《他们是知识分子》,共六卷、百余万言)。当时他是外文系主任,我和饶孟侃为教授。

9月

21日　致信赵景深,讲和县鸡笼山的民间传说。

27日　致信罗皑岚,说到新学期的生活:

皑岚:

　　好久没有通讯了,近日如何?安大学生把我拉了回来,还要我办外国语文学系,不让我去武汉,虽然闻一多和彭基相向我重申前议。文炳兄由校中邀了来,多一个同学谈谈,比去年好多了,生活也不像去年那样不安定。图书馆里可以说是没有一本英文文学书,因此,今年必得教他们赶紧筹补救的方法。从前我去旧金山与Berkeley买一些便宜书,现在我想托你随时留心西方文学书籍的名目和价格,请便中告诉我,好教图书馆去买。你们办的杂志怎样?近来有何著作,发表的与未发表的?这一年来我只作了几十首诗,译了几首诗。说起来真惭愧。现在抄一首创作、一首翻译给你看看(已经发表过了)。

湘　九月二十七日

11月

7日　闻一多致信饶孟侃,信中谈到朱湘:

　　子沅故态复萌,令人担忧。这人将来要闹到如何结局?至于他对你的行为,你当然可以原谅。这人实在可怜,朋友既没有办法,只希望上帝援救他。但是,子离,你在他身边一天,还是你的责任。他需要精神的调息,抚慰。你不当拒绝这一点,虽则是他曾经那样的恼过你。

由此信可知，朱湘在校与饶孟侃关系处理也不好，饶孟侃诉之于闻一多，便有了这封信。这时的闻一多对朱湘还是充满了长者的宽容与同情。

12月

10日　闻一多写信致朱湘。

提到近年诗坛又能热闹起来的事，意在鼓励朱湘好好生活，多多创作。

本月　致信罗皑岚。

信中谈及买唱片的事，流露出心中对社会诸多的不满。

此信发表《新文学》1935年4月10日创刊号《子沅遗札》中。（参见管冠生《朱湘致友人信四通》，载《鲁迅研究月刊》2009年第12期）

本年

在安庆的生活，应该说，是过得非常富足而快乐的。

教学之余，朱湘带着霓君和两个孩子去逛安庆城四牌楼，为霓君买了项链、别针之类。全家去游览江边的振风塔、迎江寺以及西城有名的大观亭。晚饭后，朱湘经常带了霓君去散步。他们沿着逐渐宁静下来的小街往前走，有时候，一直走到了菱湖边，坐在古桥的栏杆上，一边谈着话，一边欣赏着菱湖的风景。直到秋虫在草丛里叫起，湛蓝的天空变为暗蓝继而变为黝黑，地上现出了薄薄的月色，两人这才手牵着手起身往家里踱去。

朱湘陆续购回了心仪已久的各种物什，比如卷帙浩繁的用金边印度纸印成的乔叟、斯宾塞、弥尔顿和莎士比亚全集，陈列在自己的书架上。他甚至还买来了当时很时髦的留声机和英文唱片，经常在书房里欣赏着。

自从在旧金山等船期间抽上了香烟，居然有些上瘾了。霓君看不惯他抽烟,弄得家里乌烟瘴气的,影响孩子的身心健康。更重要的,朱湘肺不好,不宜抽烟。朱湘也想戒掉烟,但戒了几日后,发现嘴里软骨肉上起了水泡,非常难受,于是又照旧抽起烟来,那嘴里水泡也便不治而愈了。由此,朱湘的烟瘾越来越大,每天超过一包。(参见朱湘《烟卷》)

可以说,这是朱湘一生中最快乐的时光。这种"红袖添香、清才秾福"的生活,让学校里许多年轻的教授羡慕不已。那时候,正经历着不幸婚姻的苏雪林经常看着这个清瘦的、神情有些傲慢的诗人,心想:有着如此优雅而幸福的家庭生活和写作环境,他们夫妻俩真是神仙伴侣。

苏雪林在《我所见于诗人朱湘者》一文中描述朱湘这时的生活:

记得1930年我到安徽大学教书,开始认识这位《草莽集》的作者。

一个常常穿着西服颀长清瘦神情傲慢见人不大招呼的人。那时安大教授多知名之士,旧派有桐城泰斗姚永朴;新派有何鲁,陆侃如,冯沅君,饶孟侃,但似乎谁也没有诗人架子大。听见学生谈起他,我才知道他住在教会旧培媛女校里,有一个美丽太太作伴,架上书籍很多;又听见说他正计划着写这个写那个。斗大的安庆城只有百花亭圣公会有点西洋风味,绿阴一派,猩红万点。衬托出一座座白石玲珑的洋楼。诗人住在这样理想的读书与写作的环境中间,身边还有添香的红袖,清才秾福,兼而有之,这生活我觉得很值得人歆羡。

但是,没有过得几时,我便发现诗人性情的乖僻了。他对于我们女同事好像抱有一种轻视的态度。每逢学校聚会,总要无端投我们以几句不轻不重的讽嘲。记得有一次学校想派教职员四名到省政府请求拨发积欠经费。已经举出了两个人,有人偶然提到冯沅君和我的名字,忽然我听见同席上有人嘻笑着大声说:

——请女同事去当代表,我极赞成。这样经费一定下来得快些。

这人便是诗人朱湘。沅君和我气得面面相觑。我想起来质问他这话怎样解说,但生来口才笨拙的我终于没有立起来的勇气。后来我问沅君为什么也不响,她说这人是个疯子,我们犯不着同他去怄气。

朱小沅在《诗人朱湘之死》中记述:

这是一幢租赁的两层楼房,房间很多,我们只使用不到一半,因为租一半和租一幢价钱相去不远,父亲又似乎不喜欢和别人合住。

父亲有一间专用的书房。靠墙立有一大排书架,排满了书。他从来对读书和写作这两件事的态度是极严肃的,要求绝对安静。在他工作时,小孩是不准进书房去的,母亲自己也不去打扰,总是哄我们到外面玩。

但每当书房里传出留声机的声音或唱英文歌时,我们才敢进去,爬上他的双膝,又唱又闹,而父亲含着微笑抚摸我们,一副悠然自得的样子。有时他还教我们唱歌,练习英文字母,尤其希望我长大也是读书做学问的人。

当时的生活是节俭的,父亲是系主任,月薪三百多元,但从来早餐照例是稀饭、虾子腐乳,间或也吃豆浆、油条,或大饼、面条。父亲母亲一人一份,我和妹妹一份。正餐一般是一荤、一素、一汤,有客时至多加两个菜。父亲素喜清淡,讲究卫生,菜都是预先分好装在各自的碟子里,而母亲老是喜欢吃辣椒,她有时用豆子做豆芽,或是用青菜做雪里蕻烧饭吃。

父亲酷爱音乐、戏剧,安庆只有一个末流的戏班子,他只光顾了一次。我们唯一的文化娱乐是手摇留声机,父亲托人买了许多外国名曲唱片,还有京剧、评剧、大鼓词等,应有尽有。他有时也来一段戏剧,唱得挺有板有眼,这是合家最高兴的时候。

这一时期生活虽然俭朴,却是非常愉快的。

据笔者在朱湘老家弥陀镇采访,传说朱湘在安大,有钱的时候,花钱非常大方,特别是接济穷人。某次坐黄包车,看到车夫可怜,一次送人家十个大洋,以至后来经常有人向他讨钱。老家四哥等人说他是个"孬子",不拿些钱回家,兄弟之间的缝隙不断加深。

任教期间　非常关爱学生。

他经常接济穷学生,与学生关系极其融洽,受到学生的尊重和热爱。

朱小沅在《诗人朱湘之死》写到那些"快乐的周末":

安大的学生经常来家找父亲。平日单独来的居多,都是找父亲有事的。

有的是请教学习的问题,这些人讲起来都是一套一套的。父亲总是等他们说完,才轻言慢语的说出自己的看法,学生都是边听边点头,很高兴的样子。而有的学生,则是来借书的,因为学校的图书馆的藏量不足,尤其是好的书籍。父亲曾把许多书赠送给图书馆。

也有的是来找父亲帮忙解决生活上的困难,这些人都是穷苦学生,穿着不很整齐,穿西装的更少。父亲对他们总是格外的亲切,尽力消除他们不安的情绪,拿出糖果点心给他们吃。父亲会悄悄地叫母亲拿钱包好送给他们,少则三、五元,多至十多元。天气寒冷,除了送钱,还送衣服,甚至连新做的西装都送人。往往这个时候,那些学生总要说些感谢的话,感激的样子真使人难忘。而父亲总是微笑着,摆摆手,表示:"以后有什么困难,尽可以来找我!"

有时学校欠薪或是打了折扣,生活出现困难,母亲不免要埋怨几句,父亲就责备她:"你真不懂事,连'开口靠人难'都不晓得!人家是没有办法才来找你。我读书那阵子,有时连饭费都付不起,还不是多亏了一班朋友。从清华出来,我不是还请罗先生替我还债吗?"

逢到周末,学生们相邀成群而来。这往往是父亲最高兴的时候,也给我们家里增添一番热闹的景象。

多的时候会有二十人以上,少也有十来人,男的女的都有。开始都总是比较拘束,谈诗,论文,什么莎士比亚、但丁、雪莱之类,像在开什么学术讨论会,大家轮流发言,彬彬有礼,跟在学堂里一样,发言完了然后坐下。

只有在某个问题上引起争论时,才能听他们激动的声音,看到他们发红的脸。

等到母亲把咖啡送来,用过点心,氛围便活跃起来,有了笑声,有了歌声。还有人大声朗诵诗歌……父亲也会请学生挑选唱片,亲自放留声机,一边摇一边讲听音乐的好处,也会说这是一种很美好、很轻松的休息。

……

朱湘积极参加安大的文学活动。朱湘在文学上的名气,以及他在教学中的表现,很快赢得学生们的尊重和信赖。由安大学生刘光亚、刘曰余等人发起组织了晓风文学社,请朱湘担任文学社的顾问。许多学生迷上了写诗,经常拿些诗作来请朱湘指教,朱湘也总是不厌其烦,教学生怎么写诗、怎么改诗、怎么投稿。晓风文学社依托《安徽民国日报》办了一个"绿州副刊",发表社员的作品,朱湘翻译了英国作家吴尔甫的诗作《莫尔之葬》等,发表在其上。朱湘和文学社的同学一起去过大龙山登高,到江南去观光,在大自然里陶冶诗情。在晓风文学社的带动下,安大学生还成立了溶岩文学社和塔铃文学社,附近安庆高中的学生成立了百灵文学社、野马文学社,保罗中学的学生成立了山岚文学社,一阵阵文学的清风,给安庆这个古老而沉闷的城市吹来了许多活力和生机。(参见丁瑞根《悲情诗人朱湘》)

又　创作活动也一直没有停止过。

早在美国留学期间,朱湘就开始探索借鉴西方诗体和中国旧诗词的写法,来创作一种格律新诗。譬如英国体的"双行",波斯体的"四行",三叠令,四环调,法国体"巴俚曲"和"圈兜儿"。特别是英国体和意大利体的"十四行诗",令他非常着迷。十四行诗,又称"商籁体"或"索内"。英体的特点是,前面3个4行组,最后1个2行组;3个4行组是交韵,1个2行组是偶句。在教学之余,朱湘写下大量的十四行诗。

朱湘还写了很多文学评论和散文,如《论说话》、《说诙谐》、《说自我》、《想入非非》、《我的童年》、《投考》等,行文中充满了平静、轻松,与这段时间朱湘清闲、快乐的生活是分不开的。他以极其优美的笔调,写下了《江行的暮春》,赞美了安庆古城的美丽景色:

美在任何的地方,即使是古老的城外,一个轮船码头的上面。

等船,在划子上,在暮秋夜里九点钟的时候,有一点冷的风。天与江,都暗了;不过,仔细的看去,江水还浮着黄色。中间所横着的一条深黑,那是江的南岸。

在众星的点缀里,长庚星闪耀得像一盏较远的电灯。一条水银色的光带显然动在江水之上。看得见一盏红色的渔灯。

岸上的房屋是一排黑的轮廓。

一条趸船在四五丈以外的地点。模糊的电灯,平时令人不快的,在这时候,在这条趸船上,反而,不仅是悦目,简直是美了。在它的光围下面,聚集着有一些人形的轮廓。不过,并听不见人声,像这条划子上这样。

忽然间,在前面江心里,有一些黝黯的帆船顺流而下,没有声音,像一些巨大的鸟。

……

又 译著《英国近代小说集》由北新书局出版。

朱湘非常感念二嫂薛琪瑛对自己的帮助,特意在扉页写上:"此书呈我的嫂嫂薛琪瑛女士——奖助我读英文的人。"

又 对家乡怀有很深的感情,曾经回老家一次。

据笔者在朱湘老家弥陀镇采访,有老者谈到:朱湘在安大,有一次,在上课的时候,突然停止了讲话,向全班扫视了一眼,问:"在座的,有没有太湖籍的同学?"有两个同学是太湖县的,怯生生地站起来,不知道发生了什么事。

朱湘呵呵地笑了，说："请坐，请坐，我老家就在太湖县弥陀寺，我们是老乡了。"全班同学都轻松地笑了起来，觉得这个年轻的教授非常亲切、和蔼。

据说，此间，朱湘曾回老家弥陀镇一次。

朱湘是一个人回到老家的，他对乡邻极其客气，屋里凳不够坐，就坐在门槛上，交谈至深夜。朱湘与四哥朱文祜素无交往，四哥又担心他回来分割祖产，特别冷落朱湘，朱湘一去不返。

又 这年年底，欠薪给朱湘的生活蒙上了阴影。

尽管杨亮功出任安大校长后，学校工作有所进展，但经费极其短缺。省立安大的经费来源"完全由安徽省库支给，无其他补助金"。当时的安徽经济萎靡不振，灾祸频至，财政拮据，加上当时国民政府把大量的经费花在了准备内战上，故给学校办学经费时有拖欠。学校不得不组织教员去省政府磨嘴皮子，讨要经费。在1930年底，学校就没有钱发放教员工资了。

又 结识天行、赵曾俦等人，并作旧体诗一首。

据《茶话》(1946年第6期)天行的文章《记诗人朱湘》记载：天行，又名史济行、岩行等。他在这篇文章中写道：1930年，他受郁达夫邀请，到安庆六邑中学教书，由此而认识朱湘，他印象中的朱湘有着"丰富而热烈的情感"。他在文中抄录了朱湘的一首古风七十二韵，是朱湘写给同乡赵曾俦的。因此诗未曾入集，特录如下：

> 乡党与侪辈，筵间论时英，
> 谓有赵君子，意气干青云。
> 名位弃如履，亟亟于学醇，
> 周髀穷玄里，不让古张衡。
> 掊击尤克里，东方第一人。
> 近学昌怀疑，壁垒故一新。
> 疑中不疑外，未免疏间亲，

真金不畏炼,赝者必不珍。
安得如君子,中外采其精。
近偕太虚游,鲲鹏戏南溟。
太虚善谈禅,玄奘得继承,
佛学出天竺,中土扬光明。
禅宗我所创,远胜婆罗门,
后生何自馁,折腰拜西人。
中庸古圣教,君子能奉行,
算经一家言,坛前兴异军。
逸过徐光启,精忠比韩文,
维余亦有志,雕虫愧未能。
颇思雕六龙,风雨哭天阍,
诗经古歌曲,骚工情与音。
李杜振大雅,词曲写性灵,
新词多芜秽,亦有二三人。
譬如田畴内,一年一换耕,
又如掘金矿,此尽弃就新。
缘悭未一面,异轨或绝尘,
志则不谋合,国学求更新,
往矣赵君子,珍重千金身。

赵曾俦(1896－1962),又名寿人,安徽省太湖县人,为朱湘同乡,出自太湖赵氏名门,曾祖状元赵文楷,祖父、父亲都中进士,其父赵继椿,举人,曾任安徽参议会副议长。赵曾俦早年专攻数学,负笈东瀛,留学英伦剑桥大学,交好熊庆来和大学者罗素,回国后曾任"民国中央大学"和东北大学历史系教授,精历法,尤于上古史领域之研究,卓有建树。赵曾俦对佛学亦有研究,

1930年 27岁

1928年，曾作为"太虚大师"的翻译到英法德美等国周游弘法。

从朱湘的这首旧体诗中可以看出：朱湘只是在朋友、同乡聚会的宴席上，听说赵寿人的，对其人品、学识、才华、特别是治学方法表达极大的推崇和由衷的敬意，非常希望能有缘见面。朱湘虽然性格狷介，但对待长辈、朋友，特别是受到自己敬重的人，总是表现出火一样的热情，这种热情也表现在这首诗中。朱湘在这首诗里也表达出自己的一些学术观点，譬如应该中西文化兼学、不必过于崇外，对中华文化有着强烈自信。又谈到文学的形式，一种形式终有不合时宜的时候，必须以别一种来取代。这些观点，朱湘在其散文和评论中也表述过。

朱湘出身名门，父亲及伯父双双考中进士，从小受到良好的家庭教育，长期在家塾、乡塾读书，打下扎实的国学根基。再加上他天资聪颖，有着较好的文学素质，其旧体诗也写得心应手，格律严谨，从这首诗里可见一斑。

朱湘因为何事而写了这首诗，当时赵曾俦在何地做着何事，他们之间后来又是否还有过联系，还有待于考证。朱湘或有结交赵曾俦而去其他大学谋职的想法，不可知。

朱家与赵家（即当代社会活动家赵朴初家族）都是太湖县名门望族，两家之间也有着很多联系，与赵曾俦这段文字交只是其中之一。

朱湘的父亲朱延熙是光绪十二年（1886年）进士，长期在翰林院担任编修，赵朴初曾祖赵继元是同治七年（1868年）进士，赵朴初伯祖赵曾重是光绪二年（1876年）进士。朱延熙中进士晚于赵继元父子，同朝为官，又为同乡，自然常有往来。赵朴初高祖、赵继元父亲赵畇的墓志铭就是由赵畇女婿李鸿章撰、儿子赵继元书、后学朱延熙填讳。

豪门联姻也在两家进行。朱延熙三子朱文长，江苏东吴大学毕业，赵朴初也就读于东吴大学。朱文长聘赵曾重四女，但该女不幸在室就去世了。赵曾重生有十二个女儿，大部分都嫁入豪门，长女嫁李鸿章家族李国筠（曾任广东巡按使、大总统顾问）。朱文长后娶江苏无锡兵部左侍郎薛福成的孙女薛琪瑛,但结婚不久,朱文长就因病去世。朱文祜后来继承了全部家产,与朱湘关系不睦。朱文祜幼聘赵畇的孙子、赵继元侄子赵曾槐的女儿,赵曾槐曾任丽水县令、寿春镇总兵,著有《麻埠茶谣》。可是,赵曾槐的这个女儿也未成年,便去世了。看来,朱家与赵家是有缘无分,不能成为儿女亲家。非常有意思的是,朱湘当年从江苏考入清华留美学校,插入甲子级班就读,与赵曾槐的儿子赵恩钜是同学。

1931年

28岁

1月

在新月社《诗刊》创刊号发表诗《美丽》(收入《石门集》)。

上年秋,徐志摩兼任了"南京中央大学"外文系教授,经常在北京、上海、南京之间来回跑动。他非常怀念当初和闻一多、刘梦苇等人办《诗镌》的时光,又集合了几位诗人,想办一份《诗刊》。尽管朱湘对徐志摩一直耿耿于怀,但徐志摩对朱湘始终是大度的,出自内心欣赏朱湘的诗。他没有忘记朱湘。在《诗刊预告》中写道:"我们已约定的朋友有朱湘、闻一多、孙子潜、饶子离、胡适之、邵洵美……",而且把朱湘排在最前面。朱湘得到这个消息,寄去了《镜子》等几首,发表在《诗刊》第一期上,不过,徐志摩将《镜子》改成了《美丽》,又令朱湘不满。

又 夫妻经常吵架。

由于校方欠薪,家庭经济拮据,夫妻之间常因生活琐事而产生矛盾。这时,让孩子们去玩,夫妻关着门用了湖南话争吵。刘霓君絮絮叨叨,高一声低一声。朱湘则不作声,听她越说越不像话,发起脾气来,把花瓶、茶杯之类的东西摔碎。而刘霓君也毫不示弱,只听一阵乒乒乓乓,许多东西都摔碎了。吵够了,刘霓君坐在椅子上哭泣,朱湘则抽闷烟。每次,往往是请谢文炳和陈纲(谢文炳的妻子)去调停。(参见谢文炳致罗念生信以及朱小沅《诗人朱湘之死》)

2月

学校发生总务长薛良叔被学生殴打的罕见事件。

16名学生因此被开除。校内有人乘机指责杨亮功管理无方,治校不严。(参见周乾《民国时期的安徽大学》,载《安徽重要历史事件丛书·教坛古今》)

3月

4日 致信曹葆华。

谈曹葆华的诗和如何对待婚姻,饱含诗人对年少者的关怀,同时也流露出诗人这时对于婚姻和家庭的心态:

葆华:

《寄诗魂》一诗,我在信中未提到,是因为它的结构同《呼祷》一样。不过在构词方面,《寄诗魂》却是满意些。只有几个月你就要踏进人生的门槛了,诗料决定能得到许多,这是我极为替你乐观的事情。我有几句话想向你说一说,我的态度并非别的,是一个饱尝世味的长年诗人提醒一个初尝世味的少年诗人时候的关切。第一,女子可以多认识,并且认识得越多越好。不过结婚一事,最好暂时搁起,结婚一不谨慎,不仅生活痛苦,并且对于创作有极大的妨碍。第二,生活要求其十分丰富,这在学界上很难,尤其是一结了婚,不管是"新式"或"旧式",都把大小的自由吞没了。这是我就许多家庭观察所得的结论。你自己的生活是你自己的事,好,你自己去收成;坏,也是你自己去收成。不过你与我同是诗国的人民,你的诗,我有权利要求你作得更多更好。倘若你自己不慎,使将来生活不良,影响到你的创作,那我也就有权利来责备你的。

湘三月四日

12日 致邵冠华信。

收到邵冠华诗集《旅程》,谈读后感,称赞邵冠华的诗:

总的说来,你的文体是你所最足以骄傲的地方;你的《隔膜》、《回家》、《雨里的歌声在一起一落》是你对于新诗的贡献。

此信发表于1931年4月10日《现代文学评论》创刊号上,该刊由李赞华编辑,现代书局发行。(参见管冠生《朱湘致友人信四通》,载《鲁迅研究月刊》2009年第12期)

23日 致罗皑岚信。

信中说:

小说集事进行得很顺遂,书稿望直接寄交上海北河南路海宁路顺徵里现代书局编辑部李赞华先生;酬报我磋商完毕以后,就告诉你。唱片收到,听来很好。在芜湖关税抽了七块钱之多!关税原来是阻止文化之灌输的,领教了!

此信发表《新文学》1935年4月10日创刊号《子沅遗札》中。(参见管冠生《朱湘致友人信四通》,载《鲁迅研究月刊》2009年第12期)

本月　校长杨亮功提交辞呈,学校管理出现混乱状态。

在杨亮功主持安徽大学校务期间,安徽大学的办学规模也有明显扩大,在校本科生从131人增加到379人。他还四处奔波,想方设法筹集资金,购买图书资料和仪器设备,改善办学条件。尽管安徽大学的各项事业都在正常发展,但是学校面临的一些根本性问题并没有解决。安徽省经济本来薄弱,灾荒连年,加上国民党政府为"围剿"鄂豫皖苏区的红军,将主要的财政收入用于扩充军队,这就使本已捉襟见肘的安徽大学经费短缺问题更为严重。杨亮功不断向当局请求按时拨款,但无济于事。杨亮功心灰意冷,渐萌退意。

总务长薛良叔在校内被一些学生殴打,消息传出,国内教育界哗然。一些教师乘机指责杨亮功治校不严、管理无方。杨亮功一怒之下,向安徽省政府递交辞呈,不等批准,就请病假离开学校。省政府一面竭力挽留,一面物色新的校长人选。

3月底,安徽省政府常务会议作出决定,在杨亮功休病假期间,暂由理学院院长丁绪贤代理校长,负责校务。丁绪贤深知校长工作之艰巨,故坚决推辞不肯就任。(参见周乾《民国时期的安徽大学》,载《安徽重要历史事件丛书·教坛古今》)

4月

心里极其苦恼,再生去意。

省政府再次研究安大校长人选问题,但没有任何结果,只得决定在杨亮功离去之前,以校务会议主持安大校务。在群龙无首的安大,教学秩序变得更加混乱,学生打架斗殴现象时有发生,许多教授都不安心工作,纷纷向其他

大学寻求职务。(参见周乾《民国时期的安徽大学》,载《安徽重要历史事件丛书·教坛古今》)

本月 在《现代文学评论》创刊号发表书信《邵冠华的旅程》。

5月

10日 致信罗皑岚,让他抽暇作一些评论新出的小说集的文章。

6月

心情有了转变。

安徽省政府接受杨亮功的辞呈,任命何鲁为安大代理校长,但遭到皖省校联会的强烈反对。何鲁,字奎垣,四川广安人,1894年生,曾赴法国里昂大学留学,1919年获数学硕士学位。他是个数学家,但在安大师生眼里,他是个可与郁达夫相提并论的"风流名士",因他喜饮酒,师生们尊称他为"酒仙"。

何鲁出任安大校长后,制订了一系列计划,包括扩建校舍,扩充各院系招生规模。通过向省政府争取,学校欠发的薪水开始补下来,朱湘的生活总算出现了一些转机,这似乎又让朱湘看见了一些光明的希望。(参见周乾《民国时期的安徽大学》,载《安徽重要历史事件丛书·教坛古今》)

7月

在商务印书馆再版诗集《夏天》。

暑假

去上海,邀请赵景深去安徽大学教书。

赵景深因北新书局的坚留,对朱湘的请求辞谢了。(参见赵易林《父亲与落魄才子朱湘》)

9月

对九一八事变极为愤恨。

18日,九一八事变发生。日本关东军在沈阳北郊柳条湖村附近炸毁了南满铁路的一段铁轨,然后诬称中国军队破坏铁路,袭击日本守备队。关东军突然进攻沈阳,随后,向东北各地挺进。蒋介石正在江西"督剿"红军,实行不抵抗政策,寄希望于国际调停。东北军不战而溃,军政大员四散逃避。这件事引起了全国人民的愤怒,各地纷纷举行爱国游行。9月23日,南京各界20万人举行反日救国大会,会后赴国民党政府请愿。26日,上海举行抗日救国大会,参加的有800多个团体20多万人。28日,北京各界召开抗日救国大会,参加者有250多个团体,约20多万人。

28日 写诗为请愿团壮行。

安大全校学生聚集操场,召开救国动员大会。何校长站在观礼台上,向全校师生发表演说,大声疾呼:"天下兴亡,匹夫有责。我们宁可牺牲,也决不当亡国奴。"他鼓励学生去南京请愿,要求学生"挺身在前,决不躲闪在后"。当时安徽省政府主席陈调元得知后,马上来电话劝阻,遭到何校长的回绝,并与之争论说:"你既然请我当校长,学生就得听我的,归我管。"(参见周乾《民国时期的安徽大学》,载《安徽重要历史事件丛书·教坛古今》)

朱湘从报纸上看到有关九一八事变的报道,一向仇视日人的他,满腔愤慨,非常赞赏何校长的做法。他特意写了一首《国魂》(未发表,后收入《永言集》),送给请愿团中的一个文学社员,为他们壮行。

国魂

中国人哪,大家静听,
像大海在澎湃发声,
像高山在爆裂震崩。
喇叭远方号!

那是强邻犯我边疆,
夺我财宝,奸我女郎,
我们还有血在胸膛,
　决不可遁逃!
　快把国旗打开,
　青天不要云霾。
　白日当头,
　　赤血狂流,
创造崭新世界。

前进! 那是国魂在叫,
她与祖宗在天俯眺。
男女儿孙,快去抵御强暴!

何校长的主动得罪了当局。省政府主席陈调元借口本年水灾,经费困难,削减、扣发安大的经费,使朱湘等教授们的生活再度陷入困顿。

11 月

19 日　徐志摩飞机失事。写诗悼徐志摩。

徐志摩乘坐一架小飞机从南京往北京飞行途中,在济南上空触山,机毁人亡。虽然与徐志摩有着许多不快的事情,但朱湘对于死者的不幸,对于中国新诗的未来,还是感到一阵难言的悲哀,为徐志摩写了一道悼诗:

悼徐志摩

突然你退台了,火神鼓风
卷去了羽翼之下的词人,
"花间集"的后嗣!那些爱听
你吹笛子的有万头攒动;
他们听一缕心情由七孔
泄漏出的时候,替你酸辛……
也有人议论,说是你本身,
并非笛子,在那儿搬弄。
我这台上的怎能不长叹
这率尔前来献丑的弦管,
又是寒伧,又销沉了一个!
到明天,我们的来客定准
要受那一班去听"玉堂春"、
看时事电影的人们奚落!

这首诗前部分追悼徐志摩,朱湘评价徐志摩是"花间集的后嗣",自然没有改变他对徐志摩的基本态度,因为他只赞美屈原、李白、杜甫等,而并不赞美"花间派"。后部分慨叹新诗寒伧的处境,当时有人奚落新诗人,说读他们的诗还不如去看《玉堂春》和时事电影。这首诗,也结束了他与徐志摩十多年的恩恩怨怨。此诗纳入《十四行意体》,收入《石门集》。

30日　安大全体教授聚议向学校索薪。

何鲁校长也没有办法,只有选择辞职。

本年

年底　小儿再沅出生。

霓君生下一男,给这个孩子取名再沅,字塔士,意在振风塔下出生。

这年,朱湘尽管心里一直不太平静,还是创作了大量的外国体诗,以英国体、意大利体的十四行诗居多。他还打算从自己所有创作的新诗里,选出一些自己满意的,结集为《望北斗集》。

1932年 29岁

3月

7日　致信罗皑岚。
让他充分享受异境的乐趣,并托他在美国买留声机唱片等。

4月

再次向学校坚持要将外国语文学系改成英文文学系。

省政府同意何鲁辞去职务,聘任程演生为安大校长。程演生,字源铨,1888年生,安徽怀宁县人,早年赴英国、法国、日本等国留学,获法国考古研究院博士学位,归国后在北京大学、暨南大学任教,是"五四"新文化运动的积极参加者,与陈独秀交往密切。

此时,省政府已拖欠安大各项费用达25万元。程演生临危受命,一方面继续向省政府交涉,要求如数拨款,并建议省政府以大通盐税附加作为安大经费专款,同时,又罗致省内外热爱和支持教育事业的皖籍名流,发起组织安大董事会,谋求社会各界在经费上对安大予以支持。与此同时,程校长还在筹划建设新校舍。朱湘领到了一些欠薪,立即给霓君寄去。

程校长还制订了包括增设史地系在内的安大院系发展计划,并征求各位教授意见。为此,朱湘再次重申了自己的主张。(参见周乾《民国时期的安徽大学》,载《安徽重要历史事件丛书·教坛古今》)

5月

25日　致信问候罗皑岚。

信中提到仍然住在老家——安庆:

新年内接到寄来的年片,可见未忘故人。本想离开安庆以后,再写信的;可是一天一天的等了四个月,还关闭在这"老家!"刚好第二个诗集子《方中集》钞成了,已经寄给君右去请他画封面;预备自己到沪后把她印出来。这一来,再不写信问候你,我自己的心中未免要大不安宁了。

信中谈到出版《方中集》,大约为其十四行诗集。朱湘将《草莽集》以后的诗,已编成两个集子,一叫《望北斗集》,一叫《方中集》。他还给罗皑岚抄录了十四行诗若干首。这些诗后来收入《石门集》中。

此信发表《新文学》1935年4月10日创刊号《子沅遗札》中。(参见管冠生《朱湘致友人信四通》,载《鲁迅研究月刊》2009年第12期)

6月

与校方产生矛盾。

暑假未到,朱湘再次到上海,约赵景深、戴望舒、方光焘等人去安大教书。就在朱湘到上海期间,安大的改组工作也在紧锣密鼓地举行。由于朱湘平时言行的傲慢、狷介,不免得罪了学校里许多人,他们在程校长面前说了朱湘不少坏话,使程校长也对朱湘产生了一种不好的印象。至于朱湘所提的将外国文学系改为英文文学系,根本无人顾及。

朱湘回学校,教务处负责人明确表示,学校不再聘请新的教员,外国语文学系是更了名字,叫作英文学系。这无疑让朱湘觉得很丢面子。他尤其不满的是那个英文学系,以为不伦不类。照朱湘的想法,叫作英文文学系,意思是要把眼光放长远一些,讲授用英文来译的世界各国文学,也包括英国本国文学,而现在被校方任意删掉了一个"文"字,就只能教英国本国的文学了。他觉得校务会的那班人水平太低,非常生气。

上半年

幼子再沅因霓君缺少奶水等原因夭折,朱湘极为悲痛。

为了不让霓君伤心,同时也是生活所迫,朱湘不得不把霓君和孩子们送回长沙生活。

朱湘在再沅所拍照片的后面,写下这样的诗:

临别悲念

今宵寒胜昨宵寒　　只怕霜姿菊傲难
从见云霞红日出　　风吹草木已摧残

塔士吾儿生平最爱子与我无缘

痛心痛心深恨皖垣可怜吾儿夭

乎天乎天太不留情耶

（参见王宏志《也谈诗人朱湘之死》）

7月

在新月社《诗刊》第4期发表诗《悼徐志摩》（收入《石门集》）。

8月

4日　致信柳无忌。

得知柳无忌与高鸿霭女士结婚，表示祝贺。说这两天将离开安庆到上海。

本月　在《现代》第1卷第4期发表诗《圊兜儿一首》、《雨》（都收入《石门集》）。

9月

在上海逗留一段时间之后，接受赵景深的劝告，回到安大。

学校已经开学，朱湘没有接到聘书，意味着他失了业。安大的人事变动是比较大的，他比较好的朋友谢文炳去了厦门大学，饶孟侃去了河南大学。这对朱湘刺激很大。

受多方刺激，朱湘患脑充血病，行为有些失常。

本月 在《文艺杂志》第 4 期发表诗《十四行诗一首》(收入《石门集》)。

10 月

离开安庆,前往武汉,晤苏雪林,后返长沙。

朱湘在武汉大学找到苏雪林,希望能到武大任教。与此同时,霓君得知朱湘情况,也极为不安,从长沙来看望朱湘,一直追到武大。苏雪林在《我所见于诗人朱湘者》记述:

(1932 年)十月间我在武大。有一天接到一封朱诗人由汉口某旅社寄来的信,信里说他要赴长沙不幸途中被窃,旅费无着,想问我通融数十元。这信突如其来,颇觉不近情理;况且武大里也有他清华旧同学,何以偏偏寻着我?

但转念一想,诗人的思想与行动本不可以寻常尺度相衡,他既不以世俗人待我,我又何必以世俗人自居呢?那天我恰有事要到汉口,便带了他所需要的钱数寻到他的寓所。那旅馆靠近一码头,湫隘不堪,不像中上阶级落脚之所,粉牌上标着"朱子沅"。茶房一听说我是武大来的,便立刻带着我向他房间里走,他说姓朱的客人问武大有没有人来访已有几次了。他真落了难么?我心里想,看他望救如此之切,幸而我没有怕嫌疑而不来,不然,岂不害他搁浅在这里。上了楼,在一间黑暗狭小的边房里会见了诗人,容貌比在安大所见憔悴得多了,身上一件赭黄格子哔叽的洋服,满是皱纹,好像长久没有熨过,皮鞋上也积满尘土。寒暄之下,才知道他久已离开安大。路费交去之后,他说还不够,因为他还要在汉口赎取什么。我约他明日自到武大来拿,顺便引他参观珞珈全景。问他近来作诗没有?他从小桌上拿起一叠诗稿,约有十来首光景。我随意接着看了一下:他的作风近来似乎改变了,很晦涩,有点像闻一多先生的《死水》。而且诗人说话老是吞吞吐吐,有头没尾的,同他的诗一样不容易了解,一样充满了神秘性。我闷得发慌,没有谈得三句话便辞别了他回山了。

第二天诗人到了珞珈山，仍旧那副憔悴的容颜，那套敝旧的衣服，而且外套也没有，帽子也不戴。我引他参观了文学院，又引他参观图书馆，走过阅览室时，我指着装新文学参考书的玻璃柜对他说：

——您的大作也在这里面，但只有《夏天》和《草莽集》两种。您还有新出版的著作么？告诉我，让我好叫图书馆去购置。诗人忽然若有所感似的在柜边立住了脚，脸上露出悲凉的表情，本来凄黯的眼光更加凄黯了，答道：

"这两本诗是我出国前写的，我自己也很不满意。新著诗稿数种现在长沙我妻子的身边，还没有接洽到出版处呢？"他说着又微微一笑。我不知这笑是轻蔑，还是感慨，只觉得这笑里蕴藏着千古才人怀才不遇的辛酸与悲愤，直到于今只须眼睛一闭，这笑容还在我面前荡漾着。

我们行到理学院，恰遇着王抚五先生迎面而来。我因为他们曾在安大共事，便介绍相见。诗人神情之落寞，与谈话之所答非所问使得抚五先生也觉得惊疑。

诗人去了的第四天，忽有投刘霓君名片来访我者。相见似甚面善，问之才知就是朱湘夫人。据朱夫人说，她接丈夫的信说在汉口失窃被旅馆扣留，她今日从长沙早车赶来，则他已于先一天走了。临走时告诉茶房说他到珞珈山访苏某人，所以赶到我这里来。茶房又说诗人落到旅馆里时，仅有一床薄薄的毡子，一只小小手提箱，每天除起来吃两碗面之外只拥着毡子睡觉，他们都说这是个仅见的行踪诡秘的客人。

我将一切经过报告朱夫人，并说他此刻大约已返长沙，回去一定可以寻着。和朱夫人一番谈话之后，才知道他们夫妇感情从前极好，现在则已破裂，这些时正在闹着离婚。朱夫人又说丈夫在安大颇得学生敬仰，他要是好好干下去，他那外国文学系主任的位置，一辈子也不得动摇，无奈他性情过于狂傲，屡因细故与学校当局冲突，结果被辞退了。失业以后，南北飘流，行踪靡定，家庭赡养，绝对置之不问。朱夫人说到这里伸出她的一双手，说：

"苏先生,你看,我现在带着两个小孩寄居母家,自己做工维持生活,弄得十个指头这样粗糙,我境况之痛苦,可想而知,而他一概不管,这也是有良心的男人干的事么?"我劝她道:"大凡诗人的性情,总有些随随便便,否则也不成其为诗人了,我劝您还是担待些他吧。"朱夫人又诉说丈夫种种古怪脾气和行径,我愈觉得诗人不是寻常的人,至少也有点神经变态。朱夫人说当她和丈夫同住在安庆时,有一次她因事归宁,寓中儿女托丈夫管理。某儿大病新愈,他每日强迫他吃香蕉一枚,孩子吃不下也要填鸭子似的填下去,不到几天这断乳未久的婴儿竟得了消化不良的病而夭亡了。安庆城里没有自流井,人家用的水都由大江挑来。某年夏季,朱夫人觉得挑水夫太辛苦,每桶多给工资数十文,诗人就同她大吵,说她这样优待挑水夫,一定同他有什么关系。他领到学校薪俸,便尽数供给他那闲住北平的哥嫂。他自幼没有父母,由哥哥抚养大,所以怕哥哥比父亲还甚,哥哥有一天打得他满屋乱钻,躲到夫人绣房里,哥哥还追进来揍了他十几拳,他竟不敢还一下手,但对夫人却很暴戾,动不动以声色相加,所以家庭空气很不平静。我才知道从前以为他们是一对神仙伴侣,这猜测竟错了。天下事外面看来如花如锦,里面一团糟的,往往而有,这就是一个好例吧。

朱夫人回长沙后,诗人陆续寄了许多诗来,好像他有了新作品总要抄一份给我看似的。信上地址与朱夫人留下的不同,我才知道他回去并非住在丈人家里。

诗人的行动对我本已是一个闷葫芦,自从听见他们琴瑟不调的消息,我的态度愈加慎重,他由长沙赴了北平,不多时又南下而至上海,来信报告行踪,我均置之不复。来信常请我代他的作品介绍发表的地方,好像他在文艺界没有什么熟人;又好像他是个新出茅庐的作家,非有人担保则作品无人接受。起先我觉得他过谦,有时甚至疑他故意同人开玩笑。后来听见他似乎患着一种神经过敏的病,总觉得世界上所有的人都在轻视他,欺侮他,迫害他,不肯赏识他作品的好处,不肯让他的天才有充分的发展的机会,才知道他写信同我那样说,倒是由衷之谈。

11月

本月　北上北京,找同学和朋友谋职。

来到清华园,找到闻一多、顾毓琇,希望谋份教书的差事。

同年8月,闻一多应聘清华中国文学系教授,顾毓琇应聘清华电机系主任。两人刚到学校,由于缺少住宅,住在达园。达园原是袁世凯时期北京卫戍司令王怀庆的私人花园。

顾与闻商量,把朱湘安排在达园,由顾给他管饭。朱湘在达园期间,喜欢一个人散步,彼此见面一切都不提,保持着君子之交。

尽管顾与闻提供了朱湘吃住,但工作之事仍然没有着落。朱湘想到了徐霞村。1930年,徐霞村到了北京,经刘半农和周作人介绍,在北京大学、北京师范大学等教西洋文化史。朱湘去了北京师大,非常不巧,徐霞村不在校。他要了徐霞村的地址,夜里去找他的家。

徐小玉在《我的父亲徐霞村》一文中回忆:

1932年11月里的一天,贫病交加的朱湘突然来访,父亲尽力给予了他经济上的援助。1934年,朱湘自杀一周年时,父亲任"筹募诗人朱湘遗孤教育基金委员会"委员。父亲的最后一篇文章是《我所认识的朱湘》,此文他写得很艰难,他说:"每次想到他时,我的整个心灵便产生着很强的震动,产生着极大的悲痛!"所以此稿他是被约稿人一催再催才完成。1986年2月,此文在《新文学史料》上发表了,他自己也在那个月告别了人世!

父亲的这篇文章发表后,颇被朱湘研究者们重视,被研究文章中引用,并被收入台湾出的《诗人朱湘怀念集》中,此集由台湾著名现代文学史料学家秦贤次和王宏志二位先生合编,为"新潮文库"之十三,1990年6月志文出版社初版。

本月　在《青年界》第 2 卷第 4 号发表诗《歌》、《十四行一首》(都收入《永言集》)、评论《〈银铃〉》。

12月

7日　回到长沙。

因与霓君不和,不与霓君住在一起,而是住在一亲戚家。致信柳无忌:

无忌学兄:

这次由北平到长沙,才看到你的来信。你以文人而在耶鲁得到荣誉的学位,替我们一班文人吐了一口气,这是我所要特别庆贺的。又阅报载你已经与高女士在伦敦结了婚,虽说我是事后才得到消息,我谨此祝贺你俩的爱情与日俱进,与松柏齐高! 我已经离开了安大,我患了脑充血病,医生嘱咐我静养个一年半载。在北平的时候,听说南开聘了你去;这个消息,在我下次接到来信的时候,总可以证实的。我在知道得病以后,便一直去了北平,并不曾到上海去;可惜错过了这个机会,不能同你见一见面。我的那两首诗,你在鲍岚处看到的,有不能发表的理由;不过,《文艺杂志》需要稿件之时,我再拿旁的稿件帮忙好了。君右替我画的封面很好,也是这次来长沙收到的。听说你在巴黎与君右会到了面,他以后的计划预备怎样,我很想知道。

近佳

弟朱湘　十二月七日

由此封信可知,朱湘是在上月底或本月初从北京回到长沙。

8日 发一明信片给巴黎的戴望舒:

望舒兄:

前在安庆时,曾经写了一封复信,想已转到巴黎。弟已来长沙,相隔数万里。实深驰念。法国的风景是有名的好,SEINE 在新诗内更是夺得了莱茵的位置。你随时游赏有得,无论是诗歌——或是美术的信片——均望随时赐教。此次"北征",会到了徐霞村。他已经结了婚,不过他说他还是很想念你的。

专此,即颂

俪祉

弟朱湘　十二月八日

本月　在《青年界》第2卷第5号发表诗《柳浪闻莺》、《西湖》、《三叠令》、《回环调》(都收入《石门集》)。

1933年 30岁

1月

在长沙过了一段平静的生活。

由于朱湘性格的原因,霓君决定自己出面找人,为朱湘谋份工作。她找过苏雪林,苏雪林在《我所见于诗人朱湘者》记述:

大约是三个月以后吧,朱夫人第二次到珞珈山来找我,身边带着一个五六岁的男孩——后来我知道就是小沅。她说诗人近来要实行同他离婚,她生活可以独立,离婚后倒没有什么,只是孩子失了教养太可惜,假如有人能够替他在武大找个教书的位置,解决了生活问题,则夫妇的感情或者可以恢复。

她并说武大从前曾有聘请诗人来教书的意思,现在假如去见见王抚五先生,也许有成功的希望,我知道武大教授由教授委员会聘请,私人荐引没有多大用处;况且现在也不是更换教授的时候,但朱夫人既这样说,我也不便阻挡,当时就替她打电话给王先生。恰值王先生因公外出,约有几天才得回山,朱夫人等不得只好怏怏而去,听说诗人有一个哥哥在武昌做官,她想去找找他。

从 1932 年 12 月到 1933 年 1 月,朱湘都是在长沙度过的,尽管时常遭到霓君和亲人们的埋怨,但毕竟是亲人,关爱是少不了的,生活相对安定。与朋友往来书信,给了他心灵的慰藉。在这期间,他还写了不少诗,曾抄寄苏雪林。朱湘写给苏雪林的诗,收入其《囡兜儿十七首》。根据其发表日期和内容,这十七首中的部分作品,可能都是这时期写作的。被家庭和亲情的温馨包围着,朱湘的心也不断地趋向平静、理智,他开始意识到诗神是缥缈的,而金钱才是现实生活中的第一要素,正因为如此,不能再让自己的灵魂受诗神所左右,而应该听从于现实生活:

《囡兜儿十七首》十三

"唯有钱最好"是一句老生常谈……
黄白的太阳、月亮,它们也很老。
不爱钱的人中外诚然都不少;
但是,他们也得住家、穿衣、吃饭。

正在他的蹄下这世界呻吟、呼叫,
威权最大的只有一个神,"艰难"——
唯有钱最好,
钱能从他的手里购买到欣欢。

整个文化都是钱作后台老板——
事物都有反面的,不必说枪炮——
是谁撑起了那圣彼得的灿烂?
唯有钱最好!

然而,明白了这些事理,对于朱湘来说却是太迟了。

春季至初夏

从长沙到上海,又去了杭州、青岛等地。

朱湘独自离开长沙,开始他自称的"汗漫游",其目的还是为了找一份工作,以养活家小。坐轮船抵上海,找赵景深。一下船,便发生了一件令他斯文扫地的事。赵易林在《父亲与落魄才子朱湘》一文中记述:

1933年春天,朱湘忽然跑到北新书局去找赵景深。赵景深一看,吃了一惊,他竟穿了一件破棉袍,形容憔悴不堪。他附着赵景深的耳朵说:"轮船上的茶房跟我来的,我还没有买船票,行李还压在那里呢!唉,这一次所受的侮辱,可谓至矣尽矣,我简直不好意思写成文章。"其实后来他还是隐约写了一篇《徒步旅行者》和一首诗,都在赵景深编的《青年界》上发表。赵景深连忙替他付了钱。第二天他又去看赵景深,说是见不得人,要借5元去买一件稍新的棉袍,然后再来与赵景深畅谈。第二天,他果然换了一件新衣,并且拿了一篇《文学闲谈》给赵景深。不久他到杭州、又到北平。1933年《青年界》每期所发表的许多他的诗文,几乎都是他在春夏之间写成的。

1933年第8期《出版消息》(半月刊)曾登载有关朱湘消息:

诗人朱湘,日前来申,寓俭德储蓄会,但朱诗人颇不惯海上嚣尘之生活,闻不日即将赴杭,觅取新的诗材云。

在上海期间,曾得到顾凤城的照顾。

顾凤城,字仞千,笔名有凌梅、小萍、洁梅女士等。江苏无锡人。1931年主编《读书月刊》。翌年1月与谢冰莹结婚。

顾凤城在《青年界》1934年第5卷第2期发表《忆朱湘》一文,回忆与朱湘的一段交往:

我正式和他发生关系,是在一九三一年,那时我在光华书局编辑《文艺创作讲座》,得了朋友的介绍,我写了一封信到安徽大学,请他为文艺讲座写些关于诗歌理论方面的文字。他的回信来了,他问我讲座中登不登创作的诗歌,后来我回复他,因为是讲座,专刊理论文章,所以希望他写一些诗歌原理或作法一类的文字来。后来隔了个把月,他就寄来了一篇《诗的产生》来,但从此我就知道他不大喜欢写理论文字的。

一直到了今年的夏天,碰见赵景深先生,他告诉我,朱湘已经不在安徽大学当教授,到上海来了,现在住在俭德储蓄会,并且和我说朱湘的生活十分困难,《青年界》每期请他写一些文章,问我光华有没有办法,或者可以请他编些英文书之类的稿子,以便弄点稿费生活,我自然答应去和书局方面商量。后来我回编辑部的时候,朱湘已经来看过我了,而且留了一个字条,于是当天晚上我就跑到俭德储蓄所看他去了。

在比亭子间还小的一间长方形卧室中,朱湘先生迎了我进去,那时我是第一次和他晤面。他的脸有些瘦长而苍白,精神十分萎顿的样子,但是嘴里不断的抽着香烟,在那样暖和的初夏的时节,他穿着一件宽大的夹袍子,愈显出他身体的瘦弱了。那样子不是营养不良的结果,就是初期肺病的象征。

他谈起话来并不兴奋,只是缓缓而略带迟疑的态度。他的桌上放着一本皮面的英文小书,好像是雪莱的诗集吧?我问他什么时候离开安大的,他说离开不久,一离开后先到北平,后到上海,来上海还不到一星期。我问他以后预备怎样,他说还不一定。他似乎还嫌住在俭德储蓄会那样的小房子中太贵了,他说他可惜不是会员,不然房子还可便宜一些。那一天,我和他随便谈了几句闲话就走了。

回去后我就和书局方面商量,说预备要请朱湘编辑英文的教科书,书局方面同意了。于是第二天我就再到朱湘那里去和他商谈,他立刻就同意了,而且还决定了一些编辑的大纲。不过他说暂时或者不能编起,因为在上海缺乏参考书,而且一时也没有编英文教科书的那种情绪,我于是也就辞了他走了。

这之后,朱湘去了杭州、青岛等许多地方。霓君放心不下朱湘,也离开长沙,四处找他。赵易林在《父亲与落魄才子朱湘》一文中记述:

而朱湘的夫人刘霓君偏偏不凑巧,到处寻找他。朱湘去了,她来了;她去了,朱湘来了。朱湘去青岛,她赶去青岛,朱湘又到北平;她赶到北平,朱湘又去了杭州……总之,好像是走马灯似的,彼此不碰头。刘霓君结婚时的金项链,当了300元,就在追逐的期间用掉了……夏秋间,安大寄了两次欠薪给朱湘,都是赵景深转的,一次90元,一次190元,一共有280元,他的生活稍微宽舒。

霓君在《出版消息》看到有关朱湘消息,找到了编辑部。1933年第10期《出版消息》,又登载有关霓君寻找朱湘的消息:

本刊前载朱湘来沪消息,为朱之夫人看见,乃仓卒来沪,翼求获见朱氏,曾来社访记者,询朱氏之行踪,并谓朱湘曾去函需洋二百元,现已带沪,拟面交朱湘云。

据朱小沅《诗人朱湘之死》中记述:小沅和刘霓君乘火车到上海,因小沅需要补票,而他们没有钱,得到一个陌生人的帮助。临别,刘霓君把朱湘的一张旧名片送给陌生人,以便今后联系。可能这陌生人是个"赤色分子",刘霓君母子受到牵连,被看成"赤色分子"关进了监狱,受尽折磨,还是薛琪瑛出钱打通关节,将他们从牢里放了出来。这就是所谓"教授夫人赤色案"。据称政府有令,任何学校不得聘任朱湘任教。

这期间,写诗成了朱湘最好的安慰。他也在诗中反思自己:

《十四行诗五十六首(意体)》三四

作诗的原不该生下,
应分的我受尽羞辱,
又吃世间各种的苦——
比起有些人来,还差。
诗神的侍从,我不怕
远离了作一个凡夫;
这天赐的舌头说出,
并非我的,是她的话。
旁的我并不敢希望,
只要这番坚忍,诗神
能以知道,是为了她。
我也不理会人唾骂
为一个乞丐:向神圣
只好去求,不能勉强。

朱湘是多么羡慕美国作家霍桑,有着那样一间苔屋:"如其我能有你的那座苔屋,/日里在廊前看暖色逗清幽;晚上读书,或许,陪伴着朋友,/听栗子与柴薪对语在墙炉……"(《十四行诗五十六首(意体)》一九);他把自己比作但丁,"自问我并不是你,叵耐境遇/逼我走上了当时你的途径;/开始浪游于

生命弧的中心,/上人家的后楼梯,吞着残余……"(《十四行诗五十六首(意体)》三十)

为了帮助朱湘挣些稿费,赵景深介绍他投稿给《自由谈》、《读书杂志》、《新中华》等刊。不过刊物大都须刊出后才付稿费,远水不救近火。

3月5日、6日,《申报·自由谈》分别发表朱湘散文《说推敲》、《访人》。

这年春季,朱湘在上海写了相当数量的散文和诗,包括《想入非非》、《说说话》(都收入《中书集》)、《庄周之一晚》(未入集)。与朱湘接触的还有顾凤城、谢冰莹夫妇以及吕绍光、何德明、练白等人。(参见丁瑞根《悲情诗人——朱湘》)

6月

6日　来到北京,致信柳无忌:

无忌兄:

我来了北平,住西郊达园。

下学年也没有一定的计划。只不过有一层是决定了的,那便是,作文章已经是作得不感觉兴趣了。

匆匆,即颂

教安

弟朱湘六、六

此信之意,还是希望柳无忌能为自己找些事。因柳无忌去了四川,一直未收到朱湘的信。朱湘便滞留在了北京。

本月　再到清华园,访问闻一多、顾毓琇。

当时学校正在扩建,没有房子,不让接家眷,闻一多、顾毓琇先住达园,后搬到西院,但达园的房子还保留下来作客房。朱湘来了,自然就住在达园里,吃饭由顾毓琇安排。

也就是居住在达园的这段时间里,朱湘写成了那篇有名的论文——《闻一多与〈死水〉》。顾毓琇在《怀故友闻一多先生》一文中谈到了这篇论文写作前后的情况。他说,有一天朱湘带了一篇评论闻一多的文章给他看,他感到"写得实在太好了"。就送给了闻一多。一多正经地嘱咐说:"不许发表。除非等我死了以后。"朱湘一向沉默寡言,这时候,自然更不发表意见。后来还是顾毓琇出面解围说:"假定我后死,这篇文章由我包管!"(参见闻黎明编《闻一多年谱长编》)

直到1947年,闻一多去世后,顾毓琇才将此文发表在《文艺复兴》杂志上,也算是对两个早逝的挚友最好的纪念。

寄人篱下的滋味并不好受,不久,朱湘搬到北京城中,住在东四大街的华北公寓。

7月

在《文学》杂志创刊号发表诗《冬》(三首)、《何默尔》、《霍桑》(都收入《石门集》)。

在《青年界》从第3卷第2号连续发表《文学闲谈》之一至十一(收入《文学闲谈》)。

8月

在《青年界》第4卷第1号发表诗《夜歌》、《白》(都收入石门集)、诗《圈兜儿一首》(收入《永言集》)、论文《贵族与平民》(收入《文学闲谈》)。

9月

致信柳无忌。

很多大学都已经开学了。柳无忌那里还是一点消息也没有,不得已,他再给柳无忌写去一封信,坦露了自己的想法:

无忌兄:

现在已经时候不早了——虽说枉费了几个月的光阴,却总算是作了诗,并且也把这三十年的旧债一齐都加倍地还清了。在这个各个大学都已经开学、上课了许久的时候,才来托你,不用你说,我还有不知道是太迟了之理么?不过,以前我是每天二十四点钟之内都在想着作诗,生活里的各种复杂的变化,我简直是一点也没有去理会。如今,总算是已经结清了旧帐……不过,时候却不早了。我能不能教书,我们也同学过两年,你无有不知道的。现在才来托你,自然是嫌迟,我不过是对于我自己尽一分的人事罢了。能否有位置,有钟点,学校方面肯否找我去教,这些,不用你说,我也知道毫无把握,不过,既然生了,又并不是一个不能作事的人,也就总得要试一试。若是一条路也没有,那时候,也便可以问心无愧了。无故的,忽然向了你说出一些感伤的话,未免大煞风景。你也是一个文人,想来或者不会嫌我饶舌。就此停下……倘若,不论有指望没有,你能给我一个回信,我所极为盼望的。我住在北平,东四南大街,一四四,华北公寓。

弟朱湘　九月北平

从这封信里可以看见,朱湘面对自己暗淡的前程,已经生出了离开这个世界的念头。在这一段时间,他是非常认真地盘点了自己这一生,"三十年的旧债"确实欠下了不少,他想将它一一还清。现在他要做的,不过是尽一些最后的责任而已,不过是要把最后的债还上而已。

本月 在《青年界》第 4 卷第 2 号发表论文《地方文学》(收入《文学闲谈》)、诗《十四行四首》、《圈兜儿二首》、《庄周之一晚》(都收入《石门集》)。

10 月

5 日 到天津南开大学。

朱湘等不及柳无忌的回信,南下天津,到南开大学找到柳无忌。柳无忌在《我所认识的子沅》一文中,详述了他们这次短暂的会面:

十月六号星期五的上午九时左右,我还未去上课,正在家里预备书,忽然门铃响起,待我出去开门一看,正是久别五年未晤的子沅。他没有预先写信给我,所以我不知道他来此。他还是如以往一样,不但形容很憔悴,脸色灰白,而且比我在芝加哥见他的时候,更苍老,更神秘了。我请他进来,我们随便谈着过去五年的事,我们几个朋友的形止,他最近的种种,我在南大的情形。在他强笑或沉思的当儿,我总觉得他有点异样,最使我注意到的,是他抽纸烟的劲儿。以前他没有这嗜好,现在呢,他几乎不能一刻离开纸烟了。他说,他由北平南下经此,当晚拟乘车去沪,料理家中私事,再设法找事,或卖文稿过活。

我留子沅在舍间多住几天,他辞不能,只允便饭后在这里留一下午;他并答应我的请求,为南大英文学会演讲。校中英文系尚称发达,同学有四十人左右,对于文学均有兴趣,所以那天济济一堂,都踊跃着来一聆诗人谈话。子沅也很高兴,讲了一些中国新诗的派别、趋向和造就,诵读了好几首自作的诗。他种下了一个极深刻的印象,他的死耗传来,听到他演讲的人,无有不为他悲悼的。

子沅当晚八时后离此,搭车南下,同事李君仲婴和我,为他凑集一些车资送别。不料此别竟成千古别! 在临走前子沅曾嘱我去信念生、皑岚,劝他们不要专写文章,因为,他很坚信而感慨地说:做文章误了他一生!不为做文章,子沅不会在清华半途辍学;不为做文章,子沅不会在美国学无所成;不为写文章,也许……也许子沅不会这样悲伤的绝命!然而,子沅最值骄傲的,也就是"文人"的称号,在后世,子沅的文名将永不会磨灭的。我们记忆着子沅,将如我们记忆着许多薄命的天才一样。

本月　从上海再往武汉大学。

朱湘找了苏雪林和清华旧日同学方重、高瀚,希望能谋到工作。苏雪林在《我所见于诗人朱湘者》记述:

十月,诗人又到了武昌。这一次穿的是灰色条子土布长袍,头发梳得颇光滑,言语举止也比较第一次镇静,他说自于安大失业后就没有找着事,现在生活恐慌得很,不知武大有没有相当功课让他担任,我教他去寻他清华旧同学方、高诸先生也许有办法。他临去时,又嚅嗫地说武大的事假如不成,他要到安大去索欠薪,但可恨途中又被小偷光顾……我明白了他的意思,便又拿了一笔钱给他。又请他到本校消费合作社吃了一碗面,替他买了一包白金龙的烟,一盒火柴,他以一种几乎近于抢的姿势,将烟往怀中一藏,吸的时候很郑重地取出一枝来,仍旧将烟包藏入怀里,好像怕人从旁夺了去。我看了不禁暗暗好笑,可怜的诗人,一定长久没有嗅着烟的香味了。

听说诗人果然找到方先生家里要他为曹邱生,果然没有希望。三天后他又来访我一次,恰值我进城去了,他坐等了两个钟头才走。自从这次走后,我再也没有看见他了。

本月　又到杭州,想找清华的同学黄翼等帮忙找事做,同样也落了空。

之前侄女如意珠在杭州美专读书,二嫂薛琪瑛随同迁居杭州。可一打听,如意珠已经毕业,二嫂随女儿又到上海居住了。

朱湘到杭州,应该是6日至12日之间,《闻一多年谱长编》收有10月16日闻一多致饶孟侃的信,说收到朱湘的一张明信片,对朱湘的生活颇有看法:

前天接到一张明信片,署"杭州里西湖惠中旅馆朱寄",反面只有一句话:"我来了杭州——靠作文支持这几个月的唯一的地方"。他在北平时,屡次到我这里,言谈及态度的失常,已经够明显的了。现在似乎连文章都写不通了,看上面这一句话便知道。我想他靠作文支持生活,恐怕也不能长久罢!前途不堪设想。坏的是并非我们不想救不能救,而是他不受救。所谓救并非借几十元钱的问题。若是如此,问题便简单了。譬如你若替他出点主意,教他如何如何生活,教他完全相信你,他若能依从,或许生活能渐渐上轨道。但你一跟他谈这一套,他不是一声不响,便是胡扯,骗你一顿。这有什么办法!你若有更好的办法,还是不必借钱给他,他二嫂似乎在杭州,所以他真需要的不是钱。

闻一多似乎对朱湘已彻底失望。

朱湘在杭州住了一个月左右。

本月　多篇作品发表。

在《文学》杂志第1卷第4号发表诗《庄周之一晚》。

在《青年界》第4卷第3号发表论文《文化大观》(收入《文学闲谈》)、诗《十四行二首》(收入《石门集》)。

11月

本月中旬　回到上海,与霓君团聚。

这对患难夫妻,相依为命地生活在了一起。

朱小沅在《诗人朱湘之死》记述了朱湘最后的岁月:

最后在郑振铎、赵景深先生帮助下,他们(朱湘和刘霓君)在上海碰了面,同住于北四川路俭德公寓。这一次的久别重逢,与其说是共同穿过了难得的最后几个月,倒不如说是他们长途跋涉之后的休息,父亲完成了"美丽的死"的设计。

每天清晨六点钟,母亲要到南京路胜家裁缝公司学刺绣,以便完成之后回湖南开湘绣作坊,尽力资助父亲达到理想——开自己的书店,印刷和发行自己的书籍。她这样想,也想分担家庭生活的负担,不让丈夫独自操劳过度。她怕父亲寂寞,也想重温旧梦,晚上特地赶回家,自己烧饭吃。

父亲的许多诗文都是这年春夏之间写成的,多用化名,交给赵景深先生编的《青年界》发表,其中就有《文学闲谈》。

但是父亲的脑充血病老是不见好转,已经近一年了。生活是如此艰辛,而他最痛苦的莫过于朋友、亲人对他的不理解,甚至误会。但他却无心去深究这其中的奥妙。他的散文本来能卖三元千字。诗歌甚至能卖五元二十行。可是后期竟找不到地方发表。经常去麻烦赵景深先生,已经过意不去,更何况他得罪的人太多了!

母亲根本不懂得文学创作,她以为写诗就像她踩缝纫机,"哗啦啦"一下子就一行行的踩出来。她要舒适生活、享受,而父亲却又耻于仰人鼻息,耻于靠卖文糊口的末等文乞生活。且不说在此时此地写不出来,就是写出来也得谨防"投鼠忌器"。并且除了十分要好的,他轻易不肯求人;因为诗文都要等刊出后才有稿酬,"远水不解近渴",自己不愿拿稿费单去取钱,这些都是当时开明书店编辑赵景深先生所深知的,说来可笑但令人笑不出来,父亲的诗文在一九四二年至一九四四年间大都是通过赵景深先生发表的,但父亲到他家去绝口不谈稿费的事,除非在得到明确的暗示之后,才会把袖口凑过去。两个人的袖口凑在一起把钱递交,之后面红耳赤,逃之夭夭。碰得不巧有一枚银元从袖口掉出来,也会把我落魄的父亲吓一跳。

父亲的西装裤子磨破了,换不下来,只好找朋友借钱到旧衣行买一件长布衫罩在上面。这一年的夏天,他就穿着这种"中西结合"的服装直到冬天来临。在萧瑟的寒风里可怜"腹中无食衣正单"而冻得索索发抖,与其说是这套服装可以御寒,倒不如说是取些遮羞的作用。

这是多么使人心酸、心碎的生活呀!

……

非常遗憾的然而也是非常不幸的,母亲既不能体谅他因痛苦而被破碎的心境,也领悟不到他反常举动的真实含义,反而屡次与父亲吵闹,竟致以"离婚"相逼,甚而发展到相互之间半天不说一句话的状态,多么愚蠢的女人啊!

有时候到半夜,父亲会突然起身,流着泪对母亲说:"我们不该生下小沅来,让他在人世间受苦!"见母亲不答理,就摇着她的身子说:"真的呀!我不会骗过你!恐怕我要去在你前面了……"母亲听得不耐烦了,便说:"要死你就快去死,听你说了一年多,怎么不见你真的去死?"真像寒天里的钻石一样的冷硬啊。

父亲沉吟了良久,喃喃地自语:"我真傻呀!我真傻呀!我真的该去死了么?"

有时父亲想起自己的身世惨然下泪,突然对母亲说:"我要是去,小沅、小东太可怜了!你要替我抚养我们的小沅和小东呀!你答应我吧!你应了吗?"

母亲只以为他神经错乱,并不以为意。无怪有人说:"朱湘的老婆很坏!成天的骂朱湘……其实他的诗不过是雕虫小技……"(汪静之语)

母亲有些不讲道理,但有时他们又会抱头痛哭,真像孩子一样。

霓君出自大户人家,从小娇生惯养,爱慕虚荣,嫁与朱湘这样一个人,她心中的不满、埋怨,笔者以为也是可以理解的。

本月 在《文学》杂志第 1 卷第 5 号发表散文《说作文》(收入《文学闲谈》)。

本月底 据朱小沅《诗人朱湘之死》透露,朱湘曾收到一封大学的聘书,还有一笔钱,夫妻关系有所缓解。

12月

1日 与二嫂告别。

去看望二嫂,说要到南京谋事,借20元钱。(参见罗念生《忆诗人朱湘》)不过,在朱小沅《诗人朱湘之死》中,说二嫂时在苏州,并未提及此事。

3日 对霓君进行了一次"爱情测试"。

朱湘给霓君买回了一盒软糖——她最爱吃的糖,并且亲自给剥了喂到她的嘴里,一边喂一边还问她甜不甜?可惜,她没有理会朱湘的用意,还故意回答"不甜"。朱湘的面色即时就黯然了。(参见朱小沅《诗人朱湘之死》)

4日 由上海乘吉和轮赴南京。

行前曾告诉霓君:"三日后必有信来。"(参见朱小沅《诗人朱湘之死》)

5日 跳江自尽。

凌晨,船快到南京,朱湘喝了半瓶酒,朗诵德国诗人海涅的原文诗,六时许在大通附近跃进江流。别人以为他是失足落水,投下救生圈,他不用,挣扎了几下就不见,待停船下去打捞,已经渺无踪影。(参见罗念生《忆诗人朱湘》)

诗人朱湘走完了极其短暂的一生,享年30岁。

又 发现生前有绝命诗。

《上海报》1934年1月24日二版发表署名华的文章《诗人朱湘投江自杀诗,近在诗人的遗物中发现出来》。据该文说,诗人死后,除妻儿和大量书籍外,一无所遗,友人搜其箧,得未刊诗稿数篇,已刊于《现代》。近又于其遗留的衣物中,发现诗人预作的"自杀诗",实奇迹也。此诗珍藏于刘霓君处,为记者抄得。诗云:

哦哦，那天边金光灿烂的太阳呀，
那江里血一般样的霞光呀，
请照着我吧，请照着我吧，
我只有这一刻儿的残生在挣扎，
哦，我是何等的悲哀，且彷徨，
可是不要替我悲哀。

你们也是将敛的晚霞，将落的夕阳，
人生便是这般情调，
我的身世同你们一样可以哀伤，
哦，我那飘零的身世，
有如冬林萧条，冬野凄凉，
我那浮浪的人生。

有如江水漂渺，江波苍茫，
我那锦片也似的前程，
我那繁花般样的希望，
都在这冷酷的世界当中幻灭了，
只賸下一个"活尸"，
带着"重创"……哦。

我是尘寰中逃出的傭囚，
我曾寄"美国"远渡重洋，
"美利坚"不是我的故里，
老在那儿怅望着家乡，
不久攉着翅儿匆匆归来，
归来又四方飘蓬流浪，

今朝北去明朝南归,
中间却把我的故乡失丧。

我虽是个爱"自由"又爱"浪漫"的诗人,
可是生平不敢贪恋着儿女幽欢,
我只是倾写着满腔的热血,
拼着寸磔的愁肠,
在那广漠的人生舞台流连,
到处自寻烦恼,独自悲伤。

看啦,四境的晚幕展开了,
江上的暮霭随着风荡漾,
人间已到黄昏时候了,
我呀,正是"日暮的倦鸟",
息去没地藏身,飞往又不知方向

可是这晶莹绝尘的江天,
浩浩淼无际的长江,
已经替我开关了一条道路,
现出了一处巍巍的官房,
波光铺成了我的锦褥,
浪花织就了我的罗帐,
泣珠的"鲛人"在着招手,
含泪的"江妃"在着遥望,
只待水中的葬中动摇,
我便向那儿奔向,
那儿便是可爱的水国的"王宫"

1933年 30岁

　　　　那儿便是我永恒安息的故乡……

此诗的真伪,尚待进一步考证。

本月　在《青年界》第 4 卷第 5 号发表论文《巴俚曲与跋》、诗《四行》(都收入《石门集》)。

谱后：朱湘身后

1933 年

自尽后，引起社会强烈反响。

朱湘临走时，曾对霓君说："三日后必有信来。"

不到 3 日，霓君便收到吉和轮账房的一封短简："本月四日有一客，买三等船票，从上海到南京，讵于次日（五日）约凌晨六时投江。急放救生船捞救，但已无踪影。遗有皮箱一只，夹袍一件。夹袍内藏有一信，方知死者名朱子沅，内有贵处地名，故特函来报。希于十三日前持信往敝轮可也。"

噩耗惊传，刘霓君陷于极度的悲痛和悔恨之中，手捧诗人遗照，一连哭了三天三夜。据 1934 年 3 月 5 日《社会日报》报道，霓君还写有诗一首：

> 我可爱的子沅
> 记得去年雪夜话月的那夜
> 雪花片片落在我俩的脸

如今雪花又在片片的飞了

却教我到那儿去寻你

哦，爱人

你那玉容如生的照片

现今尚夹在我最爱的诗集里

我朝朝打开那本诗集来谒看你

你也微笑地对着我

但我捧你的小照接吻时

却不听见你咯咯的笑声了

我的子沅

我的诗人啊

我一想起你的境遇

我俩的往昔

我的心便碎了

从此诗不难看出，霓君在朱湘的影响下，具有一定的文学修养，对朱湘怀有深厚的爱情。

赵景深夫妇听到消息后，立即赶到朱湘的家中，安慰刘霓君，并将朱湘的死讯通知他的亲朋好友。

二嫂薛琪瑛深为这位英年早逝的兄弟感到痛心，立即将此事报告打捞局，请求协助打捞朱湘遗体，但没有任何结果。后来，由她出面，在上海永安公墓建了一座简陋的衣冠冢，尽得生者的一点心意。

朱湘之死，震惊了当时的中国文坛和社会。

鲁迅轻易不赞美人，但他说朱湘是"中国的济慈"。原话出自《集外集拾遗》中《通讯（致向培良）》一则中所说："因为朱湘似乎也已掉下，没人提

了——虽然是中国的济慈。"(鲁迅此语原意也有待考证)

郑振铎的唁电是:"闻朱湘投江自杀,为之愕然,不怡者数日!"

闻一多更是感慨万千,他的唁电是:"子沉的末路实在太惨,谁知道他若继续活着只比死去更痛苦呢!"

饶孟侃的唁电是:"前月曾得嫂告劝函,正与友人闻一多君函商维持办法时,忽又得子沉突然离平赴杭之讯,自今即不知下落,无从代谋,万未料到源意出于自戕也。"

孙大雨选择了美国女诗人文森特·米莱的《海葬》代为对朱湘的悼词:

> 我这个肉身该死在海中间,
> 我要的不是在一块新坟
> 六尺见深的土里去长眠,
> 我要在汹涌的海水里浮沉。
> 让骇人的巨鱼啮我的骸骨,
> 你们生人想起了得发抖,
> 让它们吞我趁我在新鲜时,
> 别等我死过了一年半载后。

朱湘为什么处处碰壁,活得如此痛苦?在他的面前,除了死,难道真的无路可走吗?在震惊与追悼的同时,人们也在思考着这一个问题。

苏雪林在《我所见于诗人朱湘者》中,论述朱湘是以身殉了诗神,是诗之殇:

他回国以来的沉默,证明了他灵感泉源之枯竭与创作力之消沉。太美满的生活环境从来不是诗人之福,"诗穷而后工"不是吗?他觉得有一种飘忽的玄妙的憧憬,永远在他眼前飘漾,好像美人的手招着:来呀。但是你要想得到我,须抛弃你现在所有的一切,好像富人进天国必须舍施他的全部财产。这就是那美丽魅人的诗神的声音。

于是他将足以戕害他生机的现实像敝屣一样抛掷了。饥饿、寒冷、耻辱,误解,还有足以使得一个敏感的诗人感到彻骨痛伤的种种,果然像一声雷一片热催发他埋藏心底的青春,生命中的火焰,性灵中的虹彩,使它们一一变成了永垂不朽的诗篇。谁说一部《石门集》不是诗人拿性命兑换来的?不信,你看诗人怎样对诗神说:"我的诗神,我弃了世界,世界也弃了我……给我诗,鼓我气,替我消忧。我的诗神!/这样你也是应该看一看我的牺牲吧。/那么多!醒,睡与动,静,就只有你在怀;/为了你,我牺牲一切,牺牲我!全是自取的;/我决不发怨声。"这是他对诗神发的誓,这誓何等的悲壮热烈。怪不得诗神果然接受了他,教他的诗篇先在这荒凉枯寂的世界开了几百朵的奇葩,又把他的灵魂带到美丽、光明的永恒去!

更多的人都认为朱湘之死是这个黑暗社会的逼迫的结果。
好友余文伟在一篇悼念朱湘的文字中写道:

当我听到他的死讯的一天,终日精神为之不安,既悲悼他的际遇,更怜恤他的才学。他的死,可说完全是社会的逼迫。固然,他的性情不免孤僻,这是他的一般朋友所共知;不过生活的不安,社会对他的漠视,却是他自杀的近因。他不知道现在的社会,只认得金钱,只认得势利,只认得权力,天才的诗人,贫苦的文士,哪在它的眼下!朱湘先生他既不蝇营狗苟,又不懂得争权夺利,所以在这黑暗社会里,只得牺牲一生了。我恐怕现在社会压迫下,度着困苦的生活,同他一样际遇的,还不知有多少人呢?

朱湘先生的自杀,正是现代社会黑暗的反映,也正是现代社会不尊重文人的表现。我想,不独我们一般朋友,为之伤感,任何知识阶层的人,也都要洒一掬同情之泪的!(参见《悼朱湘先生》,载 1933 年 12 月 19 日《申报·自由谈》)

作家何家槐在他的文章中写道：

这件事情报纸上好像没有什么记载，其实是很值得注意的，因为它的意义并不限于朱湘一个人。这位诗人的性情据说非常孤僻，自视很高。据我想象他这样一个诗人，虽然不能象外国的桂冠诗人一样，有什么封号，起码也应该使他生活得舒服一点，使他有心情写诗。可是这个混乱的中国社会，不但不给他舒服的生活，而且简直不给他生活，这种冷酷他自然是感到的。他不能认识社会，了解社会，既不承认收容他，把他象花草一样培养起来的某种环境已经崩溃，更不相信那个光明灿烂的时期真会实现，所以他只看到一片深沉的黑暗。这种致命的绝望，使他没有生活下去的勇气，使他不得不用自杀来解脱内心的苦闷。

朱湘已经死了，跟他选上这条死路的，恐怕在这大批彷徨践路的智识群中，还有不少的候补者罢！（参见《朱湘之死》，载 1933 年 12 月 17 日《申报·自由谈》）

作家陈翔鹤以朱湘之死控诉了时代对知识分子的不公平：

我们得活着，得活着，得活了下去！为的是我们得留着一条活的生命，和一双活的眼睛！因为若果你真要去实现你自己的理想的话，无论其为热烈的爱也好，或热烈的憎也好，甚至于冷硬到漠然无动于衷也好，但这条活的生命，和一双活的眼睛，究于你是十分有用的。（参见《悼朱湘君》，载 1933 年 12 月出版的《沉钟》第 30 期）

当然，也有人认为朱湘之死是由其自身个性造成的悲剧。

梁实秋自美国返回国内，与朱湘很少接触，他对朱湘的认识，受闻一多等人很大的影响。故他认为朱湘的神经很早的时候就有很严重的病变的现象，

且愈演愈烈,以至有投江之举:

中国社会之"混乱"自然是一件事实,在这社会中而要求"生活得舒服一点"的确是不容易。不过以朱湘先生这一个来说,我觉得他的死应由他自己的神经错乱负大部分责任,社会之"冷酷"负小部分的责任。我想凡认识朱先生的将同意于我这判断。朱先生以"留学生"、"大学教授"的资格和他的实学而要求"生活的舒服一点"不是不可能的。不幸朱先生的脾气似乎太孤高了一点,不客气地说,太怪僻了一点,所以和社会不能调谐。若说"社会"偏偏和文人作对,偏偏不给他生活,偏偏要逼死他,则我以为社会的"冷酷",尚不至于"冷酷"至此!

文人有一种毛病,即以为社会的待遇太菲薄。总以为我能作诗,我能写小说,我能作批评,而何以社会不使我生活得舒服一点。其实文人也不过人群中之一部分,凭什么他应该要求生活的舒适?他不反躬问问自己究竟贡献了多少?譬如郁达夫先生一类的文人,报酬并不太薄,辄拈酸叫苦,一似遭了社会的最不公正的待遇,不得已才沦落似的。这是最令人看不起的地方。朱湘先生并不是这样的人,他的人品是清高的,他一方面不同污合流地摄取社会的荣利,他另一方面也不嚷穷叫苦取媚读者。当今的文人,最擅长的是"以贫骄人",好像他的穷即是他的过人的长处,此真无赖之至。若以为朱先生之死完全由于社会的逼迫,岂非厚诬死者?

……

朱先生之死是否完全由于社会逼上梁山的,抑是还有其它错综的情形,尚有待于事实的说明。知其是精神错乱,他自己当然也很难负责,只能归之于命运。不过精神并未错乱的文人们,应该知道自爱,应该有健康的意志,理性,和毅力,来面对这混乱的社会罢!(参见《悼朱湘先生》,载 1933 年 12 月 30 日《益世报》)

上述作家的分析,应该说,都有一定的道理,将它们综合在一起,也许正是造成朱湘人生悲剧的主要原因。

正如钱光培在《现代诗人朱湘研究》中所说的：

> 它(朱湘之死)的确像一面镜子,照出了当时中国社会的黑暗,照出了正直善良的知识分子在这个黑暗社会里的悲惨命运,同时,也照出了朱湘这一类知识分子的致命弱点和他们前进的路。

朱湘没有白死,当时社会和更多的人正是从他的死里得到启示,去重新对待人生和文学。从这个意义讲,朱湘的死,使许多后来者得到再生。

1934 年

1 月

几位挚友获悉噩耗,悲痛不已。

远在希腊雅典的罗念生得到消息,在无限的悲痛中写下《给子沅》一文,文中最后写道：

> 你的死我相信是因为地下没有人镇守诗坛("诗哲"是根本不配),同时好减少你在人世的苦痛。
>
> 江水呀,凭你污浊的力量把诗人的骸骨冲到清洁的大海里,让海豚将他的灵魂升到天星。屈子,太白,你们成了三人。
>
> 自然呵,你不须用雨泪来悲悼诗人,放出你的怒号,让雷霆震破尘世,让冷风吹进凡人的心灵,叫他们悔罪,叫他们悔罪。

在美国纽约的罗皑岚接到消息,也立即写下《朱湘》一文,希望国内的朋友们立即收集、保存朱湘的文稿,另外为他的遗孤筹一笔教育基金。后来他又在《忆朱湘》一文中写道:

是朱湘救我于绝境,使我后来有勇气走上文学的道路。谁知道,十年后,朱湘自己却走上自杀之路,而我当时却远在海外,对他一无所助,我是多么对不起这位益友兼良师呀!

柳无忌在《我所认识的子沅》中写道:

我不能相信子沅的死,子沅的自杀!我不能想到这样一个天才的青年诗人,我的一个多年的同学,我最尊敬的畏友,当他自己的使命尚未完成时,如此不幸地为环境所压迫而自绝其有为的一生了!诗人的音弦断了,从此不再听见他在"草莽"中的呼声,在"石门"中的余音。当我们回想到他的工作、他的成就、他的遭遇,我们不禁为天才的薄命而同声恸哭。

2月

由赵景深主编的《青年界》出版了纪念朱湘的专号。

收有苏雪林《论朱湘的诗》、柳无忌《我所认识的子沅》、顾凤城《悼朱湘》等文章和赵景深的《朱湘著译编目》,还附有一页剪贴的追悼朱湘的6封信,分别是北京大学郑振铎、清华大学闻一多、开封河南大学饶孟侃、天津南开大学柳无忌、杭州浙江大学黄翼以及武昌武汉大学苏雪林写给朱湘的悼词,还有一张朱湘的遗像。

6月

第3本诗集《石门集》作为"文学研究会丛书",由商务印书馆出版。

从1927年到1933年,是朱湘对新诗不断开拓的一个新时期。他以对诗歌的饱满热情,自觉地向外国诗歌学习,吸取其中的艺术营养。他的创作主要是外国体诗,以十四行诗为多。这些作品在韵脚运用、诗行转合以及节奏安排上,为了严守外国诗体的规则,朱湘颇费推敲和斟酌,不免有许多地方有些生硬艰涩,不合乎别人的欣赏习惯。然而其诗中瑰丽的意象,充沛的感情,奇巧的表现手法,展示了朱湘对于诗歌艺术探索的最高成就。尤其是诗中所表现出的,他个人内心的极度失望与痛苦,对那个黑暗社会的嘲讽和愤怒,动人心弦,催人泪下,有着极强的艺术感染力。柳无忌评论说:"他的70余首十四行诗是他诗集中最有价值的一部分。"

从18岁开始在诗坛崭露头角,10年来,朱湘的创作走过了一段不平凡的路程。他从幼稚的"夏天"起步,踏过郁郁葱葱的"草莽",又跨进高大雄伟的"石门",他走过的每一步都是踏实的、具有着深刻的意义。他曾说到35岁,才能真正成为诗歌的"主人",实在可惜的是他没有把这条路勇敢地走下去。

8月

文学评论集《文学闲谈》由北新书局出版。

10月

散文、杂文由赵景深编成《中书集》,收文34篇,由生活书店出版。

朱湘以诗名世,但散文也写得不少。他的散文并无宏阔的题材和高深的议论,多写自己的所见所闻,形成了一种特色,自然朴实,无矫无饰,吐露胸臆,亲切感人。有些散文得益于其渊博的学识,发挥着他驰骋的想象,谈天说地,纵古论今,给人以丰富的知识和欢快的情趣,如《烟卷》、《徒步旅行者》等。朱湘还有一部分描写自然风景的散文,写得纤细自然,于最细微之处展现事态的情趣,营造出一种诗一般的意境,如《北海纪游》、《江行的晨暮》、《迎神》等。

朱湘还有大量的评论文字,他首先是一位作家,而不是学者,因此他对中西方文学的理解参悟更多是体现在他的创作之中,比一般学者的论述更为切实具体,风格清新活泼,具有较强的可读性。他评述同时代人的作品,带着强烈的个人色彩,大胆批判,手下无情,读来令人心之为一震,目为之一新。

12月

在逝世周年,朋友们开展了多种形式的纪念活动。

在朱湘逝世周年之际,由柳无忌主编的天津《益世报》的《文学周刊》第40期出了"朱湘纪念专号",发表了罗念生的《朱湘身世》、柳无忌的《朱湘的十四行诗》、孙大雨的《海葬》、吴奔星的《吊诗人》以及朱湘的遗札、著译编目等。

同月"筹募诗人朱湘遗孤教育基金会"成立起来了。有委员共15人,他们是:郑振铎、杜衡、闻一多、苏雪林、施蛰存、黄翼、徐霞村、饶孟侃、傅东华、黄自、余文伟、赵景深、罗皑岚、柳无忌、罗念生。

朱湘死后,其遗孀刘霓君和两个孩子生活问题,是朋友们深为关注的,他们为此做了大量的工作。

由赵景深主编的《青年界》"纪念朱湘专号"和柳无忌主编的《文学周刊》"纪念朱湘专号"所有稿费全部移赠给了朱湘的遗孤。

朋友们的捐款加上朱湘遗稿的稿费,数目不算大,全部由赵景深转交霓君。霓君带着小东回到长沙投奔兄嫂,靠缝纫和刺绣为生。

小沅由薛琪瑛送进黄兴和徐宗汉创办的贫儿院,在南京白下路。

同月 《海外寄霓君》由赵景深编辑,由北新书局出版。

本年

秋 罗念生从希腊回国。

为了纪念朱湘,挚友罗念生想为朱湘写评传,他曾去清华找朱湘的遗物,还去访问了朱湘的姐姐和妹妹。

罗念生曾两次因事过南京,都去看望了小沅。小沅在《诗人朱湘之死》中写道:

记得大约是入学的次年,父亲的挚友罗念生伯伯来找过我,并答应下次再来。我就时时到学校大门里竹篱笆边去望。我心里多么希望他来呀!他会给我带来好吃的糖果,他会摸着我的头半天不说一句话,他会轻轻地喊我小沅。他果然又来了。又来过一次,以后再也没来过。但是我还是天天到大门口去望,希望罗伯伯又来看我。

又 朱湘的大量遗作在朋友们的帮助下得发表,散见于《现代》、《文学》、《青年界》、《人世间》。

1935 年

2月

《石门集》由商务印书馆再版。

4月

开明书店支付一笔入股稿费。

由于开明书店草创期间经费非常有限,因此暂时不能付给作者稿费,而是将稿费算作者入股。本月,由赵景深、李小峰作为见证人,开明书店将600元的"转股单"由其妻刘霓君转到其二嫂名下。这600元的股款很有可能就是《草莽集》的稿费入股后于1935年当时的面值,转到二嫂名下,考虑霓君生活过于艰难,由二嫂负责抚养小沅。(参见刘敏慧《朱湘与开明书店的一段往事》,载《中华读书报》2006年8月16日)

本年

《人间世》发表朱湘遗诗多首。

又 朱湘后人在贫困中艰难度日。

关于朱湘的家人往后情况,这里一并记述如下:

本来,二嫂薛琪瑛想接过小沅,"一子双祧"。可是后来霓君可能是思儿心切,还是把小沅带走了。罗念生认为这步棋走错了。(参见罗念生《朱湘书信二集序》)

此后,刘霓君带着子女住在长沙。抗战发生,长沙保卫战中,全家逃难到广西全州，而后桂林，最后逃到昆明。生活很艰苦，只得变卖朱湘的书，中文书籍卖光了，惟英文书籍无人肯要，被一位姓洪的先生一次买下，不知所终。（参见罗皑岚《朱湘的书籍》）

小东在逃难途中患了骨髓炎，无钱医治，越拖越重，最后只得截肢，成为终身残疾。1949年后，在赵景深的帮助下，安上了假肢。

小沅高中毕业后到四川教书。霓君曾找过闻一多，闻一多让小沅到昆明去投考西南联大。小沅到了云南，而闻一多不幸遇害。小沅最后考上了西南联大，但母亲坚决不让他学文学，于是到云南大学经济系读书，毕业后，为维持生活，在昆明警备司令部当差，任该部少尉科员，做文书工作，不料在此又种下了后来祸患的种子。

小沅与母亲在昆明定居下来，娶安徽怀宁县宋在英为妻，生了5个子女：细林、爱娟、佑林、保林、爱华。朱湘的3个孙子中，佑林患红斑性狼疮，于1982年去世，保林因家庭无法养活，不到周岁就送人了，只有细林平安地活了下来。小东长大后，嫁给了一位名叫刘文德的男人，在云南的一个小镇落了户。小东和刘文德生男健林、女健兰。小沅劳教期间，他的儿子朱细林也由刘文德抚养。霓君曾两次将她家人的合影照片赠给赵景深。霓君曾和小东一起居住，但后来与女婿刘文德闹翻，独自居住。（参见朱细林《诗人朱湘及其遗族的悲剧》）

《罗念生全集》第10卷收录有朱湘孙子朱细林写的一篇长文《文学因缘——罗念生与我一家三代的深情厚谊》，讲述了朱湘后代许多鲜为人知的故事。

朱细林第一次听祖母霓君谈起祖父及生前的一班挚友，第一次听到罗老的名字，那还是二十世纪五十年代末。7岁的朱细林曾和霓君去狱中探望过父亲，流着泪回来。为了生活，霓君带着细林到一个地方帮人打工，条件是不拿工资，只管细林的吃住和读小学。

在极其艰难困苦的环境下，祖孙俩相依为命，受尽欺凌。历尽磨难的霓君性格却愈发坚强,从来不向生活低头。她经常教育细林,要好好读书。无论生活怎样困苦,她也要想办法让细林读完大学,继承朱湘未竟的事业,这样才能对得起朱家。霓君还说小沅看来是没指望了,就看细林争气不争气。这便是细林童年、少年时代所接受的家庭教育。

和霓君一直保持通讯联系的只有赵景深先生。霓君曾向他打听"二罗一柳"的消息,但赵景深也说不清楚,大概在抗战时走散了,说以后有消息会通知霓君,这多少给霓君留下了一些希望。霓君常对细林说:"他们同你祖父是那样要好的朋友。如今我们沦落到如此地步,他们要是知道了,是不会见死不救、不管我们的。"

1936 年

3 月

罗念生编《朱湘书信集》由天津人生与文学社出版发行。

罗皑岚回国,任南开大学外文系教授,次年与柳无忌发起组织"人生与文学社",出版期刊《人生与文学》。罗念生也加入了这个文学社,他们用罗皑岚的一本畅销书——长篇小说《苦果》所赚的钱,用来补贴出版了由罗念生编辑的《朱湘书信集》,收录了朱湘给朋友的一些书信,包括给霓君 4 封,给彭基相 2 封,给汪静之 1 封,给梁宗岱 1 封,给曹葆华 1 封,给戴望舒 1 封,给吕蓬尊一封,给徐霞村 1 封,给赵景深 19 封,给柳无忌 6 封,给罗皑岚 19 封,给罗念生 24 封,给孙大雨 5 封。

朱湘的书信虽然没有较强的文学性,但其内容无不发乎内心,随笔而写,未经锤炼,不事雕饰,有时虽然有些烦琐,却将一般愁绪、万种柔情铺写得淋漓尽致,感人至深。在这些书信中,文学、家庭、恋爱等无话不谈,表现了一个热诚、坦率、无任何做作的朱湘,从中也可看出他是一个多么热爱生活、看重友情的人。

本月 朱湘的译诗集《若木华集》更名《番石榴集》以"文学研究会世界名著丛书"之一,由商务印书馆出版。

4 月

《永言集》由上海时代图书公司出版。

得到诗人赵洵美的支持,朱湘第 4 本诗集《永言集》由赵景深编辑并作序,以"新诗库第一集第四十六种"由上海时代图书公司出版。集名由朱湘生前自定,收诗 33 首。

1937 年

抗战开始,闻一多怀念朱湘。

"卢沟桥事变"发生,闻一多和罗皑岚在南岳相遇,谈起朱湘,仍唏嘘不已。分手时,闻一多抄录了朱湘的《猫诰》赠给罗皑岚,并深有感慨地说:"朱湘可惜死早了,如今正需要他这样的人来鼓舞我们救亡的勇气呵!"

本年 《中书集》由商务印务馆再版。

1938 年

译诗集《番石榴集》出版第 3 版。

1940 年

散文集《中书集》由上海三通书局改头换面为《朱湘随笔》出版。

1946 年

上海《茶话》第 6 期发表史天行《记诗人朱湘》。

1947 年

顾毓琇整理发表朱湘书信。

顾毓琇在闻一多去世周年之际,在《文艺复兴》第 3 卷第 5 期上,发表了当年他所保留的朱湘遗作《闻一多与死水》和朱湘给他的信札,也算是对两位朋友最好的纪念。

1965 年至 1976 年

朱湘的名字和著作不断被人提起和出版,特别受到挚友罗念生等的关注。

1965 年初,赵景深给霓君来信,上海有家出版社准备出版朱湘遗著,但听说条件是不给稿费,尽管如此,一家人还是喜出望外。霓君立即函告赵景深,只要能出书,其他一切都不计较。但后来却没有消息。

1971 年,中国香港大地出版社出版了《朱湘随笔》。

这期间,霓君保存多年的朱湘遗物,包括《采莲曲》、《棹歌》等诗的手稿,一本《朱湘寄霓君》及不少照片书信都被"抄"走。还有一尊霓君最心爱的观音瓷像,是明代官窑烧制的,也被搜出来砸了。霓君十分气愤,大病一场,于1974年去世。临终前,她还念念不忘叮嘱朱细林,一定要找到朱湘的好友"二罗一柳"。霓君葬于昆明西郊一座荒山上。

1975年,朱细林到上海两次找过赵景深,赵景深赠过他一些关于朱湘的资料。

1976年,罗念生从赵景深处打听到朱湘后人的踪迹,即写信来:"我是朱湘的好友。1934年秋天和冬天,我在南京白下路见过小沅。后来失去了联系,但常思念你们。近从赵景深处得知你们的消息,真是喜出望外。"

这真是一大喜讯!朱细林立即告诉已经出狱病在家中的父亲朱小沅,小沅哽咽了半天,说不出一句话。他说:"真是做梦也没有想到这一天,念生伯又找到了我们……可惜你奶奶早死几年,而我又……"朱小沅让朱细林代回了一封信。

后来,罗念生又回了信,得知朱小沅患了肺矽病,还寄来了鱼肝油和人参,给他补养身体。沈从文也寄来了几百元钱,以示抚慰,朱细林一一写信去表示了谢意。后来,沈从文去世,他的儿子沈学澄也有书信寄朱细林,并寄赠《二罗一柳忆朱湘》一书。(参见朱细林《文学因缘——罗念生与我一家三代的深情厚谊》,载《罗念生全集》)

1966年,《创世纪》诗刊第24期发表痖弦《苦命诗人朱湘》。

1968年,《纯文学》第3卷第1期发表张秀亚《新月诗人朱湘》。

1975年,《现代中国作家列传》收赵聪《朱湘》。

1976年,《诗学》第二辑发表秦贤次《新月诗派及作者列传》,其中有朱湘。

"文革"结束,百废俱兴,文艺事业也进入了春天。朱湘的好友罗念生就开始为整理朱湘的遗作而奔走。他与朱家后人联系,获得了朱湘《成卒》、《岁暮》等手稿,将这些东西交给一些朱湘研究者参考,后来又交给一些出版社制成手稿。一直到1990年因病去世,他都一直在为有关朱湘研究和遗著出版而努力着,工作包括:广泛收集有关资料,推动朱湘研究与研究专著的著述;出席各种有关朱湘的学术研讨会;对有关书籍详加校订,并写序与后记;编辑出版了《二罗一柳忆朱湘》,并亲自撰文多篇;还为朱湘后代争取"困难补助费"。这浩繁而复杂的工作,对于一个年过八旬的老人,无疑是非常艰苦的,用他自己的话说:"既费时间,又伤感情。"从这里,也可看出他与朱湘之间那份深厚的友情,历经半个世纪愈加坚固。

1977 年

《朱湘文选》由中国台湾洪范书店出版。

中国台湾著名诗人痖弦经过多年的努力,搜集了当时国内外大量的有关朱湘的材料,编辑《朱湘文选》,由台湾洪范书店出版。此后,洪范书店又再版了《海外寄霓君》、《朱湘文选》等。

时在印第安纳大学的柳无忌为《朱湘文选》作序,题为《朱湘:诗人的诗人》,文中说:

朱湘活跃于想象的文学领域内,沉醉于诗歌美妙的音调、形象、气氛和意境中,他超越了也脱离了实际的人生,不断与现实相搏斗,结果,他被打倒,丧失了生命。用世俗的眼光看,在人与人微妙的关系中,他的行动是天真得有些可爱的幼稚。可是,他对生活的态度是庄严的,他的情绪是恳挚的,人格是纯洁的。他没有被政客和文人的恶习所污染。他虽然与新月派诗人有精神及文学理论上的联系,却超出于他们中间的门阀之争,独立着自成一家。他的个性是倔强、坚韧的,他受不了任何方面对他的约束和压力,不论其来自社会或文坛。等到他被窘迫的经济、不良的健康、与白眼的人们所围困而遇到四面楚歌的时候,他不惜追踪二千年前的大诗人,以一死结束了人生的悲剧。但,这是一个美丽的悲剧,以诗歌所美化与纯化的悲剧。我确信着,他不至于白白地活着,白白地死去。他的身体虽被水所毁灭,他的名字并不是写在水上的。

痖弦先生在《校订跋》中深情地写道:

我敬佩朱湘先生严肃的治学态度,狷介的做人风格,和对新诗写作所具有的那一份执着与忠诚。从一九五三年在台南市图书馆无意中发现他的译诗集《番石榴集》起,二十多年来,我一直是朱湘作品的热爱者和搜集者。

虽然远在一九六六年四月,我就在《创世纪》诗刊第二十四期上介绍过朱湘的作品和生平,但那时我的……里所有关于这位苦命诗人的资料极为有限;除了那本《番石榴集》和《石门集》之外,就是赵景深在《文人印象》一书中那篇悼文《朱湘》了。

一九六六年秋天我有一个机会赴美访问,在爱荷华大学、柏克莱加州大学、芝加哥大学、西北大学等校的图书馆和美国国会图书馆中,获得不少有关朱湘的著作资料。一九六九年夏天取道欧陆返回,在剑桥大学续有所获。此后数次外出:一九七四年去东南亚,一九七五年访德、法、奥地利和斯坎底那维亚诸国,心中念念不忘的,就是朱湘作品的搜集。在长达十多年足迹几乎遍及大半个地球的访求之下,对于朱湘的收藏,可以自夸地说,恐怕很少有人比我拥有更多的了。

"爱书以德",结集遗书以广流传是自古以来所有爱书人的共有的心愿,也是作为一个收藏者应有的胸襟和抱负。发现一本书,在"真乃天地间唯一孤本也"的惊叹之余,在反复摩挲不忍释之际,继而兴起"凡我同仁者或亦先睹为快"而"公诸同好"的想法,也是最自然不过的。

这便是我编印《朱湘文选》的因由。

1978 年

洪范书店出版《文学闲谈》,痖弦编,柳无忌作序。

1979 年

上海教育出版社出版的《新诗选》和《散文选》,分别选录朱湘的 10 首诗和 2 篇散文。

1980 年

《中华民国史料丛稿·人物传记》第 9 期收入了北京大学中文系孙玉石写的《朱湘》一文。

又 文成出版社《"新月"及其重要作家》一书收陈敬之《朱湘》。

又 中国香港《抖擞》第 40 期发表王宏志《朱湘年表初稿》。

1981 年

《南京大学学报·哲学社会科学版》第 1 期载李南蓉的文章《试论新月派的诗人朱湘》。

又 上海书店影印了《朱湘书信集》。

又 中国香港文学研究社以"中国现代文选丛书"出版《朱湘选集》,谭鸣写有《前言》。

1982 年

挚友们为纪念朱湘作出很多努力。

罗念生将他知道的朱家后人的情况都写进了《忆诗人朱湘》里,第一次向社会透露了诗人后代的情况。朱家看到这篇文章,全家人抱头痛哭了一场。

朱湘之孙朱细林也喜爱文学,那时也有许多个人感受,写了许多散文诗,总题为《散沙》,寄给罗念生看,罗念生夸奖他:"《散沙》写得好,有些像泰戈尔的短诗。"给了朱细林很大的鼓励。正是得益于罗念生的支持,使朱细林有勇气整理了祖父和父亲的一些遗稿,写成很多文章。

朱湘的老友谢文炳曾多次建议罗皑岚和罗念生编《朱湘传》,如果编不完,他愿意继续编。罗皑岚在 9 月 19 日给谢文炳的信中写道:"多谢文炳兄好意,论我与他,尤其与子沉的友谊,'义'与'谊'都不容辞。写评传的文章,我万不如你,并且材料又少……万一要助砖添瓦,届时当尽一臂之力。"1983年,罗皑岚不幸去世,这个计划也便成了泡影。谢文炳计划晚年创作六卷本长篇小说《他们是知识分子》,其中一卷将写朱湘,但这个计划也没有成为现实。罗念生也拟和赵景深共同撰写《朱湘传》,但也因手头事务较多,一直耽搁下来。

又 《新文学史料》第 3 期发表罗念生《忆诗人朱湘》、罗皑岚《朱湘的书籍》、赵景深《朱湘传略》。

又 《安庆师范学院学报》第 1 期发表梁家林、潘延年《诗人朱湘年表》。

又 《工人艺苑》第 4 期发表侯书良《浅谈朱湘的诗》。

又 《诗探索》第 2 期发表钱光培《朱湘散论》。

又 《文科教学》第 4 期发表侯书良《诗人朱湘之死纵横谈》。

又 《厦门大学学报》增刊发表李金复《论朱湘的诗》。

1983年

人民文学出版社再版朱湘的代表作《草莽集》。

又 上海书店以"中国现代文学史参考资料"影印再版《朱湘书信集》。

又 《中国现代文学研究丛刊》第3期发表谢昭新《评朱湘的诗》。

又 《天津社会科学》发表钱光培《朱湘论》。

又 《中国现代、当代文学研究》第1期发表朱式蓉《朱湘对新格律诗的探索》;《艺谭》第3期发表赵荆华《朱湘的世系及其他》。

又 《安庆师范学院学报》发表潘颂德《有关朱湘佚诗的资料》。

1984年

柳无忌为《二罗一柳忆朱湘》作前言。次年,生活·读书·新知三联书店出版了这本罗念生主编的《二罗一柳忆朱湘》,收罗皑岚、柳无忌、罗念生有关怀念朱湘的文章20多篇。他写道:

我们编辑此书动机,是为缅怀在清华学校与子沅同窗的往事,回忆离校后互相切磋琢磨的经过,并向他在诗学上的造就致敬。这位老大哥是我们开始从事文学时的领路人。他那种献身文艺的热忱,给予我们以榜样、精神的鼓舞、生活的意义。

罗念生也在《引言》中写道:

我们三人都是在朱湘的指引和鼓励下走上文学的道路的。这本纪念册表达我们对这位诗人怀有深厚的情感。我们希望朱湘的名字不至于湮没无闻。鲁迅先生曾赞誉朱湘为"中国的济慈",这是很高的评价。朱湘在我国新文学的早期发展阶段应有一席地位。

又 罗念生在《新文学史料》第1期发表《朱湘的英文诗》。

又 人民文学出版社以"中国现代文学作品原版选印"出版《草莽集》。

又 《上海海天学报》10月号发表王树荣《朱湘和他的〈中书集〉》。

又 《江西社会科学》第1期发表潘颂德《朱湘思想浅谈》。

又 《文苑纵横谈》第9期发表侯书良《论朱湘爱国主义思想发展特色及其局限性》。

又 《南北极》第169期发表朱小沅口述、朱细林笔录的《诗人朱湘之死》,披露了大量关于朱湘家庭生活资料。

又 《南北极》第171期发表朱湘孙朱细林《写在〈诗人朱湘之死〉前面》。朱细林的文笔不错,这里选录一段:

时间是伟大的。

1933年12月5日,晨雾暗笼着寂然东流的长江。

年仅29岁的我国著名现代爱国诗人朱湘投江自杀!

至今,半个世纪过去了。

朱湘——没有坟墓的诗人——虽然他的年轻生命在夜的黑浪之中不留痕迹地泯灭了,虽然在此后的50年间,朱湘的名字似乎被人遗忘了,犹如夜空中陨落的一颗寒星,但那一闪而过的亮光,却为几个友人记住。

50年前,曾有人预言:死了也不死的,是朱湘的诗!

在闪光重新燃烧的世界,一颗发烫的火星从过去历史的余烬中爆出一道血红的呼喊,这便是诗人朱湘犹如杜鹃啼血的歌吟。

从他的诗中我们可以看到,他热爱生活,有执着的追求;但他的情歌却是为别人写的,只有《葬我》才是为自己写的。

1983 年至 1985 年

朱湘后人境况凄惨。

朱湘孙子朱细林实施右下肺切除术,成了半残疾人。不久又失去住房,一家人露宿街头。(参见朱细林《诗人朱湘及其遗族的悲剧》)

又 人民文学出版社、三联书店香港分店联合以"中国现代作家选集"出版了孙玉石编的《朱湘》一书。

此书分作品部分和资料部分,作品又分诗歌和散文,收诗歌 87 首、散文 22 篇。该书由罗念生作序,孙玉石还写了《朱湘传略及其作品》和《朱湘年表》,为读者提供了一些新的资料和研究成果。

罗念生为此书作序,序中评价朱湘:

朱湘性情孤僻、傲慢、暴烈、倔强,表面上冷若冰霜,内心里却是一团火。他对知心的朋友很热诚、直爽、忠厚,从来没有对无忌、皑岚和我流出不豫之色。他同闻一多、彭基相、郑振铎、沈从文、徐霞村、赵景深、戴望舒、施蛰存等人也相处得很好。他对生活非常认真,做人纯洁而善良,他的弱点是个人奋斗,孤军作战必然归于失败。(参见《中国现代作家选集·朱湘》序)

知之者,无如朱湘的这些挚友。在朱湘去世几十年后,他们写下的这些文字,应该说是比较客观的,是对朱湘的一生较为全面而公正的总结和评价。

又 《云南师范大学学报》1985 年第 4 期发表陈正强《关于诗人朱湘的一些史料》。

又 《青海社会科学》发表钱光培《朱湘新诗创作发展叙论之一——论朱湘"夏天"期的新诗创作》。

又 《湘潭大学学报》发表洪振国《试论朱湘译诗的观点与特色》。

又　中国香港《五四文学研究情报》发表陈文然《朱湘的红色意象》。同期还发表陈穗芳、张洁明的《朱湘年表》。

又　中国香港《中报》月刊发表周良沛《朱湘和他的诗》。

1986 年

朱细林去北京拜望罗念生。

一见面，罗老就紧紧握住朱细林的手说："你的样子很像朱湘，只是比他胖些。"罗念生告诉朱细林，朱湘的书可能出到了 10 本以上，他去争取过稿费，但没有什么结果。还有很多朱湘的手迹、照片等，被出版社拿去制版，也要不回来。临走，他送了一本柳无忌的散文集给朱细林。

又　上海书店再版《中书集》。

又　湖南人民出版社出版《朱湘译诗集》，罗念生作序，洪振国写《后记》。

1936 年，诗人的第一部译诗集《番石榴集》出版，但仍有许多译作未收入集中。

湖南人民出版社将《朱湘译诗集》列入选题，洪振国负责编辑工作，得到罗念生和彭燕郊的关怀。《朱湘译诗集》以《番石榴集》为基础，增补了《罗马尼亚民歌一斑》（原名《路曼尼亚民歌一斑》）14 首，另外还将朱湘零碎的译作 5 首选编入集。全书共收 16 个国家的 88 个作者（包括无名氏）的诗作 116 首，搜集朱湘大部分译诗。

又　《新文学史料》第 1 期发表徐霞村《我所认识的朱湘》。

又　《江淮论坛》第 6 期发表徐荣街《用东方的声音唱东方的歌曲》。

又　上海人民出版社出版《现代作家四十人》，收录邓牛顿《朱湘：讲究形式美的诗匠》。

又　《齐鲁学刊》第 3 期发表朱德发、侯书良《朱湘文学美学思想略论》。

1987 年

北京燕山出版社出版了钱光培的《现代诗人朱湘研究》一书,较为详细地论述了朱湘的生平、作品等。

从七十年代开始,北京社会科学院文学所的钱光培特别注意到朱湘这颗诗坛的隐星,为研究朱湘花费了大量的心血,曾专门到朱湘故里安徽省太湖县寻访朱湘的资料。他在研究中,深感长期以来人们对朱湘的评价存在谬误又失之公允,有心要写一本朱湘研究专著。1982 年,他初见罗念生,此后书信往来不断。罗念生对此深感欣慰,向钱光培提供了大量的研究资料。

这本书出版后,北京有关部门还专门召开了对这部作品的研讨会。柳无忌对此书评价也很高,他说:"我和念生的最初希望,从此达到了。"

又　四川文艺出版社出版《朱湘诗选》。

此书收入朱湘的四本诗集《夏天》、《草莽集》、《石门集》、《永言集》。由周良沛作序,序中论证朱湘并非新月派诗人,评价朱湘是"一位纯粹的诗人,一位孤高不肯随俗的诗人"。

又　安徽文艺出版社出版《朱湘书信二集》。

此书为《海外寄霓君》与《朱湘书信集》的合集,并增补了致施蛰存信一封,对原《朱湘书信集》中删去的字句也做了补正与注释。书前有罗念生序。

1988 年

长江文艺出版社出版《朱湘卷(诗集)》,为"中国新诗库第一辑",由周良沛编选,书前有周良沛序。

又　中国台北《文讯杂志》双月刊第 39 期刊出"纪念朱湘专辑"。

专辑发表秦贤次《孤高的沉江诗人——朱湘》、王宏志《朱湘年表》、姜穆

《探求朱湘的死因》、简政珍《论朱湘的诗》、柳无忌《诗人朱湘的复活》。

又 朱湘孙朱细林在中国台北《联合报》5月6日至7日副刊发表《诗人朱湘及其遗族的悲剧》。

此文讲述了朱湘后人在云南的艰苦生活。朱细林又在台北《幼狮文艺》月刊第417期发表《诗人朱湘的爱国主义》。

1989年

柳无忌在中国台湾《联合报副刊》发表《晨雾暗笼着长江——朱湘的遗著与遗孤》一文。

文中写道：朱细林生子朱永湘，这名字是小沅生前所取，有永远纪念朱湘的意思。朱细林后与妻离异，和母亲、儿子在昆明过着艰难的生活。

1990年

秦贤次与王宏志合编的《诗人朱湘怀念集》由志文出版社出版，为"新潮文库"之十三。

本书所选精严，弥足珍贵，年表索引，亦颇完备，可谓了解和研究朱湘的一本内容较为丰富的资料书。

附本书目录：

消除朱湘研究的盲点/痖弦

1. 孤高的沉江诗人——朱湘/秦贤次

2. 朱湘传略/赵景深

3. 忆诗人朱湘/罗念生

4. 海外遥寄诗魂——悼朱湘/罗皑岚

5. 朱湘/罗皑岚

6. 朱湘:诗人的诗人/柳无忌

7. 诗人朱湘的复活/柳无忌

8. 我所见于诗人朱湘者/苏雪林

9. 我所认识的朱湘/苏雪林

10. 悼朱湘先生/余文伟

11. "梦"——悼诗人朱湘之死/闻国新

12. 悼朱湘先生/梁实秋

13. 吊朱湘/周楞伽

14. 听说你走了(悼诗)/曹葆华

15. 悼朱湘(悼诗)/慈侠如

16. 岁暮诗人(悼诗)/何其芳

17. 哀诗友朱湘(悼诗)/邵冠华

18. 悼朱湘(悼诗)/葛贤宁

19. 曹葆华与朱湘/唐弢

20. 朱湘的"新文"/姜德明

21. 诗人朱湘之死/朱小沅口述,朱细林笔录

22. 诗人朱湘及其遗族的悲剧/朱细林

23. 诗人朱湘的爱国主义/朱细林

24. 朱湘年表/王宏志

25. 朱湘著译书目/王宏志

26. 朱湘研究资料索引/王宏志

编辑后记/秦贤次

封底附言：

此书由新文学史料专家秦贤次与王宏志共同搜辑校订,名诗人痖弦同力襄助,得以付梓。执笔者均为海内外赫赫名家,与诗人朱湘有深厚之情谊,字字血泪、缠绵悱恻,委婉动人。语云:"有志不在年高,无才空活百载。"朱湘先生地下有知,当无憾恨。此书为读者描摹这位天才坎坷、传奇、血泪交织的生涯,值得细读。

1992 年

老作家塞先艾于《花溪》第 1 期上发表了《朱湘并非新月派》一文,根据自己的亲身经历,论述了朱湘与新月派的关系。

钱光培与吉林大学李凤吾都曾撰文,否定朱湘是新月派诗人。他们认为:一、北平《诗镌》是由闻一多、刘梦苇、朱湘等人创办的,至于徐志摩的参与,那是《诗镌》正式创刊前夕才定来的。之所以要徐志摩的参与,是因为《诗镌》要借《晨报·副刊》的地盘,而这个地盘又是徐志摩把持着的。而且,朱湘在《诗镌》出了 3 期后,便与之决裂了。二、"新月派"正式出现是在 1928 年,朱湘在该杂志创刊之前就去了美国,未和新月派发生任何关系。三、朱湘后来在徐志摩于上海创办的《诗刊》上发表《美丽》和《悼志摩》等诗,也是应景之作,而且前者还含有讽刺徐志摩之意。

又 百花文艺出版社以"百花散文书系"出版了《朱湘散文选集》,孙玉石写有前言。

又 花山文艺出版社出版丁瑞根研究专著《悲情诗人——朱湘》。

又 中国香港新穗出版社出版秀实著《捕住飞翔》,有文《七谈朱湘》,分别为:

1. 朱湘新月辨。
2. 朱湘的死。
3. 朱湘与《采莲曲》。
4. 朱湘译诗集。
5. "朱湘专辑"。
6. 朱湘的情信。
7. 海外寄霓君。

1993 年

中国文联出版公司以"中国现代散文名家名作原版库"系列影印出版《中书集》。

1994 年

中国广播电视出版社以"二十世纪中国文化名人文库"系列出版了由蒲花塘、晓非编的《朱湘散文》。

该书收录了朱湘的全部散文作品,包括《中书集》、《文学闲谈》、《海外寄霓君》、《朱湘书信集》、《石门集·散文诗》以及一些散佚的散文作品。编者在《序言》中认为:

朱湘既是一位诗人,又是一位散文家;诗歌着力于表现他的理想世界,散文则侧重于反映他的现实人生。其中最能体现"文如其人"之说的首先是他的散文,其次才是他的诗歌。可以说,如果忽略了朱湘的散文,就不能获得对朱湘其人的全面认识,更不能获得对朱湘其诗的深刻把握。更进一步说,朱湘在中国现代文学史上虽称不上鸿儒大家,却对于研究认识二三十年代中国知识分子的命运,尤其是西学东渐过程中他们对自身位置的寻找和确立等问题具有典型意义,若忽略了朱湘的散文,这一研究亦难以深入开展。

又 浙江文艺出版社出版了由吴方、越宁编的《朱湘诗全编》,较为全面地搜集了朱湘的全部诗歌作品。

该书包括以前出版的《夏天》、《草莽集》和诗人去世后出版的《石门集》、《永言集》以及一些集外散佚稿,并对部分曾刊载于报刊上的作品进行了校核,注明若干改动之处和原发表的情况。全书分四编,第一编为一般标题之作,第二编为叙事诗和讽喻诗,第三编为仿西方格律体诗,第四编为英文诗、散文诗和诗剧。吴方在《前言》中写道:

总的来看,朱湘的诗,贵在不俗。尤其是他前期的小诗,有一种"静"而兼"清"的风度:对人生和自然保持着一种去其凌厉矫揉的态度,笔下流出一种温和的艺术姿态,一种平静、温柔的美学情趣。后来他的诗虽然转入曲折深沉,仍在字里行间闪露着真诚的痛苦诉说。他的心中一直保有诗神的召唤。

河北教育出版社以"中国现代小品经典"系列再版了《海外寄霓君》。

1995 年

中国青年出版社出版了王伟、周红著《朱湘·霓君》,作者以文学的笔调讲述了朱湘与霓君之间的恩怨。

1997 年

浙江文艺出版社以"中国新诗经典"系列再版《草莽集》,收入《夏天》和《草莽集》。

1998 年

山东画报出版社出版了孙基林撰写的《漂泊的生命·朱湘》,系统地介绍朱湘的生平。

又 中国国际广播出版社出版了乐齐主编的《精读朱湘》。

又 人民文学出版社以"新文学碑林"系列再版《草莽集》。

又 华夏出版社以"中国现代文学百家"系列编辑出版朱湘诗文集《等了许久的春天》。

又 《中国文学研究》第 2 期发表覃碧卿《苦闷者的寻梦之歌——浅论朱湘和他的〈草莽集〉》。

又 《新文学史料》第 2 期发表王小彦《朱湘在清华前后》。

1999 年至 2000 年

内蒙古人民出版社以"中国现代文库"系列出版了朱湘诗文选集《江行的晨暮》。

又 华夏出版社以"中国现代文学名著百部"系列出版《朱湘》,由中国现代文学馆编。

2001 年

印刷工业出版社出版《中国现代散文经典文库·朱湘卷》。

又 中国戏剧出版社以"中国现代名家经典文库"系列出版《中书集》。

2002 年

《中国比较文学》第 4 期发表徐莉华、徐晓燕《我国五四时期的另一种翻译走向——评朱湘的英诗翻译》。

又 《长沙电力学院学报(社会科学版)》第 2 期发表张邦卫《"平静的诗"与"焦燥的人"——从创作主体结构的视角来探讨朱湘"诗"与"人"的悖逆及超越》。

2003 年

《中国文学研究》第 4 期发表宋秋盛《朱湘新诗与中国古典诗歌的联系》。

又 《长沙电力学院学报(社会科学版)》2003 年第 1 期发表张邦卫《朱湘诗学(上)》。

2004 年

百花文艺出版社再版《朱湘散文选集》。

又 上海人民出版社出版《罗念生全集》,收录有关朱湘文章多篇。

第九卷有专辑《关于朱湘》,收入罗念生怀念朱湘的文章 15 篇。第十卷收录有朱湘孙子朱细林写的一篇长文《文学因缘——罗念生与我一家三代的深情厚谊》及罗念生与朱小东、钱光培通信多封。

  又 为纪念朱湘诞辰百年,安徽省太湖县政协组织县内文学爱好者前往弥陀镇参观朱湘故居,并在镇政府召开"纪念朱湘诞辰百年座谈会"。

  又 《湖南大学学报(社会科学版)》第4期发表罗成琰、刘长华《生命的挽歌——朱湘〈草莽集〉论》。

  又 《安庆师范学院学报(社会科学版)》第6期发表方族文《朱湘研究中的几个疑点问题》。

2005年

《书屋》第1期发表石定乐《想起朱湘》。

2006年

《楚雄师范学院学报》第2期发表邓筠《把天空还给天空——关于朱湘与海子之死的追索》。

  又 《重庆社会科学》第2期发表期敬亚平《八十年前的一桩诗坛公案——关于朱湘退出〈晨报·副刊·诗镌〉的原因》。

  又 《安徽师范大学学报(人文社会科学版)》第2期发表谢昭新《论朱湘的诗学思想》。

2007年

世纪出版集团、上海人民出版社出版《孤高的真情·朱湘书信集》。

  该书由陈子善编,除收录原《朱湘书信集》全部内容外,还收录朱湘轶简数通,非常珍贵,有致周作人1封,致顾一樵3封,致施蛰存1封,致曹葆华1封,致戴望舒1封,致罗皑岚2封,致闻一多1封,致梁实秋1封。

陈子善在《孤高的真情》一书序言中写道:

中国新文学史上,鲁迅致许广平的《两地书》,徐志摩致陆小曼的《爱眉小札》,郁达夫致王映霞的《达夫书简》,沈从文致张兆和的《湘行书简》,都被视为现代"情书"文学的"经典",虽然作者的风格各异,鲁迅的冷静,徐志摩的缠绵,郁达夫的热烈,沈从文的深沉,均各擅胜场。朱湘这部《海外寄霓君》足可与他们媲美。朱湘生前并不打算公开这些"情书",因此,我们今天"偷窥",一个真实的不加伪饰的,感情丰富细腻对爱人百般疼爱的朱湘活现眼前。时至今日,这种委婉动人的古典式的"情书"已成绝响矣。

又　远方出版社出版朱湘《葬我》。

又　上海实行新课改,将朱湘的《采莲曲》收入八年级文科教材,由上海教育出版社出版。

2008年

清华大学出版社以"翻译与跨学科学术研究丛书"出版《视界的融合:朱湘译诗新探》,张旭著。

2009年

北京线装书局以"中国近现代名人文萃"系列出版《朱湘文集》。

又　辽宁人民出版社以"才子英年"系列出版《朱湘集》。

2010年

《名作欣赏》2010年第14期发表何清、孙良好《十四行诗内在变革倾向探讨——从朱湘的〈十四行英体·六〉说起》。第36期发表易东生《向死而在的无望——论朱湘诗歌创作的审美心理机制》。

又 《江淮文史》第1期发表余世磊《朱湘与二嫂薛琪瑛》。

又 中国画报出版社出版《朱湘精品文集》。

又 华夏出版社出版朱湘《废园》。

2011年

1月4日 《山西经济日报》发表王文森《一百年来这10人影响中国文化进程》,包括朱湘。

这10人是:王国维、梁启超、胡适、蔡元培、林语堂、朱湘、赵元任、陈寅恪、刘半农、宗白华。作者评点朱湘说:

也许现在人们没有几个人还记得朱湘这个名字,在二三十年代,朱湘可是中国的大诗人,他的名气可以和闻一多、徐志摩相提并论。朱湘先生对于中国新诗歌的改革和创新有着重大贡献,他在继承中国古典诗歌基础上,融合西方诗歌特点,把欧洲的十四行诗歌和中国古典诗歌相结合,把诗歌的内容和形体演绎成一种新形式,被世人所赞颂。他的代表作《摇篮歌》和《采莲曲》表现出节奏清新优美,又严整上口,被称为现代的经典之作。我们在后来的诗人郭小川和臧克家的诗句里都能看到朱湘的影响,就是当今喜欢诗歌的人们也把朱湘先生的诗歌当作首选必读作品。

又 安庆诗人苍耳在《随笔》第3期发表《从朱湘到海子》。

该文从地域文化的角度,将同样自杀的诗人朱湘与海子进行比较:

朱湘和海子都是从安庆乡村走出,并在三十岁前自杀的杰出诗人,前者十六岁上清华,被鲁迅誉为"中国的济慈",后者十五岁上北大,被公认为一个诗歌时期的终结者。从空间看去,自怀宁的查家湾到太湖的百草林,不过数十公里,其间一条脐带般的大河浩浩汤汤地流过——它是发源于大别山南麓的两条孪生般的支流,在官坝头合流继而在程家渡汇入皖水后,便带着这片沧桑大地的渊源和奥秘,在安庆西郊汇入亚细亚大陆之巨河——扬子江。从时间看去,朱湘和海子作为二十世纪中国诗歌前后两个坐标令我震惊。这是一种巧合抑或命运的安排?在两个天才的早殇诗人的身上,我看到了二十世纪中国诗人艰难前行的沉郁身影。在投身扬子江与卧轨山海关之间,五十六年激烈动荡的历史流程被涵括了进去,而本质性诗人的命运、秉性和弱点丝毫没有改变。重要的是,在两个坐标所构筑的区间内,中国诗歌虽屡经阻断和异化,但最终完成了一个诗流序列的闭合,却是我们不应忽略的。

又《滁州学院学报》第1期发表黄艳芬《论朱湘的散文创作——以〈中书集〉第一辑为研究对象》。

又《黑河学刊》第2期发表张昊《不断反抗、不断逃避的神经症患者——朱湘提前归国原因分析》。

又 安徽省太湖县成立朱湘研究会。

由安徽省太湖县县志办主任章顺国牵头,太湖县五千年文博园公司董事长朱林寿、太湖县文联主席李登求、太湖县文化局主任科员余世磊共同发起,筹备成立朱湘研究会。

又 由章顺国主编、余世磊撰稿的《朱湘年谱》由太湖县朱湘研究会出版。

本书详细梳理了朱湘生平,吸收了多年来有关专家学者的研究成果,是第一本以年谱的形式出版的朱湘研究专著。

又 岳麓书社出版"民国学术文化名著"丛书之一——朱湘著《文学闲谈》。

2012年

长江文艺出版社出版《那些不舍的爱与孤独》。

2013年

5月20日至5月21日,安徽省太湖县举行"首届朱湘学术研讨会"。

为纪念现代著名诗人、中国新诗早期形式运动的先驱者之一朱湘诞辰109周年、逝世80周年,由安徽省太湖县朱湘研究会主办,太湖县五千年文博园、太湖县弥陀镇政府、太湖县县志办公室协办的首届朱湘学术研讨会在诗人的家乡——安徽省太湖县召开。各级各有关部门领导、来自华东师范大学、安徽大学、安徽师范大学、安庆师范学院、长江日报等省内外高校、有关部门和社会各界的专家学者共聚一堂,就朱湘诗歌的艺术特点和成就、朱湘作品对于现代社会的意义和朱湘研究工作的开展等话题展开了广泛而深入的研讨。本次研讨会共收到全国各地专家学者的学术论文近60篇。这是朱湘逝世80年来举行的首次专门研讨会,具有非常重要的历史意义和学术意义。

5月20日,与会专家学者前往太湖县弥陀镇朱湘故居百草林参观,在弥陀镇政府召开座谈会。当晚,参会人员观赏了专场文艺演出,太湖县文化工作者朗诵了朱湘诗歌《采莲曲》等。

5月21日上午首届朱湘学术研讨会举行了开幕式。安徽省社科联洪永平副主席,安庆市人民政府李兵副市长、方争鸣秘书长、沙业洋主任,安庆师范学院朱士群院长、文学院方锡球院长,安徽大学文学院鲍恒院长、当代文学评论中心王大明主任,安徽师范大学李琳琦副校长、文学院丁放院长、张树文副院长,安徽省高校培训中心朱礼长主任,华东师范大学中国现代文学资料与研究中心主任陈子善教授,湖北长江日报报业集团媒介发展研究所鲍风副所长,安庆市志办叶永新主任,安庆市文联姚岚秘书长,太湖县委王子龙副书记,太湖县委常委、宣传部毛胜发部长,太湖县政府占卓夫副县长,以及来自省内外各高校、有关部门和社会各界的专家学者和太湖县有关单位负责同志,共70多人参加了会议。

县政协主席聂万健主持开幕式,县委副书记王子龙致欢迎词,安徽大学文学院院长鲍恒、安徽师范大学副校长李琳琦、安庆师范学院校长朱士群、安徽省社科联副主席洪永平、安庆市副市长李兵等先后发表讲话。各位领导在讲话中,充分肯定了朱湘在中国现代文学史上的重要地位和开展朱湘研究的重要意义,表示将各尽所能,从经费、学术等方方面面支持朱湘研究会的工作,重视和推动朱湘研究,使之做出更多的学术成果;同时希望朱湘研究会能扎扎实实地研究朱湘的文学成就,让世人进一步了解朱湘的诗作以及朱湘作品对中国诗坛的影响,并通过对朱湘等文化名人的研究,进一步提升安庆的知名度、提升太湖的知名度,全面推动"文化安庆"、"文化太湖"建设。

开幕式上,主办方聘请了中国现代文学资料与研究中心主任陈子善、安徽大学文学院院长鲍恒、安徽师范大学文学院院长丁放、安庆师范学院文学院院长方锡球为朱湘研究会顾问。

开幕式后主办方举行了学术研讨活动。研讨会由太湖县地方志办公室主任章顺国主持,首先宣读了清华大学校史馆、朱湘研究专家钱光培、朱湘孙子朱细林为研讨会写来的贺信。陈子善、梅杰、赵建军、张公善、鲍风、彭正才、蒋华等30多位专家学者先后发言。最后由副县长占卓夫进行了总结。

陈子善在讲话中强调今后必须建立一个朱湘研究的文献保障体系:

这个过程可能很漫长,也可能需要几代人的努力,但对朱湘来讲也许不需要那么长的时间,而我们今天发现这个文献保障体系仍然没有很好地建立起来。我把这个文献保障体系概括为三个方面。第一方面,对朱湘作品的整理和出版。前面我们已经做了大量的努力,从余(世磊)先生编著的《朱湘年谱》上就看得很清楚。但我们不难发现重复很多,第一层面上的重复也不少。目前出现的各种各样的选本对普及朱湘的诗集、散文等是有作用,对一般读者来讲也很需要,但对我们研究者来说就不能满足,可以说是远远不够。我们现在需要的是在不断发掘、整理的基础上,编撰一部比较完备的《朱湘全集》,这是文献保障体系中必不可少的主要环节,我们研究朱湘主要的就是研究他的作品,在作品没有收集齐全的前提下,我们的研究可能会有偏差,可能难以深入。当然我讲这话可能有人会反驳,说我缺乏根据,因为我们读到的目前的单行本就足以支撑我们对朱湘的研究,但我认为为了更好地研究,还是迫切需要一本《朱湘全集》,哪怕第一步先搞一个朱湘文集。根据经验来讲,大的作家像鲁迅、郁达夫,全集都出了不只一版而是好几版了,当然对朱湘不一定需要这样来做,但我认为朱湘全集,包括朱湘散布在各种报刊、杂志上的作品还有发掘的空间,年谱里面已经做了这方面有意义的工作,所以我觉得只有等《朱湘全集》出版后,我们对朱湘的研究才开始建立在一个比较扎实的基础上面。

第二方面,对朱湘的研究我们现在掌握了多少,有没有一部或者几部朱湘研究文集呢?并没有!除陈光明先生的专著出版以后,还有隔了很多年才出现的一个新的张旭先生作的《视界的融合——朱湘译诗新探》,从诗歌翻译的角度来讨论朱湘译诗的理论与见解,这当然是个可喜的收获,但此后又有一大段空白。我们做研究朱湘论文可不可以做这样一个工作,就是整理、出版朱湘研究论文的编选或精选,让我们知道朱湘研究现在已经达到了什么水平,我们的前人已经涉及到哪些领域,还有哪些领域没有涉及或很少涉及,这也是文献保障体系或是朱湘研究一些基础的工作。第二方面中还包括一个重要工作就是余(世磊)先生、章(顺国)先生已经编著的《朱湘年谱》,这个工作已经做了,我感到非常欣慰。

第三方面,朱湘回忆录的编纂。这个工作对现在来说难度很大,因为最佳时机已经错过了,就是八十年代,还有朱湘的朋友、同事、学生健在,现在逝世了很多,差不多已经是凋零殆尽了,但还是留下了一些东西。

大家以严谨的学术态度,从不同的角度解析了朱湘的短暂人生,评述了朱湘对于中国文学、特别是新诗的发展所作出的卓越贡献,赞颂了朱湘高贵的爱国精神和民族自尊心,也指出了朱湘性格的不足及其成因。陈子善教授等对今后的朱湘研究工作提出了许多宝贵的意见,希望尽快建立文献保障体系,主要包括:1. 对朱湘作品的整理和出版:编纂完备的《朱湘全集》;2. 对朱湘研究论文集的整理;3. 朱湘回忆录的编纂。他们还对今后朱湘研究提出了一些新视点,包括:1. 朱湘早期诗歌的白话问题;2. 朱湘诗歌对外文诗的吸收融合问题;3. 朱湘与同时代人的关系问题;4. 朱湘散文研究欠缺问题等等。

又　浙江工商大学出版社出版张邦卫著《朱湘论稿》。

又　《现代中文学刊》发表善文《朱湘故居》。

2014 年

成都时代出版社出版《孤高的真情:朱湘精品文集》。

又　中国书籍出版社出版《朱湘精品选》。

又　长江文艺出版社出版"中国新诗库"丛书之一——《朱湘卷》。

又　上海科学技术文献出版社出版"首版文学经典"系列丛书之一——《石门集》。

又　汕头大学出版社出版"中国现代散文经典文库"丛书之一——《朱

湘》。

2015 年

北方妇女儿童出版社出版"中国文学名家精品"丛书之一——《朱湘诗歌精品》。

又 上海书店出版社出版"现代文学名著原版珍藏"之一——《石门集》(影印本)。

2016 年

长江文艺出版社出版《那些不舍的爱与孤独——朱湘情书选》。

又 中国文史出版社出版"民国美文典藏文库"丛书之一——《朱湘卷:贵族与平民》。

又 辽宁人民出版朱湘诗文集《才子英年——徒步旅行者》。

又 中国文史出版社出版《有好多话要藏在心底,专等一个人:朱湘情书精选》。

2017 年

安徽文艺出版社出版《朱湘全集》。

《朱湘全集》共五卷,由安徽大学中文系教授方铭整理主编。但该书在搜遗方面仍有不足,还有许多已发现的朱湘佚作未收入其中。

又 中国文史出版社出版"民国大师精美诗文系列"丛书之一——《星辰已不见,我要同你分别了——朱湘诗文精选》。

又　四川人民出版社出版"新月派小全集"丛书之——朱湘诗选《专等一个人》。

又　济南出版社出版《朱湘与他的诗》。

又　清华大学出版社出版张旭研究专著《视界的融合：朱湘译诗新探》（修订版）。

又　世界图书出版公司（广东）出版"中国现代文学大师精品集"丛书之一——《朱湘精品集》。

2018 年

北京理工大学出版社出版《那些舍不得的爱与孤独——朱湘与霓君》。

又　浙江人民美术出版朱湘诗选《等了许久的春天》。

又　团结出版社出版《朱湘精品文集》。

又　现代出版社出版《朱湘文学精品选》。

2019 年

四川文艺出版社再版周良沛《朱湘诗全篇》。

在国际上，捷克、日本、马来西亚等国都翻译出版了朱湘的著作。

据统计，海内外共出版朱湘的各类著作达到近百个品种，关于朱湘研究的论文，每年也大量散见于有关报刊中，这里无法一一列举。

朱湘虽然只活了30年，但其留下的作品是如此丰富，如此受到世人的喜爱。假使朱湘平安活下来，其造诣何胜言哉！

文学不死，它寄托的是全人类的共同理想和智慧。除朱湘伟大的作品，还有他那种对文学前途所怀抱的无限热情和信心,他那种对文学不屈不挠的探索和求新精神,也是我们今天这个时代所最需要的。这些,同样是朱湘留给后人的一笔无价之宝,值得我们一代代传承下去。

朱湘著作年表

1921年

《死》(诗) 10月1日《清华周刊》第224期(收《夏天》)。

1922年

《废园》(诗) 1月《小说月报》第13卷1号,又刊于4月7日《清华周刊》243期(收《夏天》)。

《致沈雁冰》(书信) 1月《小说月报》第13卷第1号。

《荷叶》(诗) 2月《小说月报》第13卷2号(未入集)。

《死》(诗) 7月《小说月报》第13卷7号(收《夏天》)。

《地丁》(诗) 7月《小说月报》第13卷7号(未入集)。

《春》(诗) 8月《小说月报》第13卷8号(收《夏天》)。

《路曼尼亚民歌》(译诗) 10月《小说月报》第13卷第10号。

《黑夜纳凉》(诗) 11月25日《清华周刊》第1次文艺增刊(收《夏天》)。

《小河》(诗) 11月25日《清华周刊》第1次文艺增刊(收《夏天》)。

《流啊、小河》(诗)　12月22日《清华周刊》第2次文艺增刊(收《夏天》)。

《路曼尼亚民歌》(译诗)　12月《小说月报》第13卷第12号。

1923年

《白云深处》(诗)　1月13日《清华周刊》第3次文艺增刊(未入集)。

《冬夜歌》(诗)　3月1日《清华周刊》第303期(未入集)。

《小河》(诗)　4月清华文学社《文艺汇刊》(收《夏天》)。

《迟耕》(诗)　4月清华文学社《文艺汇刊》(收《夏天》)。

《黑夜纳凉》(诗)　4月清华文学社《文艺汇刊》(收《夏天》)。

《课程上前车之鉴》(散文)　11月30日《清华周刊》第296期(未入集)。

《精神教育》(散文)　12月30日《清华周刊》第298期(未入集)。

1924年

《复高思潜》(书信)　2月3日《三三医报》第1卷第19期。

《冬夜歌》(诗歌)　3月1日《清华周刊》第303期(收《夏天》)。

《春雨后的早晨》(诗歌)　9月《小说月报》第15卷第9号(收《夏天》)。

《北地早春雨霁》(诗歌)　9月《小说月报》第15卷第9号(收《夏天》)。

《蓝默的〈博图夫人关于哑牌的见解〉》(文学评论,署名天用)　10月6日《时事新报·文学周刊》第142期。

《〈统一局〉》(文学评论,署名天用)　10月6日《时事新报·文学周刊》第142期。

《吹求的与法官式的文艺批评》(文学评论,署名天用)　10月6日《时事新报·文学周刊》第142期。

《〈红烛〉》(文学评论,署名天用)　10月20日《时事新报·文学周刊》第144期。

《〈小溪〉》(文学评论,署名天用)　10月20日《时事新报·文学周刊》第144期。

《〈呐喊〉》(文学评论,署名天用)　10月27日《时事新报·文学周刊》第145期。

《夏夜》([英]谈尼孙,译诗)　10月《小说月报》第15卷第10号。

《异域乡思》([英]白朗宁,译诗)　10月《小说月报》第15卷第10号。

《卫推克君的返股》([英]怀特,译小说)　10月《小说月报》1924年第15卷第10号。

《你何必啼呢》(诗歌)　11月《小说月报》第15卷第11号(未入集)。

《〈流云〉》(文学评论,署名天用)　12月1日《时事新报·文学周刊》第150期。

《有感》(诗歌)　12月25日《致梁宗岱信》(未入集)。

《秋》(诗歌)　12月《小说月报》第15卷第12号(未入集)。

《雨》(诗歌)　12月《小说月报》第15卷第12号(收《草莽集》,更名《雨景》)。

《马克汉》([英]史蒂文生,译文)　12月《小说月报》第15卷第12号(收《草莽集》)。

1925 年

《夏天》(诗集)　1月上海商务印书馆出版,为文学研究会丛书之一,共收诗26首。其中包括《迟耕》、《小河》、《黑夜纳凉》、《忆西戎》、《宁静的夜晚》、《等了许久的春天》、《寄一多基相》、《回忆》、《寄思潜》、《笼鸟歌》、《南归》、《春鸟》、《雪》、《我的心》、《快乐》、《鸟辞林》、《覆舟人》、《霁雪春阳颂》、

《爆竹》、《鹅》等。

《往日之歌》 1月《小说月报》第16卷第1期。

《无情的女郎》([英]济慈,译诗) 1月《小说月报》第16卷第1期。

《白朗宁的〈异域乡思〉与英诗》(书信) 3月11日《京报副刊》。

《批评家李笠翁》(致周作人书信) 3月23日《语丝》周刊第19期。

《诗四首》 3月23日《京报副刊》(即《我的心》、《鸟辞林》、《快乐》、《覆舟人》,均收《夏天》)。

《一封致友人饶孟侃的公开信》(书信) 3月28日《京报副刊》。

《评"寂寞的国"》(致汪静之信) 3月《开明》第2卷第4期。

《南归》(诗) 3月《京报副刊》(收《夏天》)。

《闻一多泪雨附识》(评论) 4月2日《京报副刊》。

《这是什么意思》(杂文) 4月11日《晨报副刊》。

《寄一多基相》(诗) 4月12日《京报副刊》(收《夏天》)。

《哑的神判》([英]加涅忒,译小说) 4月《小说月报》第16卷第4号。

《因尼司弗里湖岛》([爱尔兰]叶芝,译诗) 5月16日《晨报副刊》。

《有感》(诗) 5月29日《晨报副刊》(未入集)。

《有忆》(诗) 7月18日《京报副刊》(收《草莽集》)。

《大树辞》(诗) 7月20日《晨报副刊》(未入集)。

《弹三弦的瞎子》(诗) 7月23日《京报副刊》(收《草莽集》)。

《暂霁》(诗) 8月4日《京报副刊》(未入集)。

《苦雨》(诗) 8月5日《京报副刊》(未入集)。

《孙先生悼词》 8月《猛进》周刊(收《草莽集》,改名《哭孙中山》)。

《适存中学校歌》(诗) 10月《京报副刊》(收《草莽集》)。

《猫诰》(诗) 10月《小说月报》第16卷第10号(收《草莽集》)。

《催妆曲》 10月7日《京报副刊》(收《草莽集》)。

《地依的沙滩》([英]金斯雷,译诗) 10月12日《文学》。

《歌》(诗) 12月《小说月报》第16卷第12号(收《草莽集》,改名《热情》)。

《答梦》(诗) 12月《小说月报》第16卷第12号(收《草莽集》)。

《秋曲》([英]济慈,译诗) 12月《小说月报》第16卷第12号。

《有一座坟墓》(诗) 12月《小说月报》第16卷第12号(收《草莽集》)。

《不要说这场奋斗无益》([英]克劳,译诗) 《京报副刊》第83期。

《最后的诗》([英]济慈,译诗) 《京报副刊》第223期。

《捉露珠》(散文) 《妇女杂志》第11卷第12期(未入集)。

《一个穷的绅士》([英]葛辛,译小说) 《东方杂志》第22卷第23期。

《这是什么意思》(散文) 《京报副刊》第115期。

1926 年

《打弹子》(散文) 1月《小说月报》第17卷第1号(收《中书集》)。

《评徐君志摩的诗》(评论) 1月《小说月报》第17卷第1号(收《中书集》)。

《歌》(诗) 1月《小说月报》第17卷第1号(收《石门集》)。

《秋夜》(诗) 1月《小说月报》第17卷第1号(未入集)。

《赌牌》([英]黎理,译诗) 1月《小说月报》第17卷1号。

《恳求》([英]薛悝,译诗) 1月《小说月报》17卷1号。

《摇篮歌》(诗) 2月《小说月报》第17卷第2号(收《草莽集》)。

《残灰》(诗) 3月《小说月报》第17卷第3号(收《草莽集》)。

《〈尝试集〉》(评论) 4月1日《晨报·诗镌》第1期(收《中书集》)。

《昭君出塞》(诗) 4月8日《晨报·诗镌》第2期(收《草莽集》)。

《郭君沫若的诗》(评论) 4月8日《晨报·诗镌》第2期(收《中书集》)。

《采莲曲》(诗) 4月15日《晨报·诗镌》第3期(收《草莽集》)。

《〈草儿〉》(评论) 4月15日《晨报·诗镌》第31期(收《中书集》)。

《朱湘启事》 4月22日《晨报副刊》。

《我的读诗会》(散文) 4月24日《晨报副刊》。

《还乡》(诗) 5月《小说月报》第17卷第5号(收《草莽集》)。

《评闻君一多的诗》(评论) 5月《小说月报》第17卷第5号(收《中书集》)。

《夏夜》(诗) 6月《小说月报》第17卷第6号(收《草莽集》)。

《雨前》(诗) 6月《小说月报》第17卷第6号(收《草莽集》)。

《诀别》(诗) 6月《小说月报》第17卷第6号(未入集)。

《美》(诗) 6月《小说月报》第17卷第6号(收《石门集》)。

《多西》([英]郎德尔,译诗) 6月《小说月报》第17卷第6号。

《终》([英]郎德尔,译诗) 6月《小说月报》第17卷第6号。

《归来》([英]夏士陂,译诗) 6月《小说月报》第17卷第6号。

《海挽歌》([英]夏士陂,译诗) 6月《小说月报》第17卷第6号。

《爱》([英]薛悝,译诗) 6月《小说月报》第17卷第6号。

《放鸽》(诗) 6月4日《清华文艺》(未入集)。

《王娇》(诗) 7月《小说月报》第17卷第7号(收《草莽集》)。

《北海纪游》(散文) 9月《小说月报》第17卷第9号(收《中书集》)。

《哭城》(诗) 9月《小说月报》第17卷第9号(收《石门集》)。

《死之胜利》(诗) 12月《小说月报》第17卷第12号(收《石门集》)。

1927年

《致青民》(书信) 1月9日《洪水》。

《恳求》(诗) 1月朱湘自编《新文》月刊第1期(收《永言集》)。

《烽火》(诗) 1月朱湘自编《新文》月刊第1期(收《永言集》)。

《咬菜根》(散文) 1月朱湘自编《新文》月刊第1期(收《中书集》)。

《梦苇的死》(散文) 1月朱湘自编《新文》月刊第1期(收《中书集》)。

《月圆室之文》(一)(评论) 1月朱湘自编《新文》月刊第1期。

《小家》(诗)　2月朱湘自编《新文》月刊第2期(收《永言集》)。

《我如》(诗)　2月朱湘自编《新文》月刊第2期(收《永言集》)。

《书》(散文)　2月朱湘自编《新文》月刊第2期(收《中书集》)。

《空中楼阁》(散文)　2月朱湘自编《新文》月刊第2期(收《中书集》)。

《月圆室之文》(二)(评论)　2月朱湘自编《新文》月刊第2期(收入《中书集》,改名《杨晦》)。

《三百篇中的私情诗》(论文)　6月《小说月报》第17卷号外(收《中书集》)。

《李笠翁十种曲》(论文)　6月《小说月报》第17卷号外(收《中书集》)。

《古代的民歌》(论文)　6月《小说月报》第17卷号外(收《中书集》)。

《五绝中的女子》(论文)　6月《小说月报》第17卷号外(收《中书集》)。

《王维》(论文)　6月《小说月报》第17卷号外(收《中书集》)。

《救风尘》(论文)　6月《小说月报》第17卷号外(收《中书集》)。

《吟风阁》(论文)　6月《小说月报》第17卷号外(收《中书集》)。

《蒋士铨》(论文)　6月《小说月报》第17卷号外(收《中书集》)。

《草莽集》(诗集)　11月上海开明书店出版,为朱湘自编"新文丛书"第一种,共收诗34首,其中未发表的诗作有《光明的一生》、《热情》、《饮酒》、《雌夜啼》、《婚歌》、《朝晓曲》、《春风》、《日色》、《端阳》、《夏院》、《当铺》、《秋》、《眼珠》、《月游》、《梦》等。

《〈明妃三曲〉》(论文)　清华文学社《文艺汇刊》第2期。

1928年

《说译诗》(论文)　2月《文学周报》第5卷。

《关于〈草莽集〉》(书集)　2月《文学周报》第5卷。

《泛海》(诗)　2月《文学周报》第5卷(收《石门集》)。

《洋》(诗)　2月《文学周报》第5卷(收《石门集》)。

《译欧阳修〈南歌子〉》 3月芝加哥大学《凤凰》。

《译辛弃疾〈摸鱼儿〉》 3月芝加哥大学《凤凰》。

《译自作〈摇篮曲〉》 3月芝加哥大学《凤凰》。

《中国神话的美丽想象》（书信） 4月《文学周报》第6卷。

《评〈寂寞的国〉》（书信） 4月《文学周报》第6卷。

《刘梦苇与新诗形式运动》（散文） 9月《文学周报》第7卷。

《致莫索》（书信） 9月《文学周报》第7卷。

《荷马史诗里的罗托斯》（书信） 12月《文学周报》第7卷。

《〈翡冷翠的一夜〉》（书信） 12月《文学周报》第7卷。

《〈草莽集〉的音调和形式》（书信） 12月《文学周报》第7卷。

1929 年

《〈上元灯〉与我底记忆》（致赵景深信） 《新文艺》第1卷第3号。

《致施蛰存》（书信） 《新文艺》第1卷第3号。

《仅存的阴加人》（[科隆比亚]嘉罗嘉罗,译诗） 《文学周报》第326－350期。

《美国通信》（致景深兄） 《文学周报》第326－350期。

《安徽大学校刊启事》 《安徽大学校刊》第21期。

《说译诗》（评论） 收入《中书集》。

1930 年

《诗选》（诗） 3月《现代文学》第1卷第3期（意体十四行诗五十六首之五,选入《永言集》）。

1931 年

《美丽》(诗)　1月新月社《诗刊》创刊号(收《石门集》)。

《太湖旅省学生会会刊》序言(散文)　1931年2月5日《太湖旅省学生会会刊》。

《致曹葆华》(书信)　3月30日《清华大学校刊》第278号。

《招魂辞》(诗)　3月《时代》第1卷第3期(收《石门集》)。

《邵冠华的旅程》(致书信)　4月《现代文学评论》创刊号。

《十四行》(诗)　4月《文艺杂志》第1卷第4期(意体十四行诗五十六首之九,选入《石门集》)。

《花与鸟》(诗)　《中国文学》第1卷第3、4号,又刊于《文艺半月刊》1931年第6－7期(收《石门集》)。

《林中》([英]沙士比,译诗)　5月《塔铃》第2期。

《夏天》(诗集)　商务印书馆再版。

《诗的产生》(论文)　《文艺创作讲座》第2期(收《文学闲谈》)。

1932 年

《十四行悼徐志摩》(诗)　7月新月社《诗刊》第4期(收《石门集》)。

《圈兜儿一首》(诗)　8月《现代》第1卷第4号(收《石门集》)。

《雨》(诗)　8月《现代》第1卷第4号(收《石门集》)。

《十四行一首》(诗)　9月《文艺杂志》第4期(收《永言集》)。

《女鬼》(诗)　9月《文艺杂志》第4期(未入集)。

《歌》(诗)　11月《青年界》第2卷第4号(收《永言集》)。

《十四行一首》(诗)　11月《青年界》第2卷第4号(收《永言集》)。

《银铃》(评论) 11月《青年界》第2卷第4号(未入集)。

《三叠令》(诗) 12月《青年界》第2卷第5号(收《石门集》)。

《回环调》(诗) 12月《青年界》第2卷第5号(收《石门集》)。

《西湖》(诗) 12月《青年界》第2卷第5号(收《石门集》)。

《柳浪闻莺》(诗) 12月《青年界》第2卷第5号(收《石门集》)。

1933年

《说推敲》(散文) 3月5日《申报·自由谈》。

《访人》(散文) 3月6日《申报·自由谈》。

《文学闲谈之一至十一》 4月《青年界》从第3卷第2号起连续发表。

《烟卷》(散文) 4月《青年界》第3卷第2号(收《中书集》)。

《何默尔》(诗) 7月《文学》杂志创刊号(意体十四行诗五十六首之五十二,选入《石门集》)。

《十四行诗》(诗) 7月《文学》杂志创刊号(意体十四行诗五十六首之十九,选入《石门集》)。

《冬》(诗) 7月《文学》杂志创刊号(收《石门集》)。

《贵族与平民》(论文) 8月《青年界》第4卷1号(收《文学闲谈》)。

《夜歌》(诗) 8月《青年界》第4卷第1号(收《石门集》)。

《白》(诗) 8月《青年界》第4卷第1号(收《石门集》)。

《圜兜儿一首》(诗) 8月《青年界》第4卷第1号(收《永言集》)。

《地方文学》(论文) 9月《青年界》第4卷第2号(收《文学闲谈》)。

《十四行四首》(诗) 9月《青年界》第4卷第2号(收《石门集》)。

《圜兜儿一首》(诗) 9月《青年界》第4卷第2号(收《石门集》)。

《庄周之一晚》(诗) 10月《文学》杂志第1卷第4号(收《石门集》)。

《文化大观》(论文) 10月《青年界》第4卷第3号(收《文学闲谈》)。

《十四行二首》(诗)　10月《青年界》第4卷第3号(收《石门集》)。

《说作文》(散文)　11月《文学》杂志第1卷第5号(收《文学闲谈》)。

《巴俚曲与跋》(论文)　12月《青年界》第4卷第5号。

《四行》(诗)　12月《青年界》第4卷第5号(收《石门集》)。

《岁暮》(诗)　12月《青年界》第4卷第5号(收《石门集》)。

《病魔曲》(诗)　12月《青年界》第4卷第5号(收《石门集》)。

1934年

《十四行一首》(诗)　1月《青年界》第5卷第1号(收《石门集》)。

《我的心》(诗)　1月《青年界》第5卷第1号(收《石门集》)。

《收魂》(诗)　1月《青年界》第5卷第1号(收《石门集》)。

《我的新文学生活》(散文)　2月《青年界》第5卷第2号(收《中书集》,改名《我的童年》)。

《诗的用字》(论文)　2月《青年界》第5卷第2号(收《文学闲谈》)。

《江行的晨暮》(散文)　2月《青年界》第5卷第2号(收《中书集》)。

《参观芝加哥博物馆》(书信摘录)　2月《青年界》第5卷第2号(收《中书集》)。

《索赫拉与鲁斯通》(Arnold M.,译诗)　2月《青年界》第5卷第2号,31—56页。

《创作的快乐》(书信摘录)　2月《青年界》第5卷第2号(收《中书集》)。

《说诙谐》(散文)　2月《青年界》第5卷第2号(收《中书集》)。

《说自我》(散文)　2月《青年界》第5卷第2号(收《中书集》)。

《说说话》(散文)　2月《青年界》第5卷第2号(收《中书集》)。

《想入非非》(散文)　2月《青年界》第5卷第2号(收《中书集》)。

《投考》(散文)　2月《青年界》第5卷第2号(收《中书集》)。

《李白与王维》(书信摘录) 2月《青年界》第5卷第2号(收《中书集》)。

《〈中书集〉的计划》(书信摘录) 2月《青年界》第5卷第2号。

《闻一多与〈死水〉》(书信摘录) 2月《青年界》第5卷第2号。

《民意》(诗) 2月《诗与散文》第1卷第2期(收《永言集》)。

《致罗皑岚》(书信) 3月14日《益世报·文学周刊》第2期。

《今宵》(诗) 4月《诗歌月报》第1卷第4期(收《永言集》)。

《乞丐》(诗) 4月《诗歌月报》第1卷第4期(收《永言集》)。

《朱湘遗书》 4月《清华周刊》第41卷第3、4期合刊。

《寓言》(散文) 5月《人间世》第3期(收《中书集》)。

《迎神》(散文) 5月《人间世》第4期(收《中书集》)。

《燕子》(诗) 5月《人间世》第4期(收《永言集》)。

《慰元度》(诗) 5月《人间世》第4期(收《永言集》)。

《秋风》(诗) 5月《诗歌月报》第1卷第5期(收《永言集》)。

《十四行》(诗) 6月《人间世》第5期(收《石门集》)。

《Gautier》(诗) 6月《人间世》第5期。

《石门集》(诗集) 6月商务印书馆出版,共收诗133首及诗剧1个,分为五编:第一编收各体诗33首;第二编为叙事诗1首;第三编收移植西诗格律的各体诗96首,其中二行1首,四行4首,三叠令2首,巴俚曲3首,圈兜儿14首,英体十四行17首,意体十四行54首;第四编收散文诗3篇;第五编为诗剧1个。

《画虎》(散文) 7月《人间世》第7期(收《中书集》)。

《文学闲谈》(文学论集) 8月上海北新书局出版,为内容各自独立而相互又有联结的论文结集。目次为:1.为什么要读文学 2.文学与消遣 3.文学与年龄 4.禁书 5.翻译 6.领域共有 7.分类 8.古典与浪漫 9."文以载道" 10.异域文学 11.文化大观。正文之外尚有附录:1.诗的产生 2.谈诗 3.说作文 4.诗的用字。

《呼》(诗)　9月《人间世》第11期(收《永言集》)。

《何必要叫别人了解》(诗)　10月《人间世》第13期(收《永言集》)。

《十四行》(诗)　10月《人间世》第13期(收《石门集》)。

《问》(诗)　10月《人间世》第13期(收《永言集》)。

《中书集》(散文评论集)　10月上海生活书店出版,共收文34篇。分为四辑:第一辑收随笔22篇;第二辑收中国古典诗歌研究论文9篇;第三辑收中国现代文学批评论文9篇;第四辑收外国文学评价文章3篇。其中未发表过的文章有《胡同》、《木兰从军》、《文艺作者联合会》、《周邦彦的"大酺"》、《谈〈沙乐美〉》、《谈〈番女缘〉》等。

《戍卒》(诗)　11月《人间世》第15期(收《永言集》)。

《我的诗》(诗)　11月《人间世》第15期(收《永言集》)。

《星文》(诗)　11月《人间世》第15期(收《永言集》)。

《朱湘遗札》　12月《益世报》、《文学周刊》(收《朱湘书信集》)。

《朱湘遗札》　12月《人间世》第18期(收《朱湘书信集》)。

《海外寄霓君》(书信集)　12月上海北新书局出版,收朱湘留美期间致刘霓君书信90封。

《月圆室书札二通》(书信)　《平山月刊》第1卷第1期。

《幸福》(诗)　《诗歌月报》第1卷第1期(收《石门集》)。

《死之胜利——为子惠作》(诗)　《诗歌月报》第1卷第1期(收《石门集》)。

《相信》(诗)　《诗歌月报》第1卷第2期(收《石门集》)。

《一个省城》(诗)　《诗歌月报》第1卷第2期(收《石门集》)。

《书》(散文)　《平山月刊》第1卷第1期(收《中书集》)。

《绝命诗》(诗,原诗无题)　《上海报》(未入集)。

《寻》(诗)　《诗与散文》第1卷2期(收《永言集》)。

《子沅书信》　《现代》第4卷第3号(收《朱湘书信集》)。

《谈诗》(论文)　《文学》第2卷第1号(收《文学闲谈》)。

《徒步旅行者》(散文) 《青年界》第3卷第3号(收《中书集》)。

《在国外》(致赵景深信) 《中国文学》第1卷第3—4期。

《鸟》(诗) 《中国文学》第1卷第3—4期(收《石门集》)。

《歌》(诗) 《中国文学》第1卷第3—4期(收《石门集》)。

《花与鸟》(诗) 《中国文学》第1卷第3—4期(收《石门集》)。

《扪心》(诗) 《中国文学》第1卷第3—4期(收《石门集》)。

《十四行》(诗) 《中国文学》第1卷第3—4期(收《石门集》)。

《招魂辞》(诗) 《中国文学》第1卷第3—4期(收《石门集》)。

《三叠令》(诗) 《诗歌月报》第2卷第1期(收《石门集》)。

1935年

《尼语》(诗歌) 1月《文艺》1935年第2卷第1期(收《永言集》)。

《石门集》(诗集) 2月商务印书馆再版。

《希腊牧歌》(散文诗) 2月《人生与文学》第1卷第2期(未入集)。

《美之宫》(诗) 5月《人间世》第28期(收《永言集》)。

《朱湘遗诗二首》 6月7日《武汉日报》。

《小聚》(诗) 7月《人间世》第31期(收《永言集》)。

《回甘》(诗) 7月《人间世》第31期(收《永言集》)。

《西风》(诗) 7月《人间世》第31期(收《永言集》)。

《残诗》(诗) 7月《人间世》第32期(收《永言集》)。

《历史》(诗) 7月《人间世》第32期(收《永言集》)。

《春之花》(诗) 11月《人间世》第39期(未入集)。

《致戴望舒》(书信) 11月上海生活书店《现代作家书简》。

《因尼司弗里湖岛》([爱尔兰]叶芝,译诗) 《青年界》第8卷第1期。

《断句》(诗) 《青年界》第8卷第3期(未入集)。

《湖》(诗) 《青年界》第 8 卷第 5 期(未入集)。

《寄霓君》 《人生与文学》第 1 卷第 4 期(收《朱湘书信集》)。

《扪心》(诗) 《新星》创刊号(收《石门集》)。

《团头女婿》(诗,未完) 《文章》1935 年创刊号(收《永言集》)。

《为什么要作新诗》(评论) 《人生与文学》第 1 卷第 6 期(未入集)。

《初恨》(译诗) 《人生与文学》第 1 卷第 6 期。

《子沉遗札》 《新文学》1935 年创刊号。

1936 年

《朱湘书信集》 天津"人生与文学社"出版,罗念生编,收朱湘致霓君 4 封,致彭基相 2 封,致汪静之 1 封,致梁宗岱 1 封,致曹葆华 1 封,致戴望舒 1 封,致吕蓬尊 2 封,致徐霞村 1 封,致赵景深 19 封,致柳无忌 6 封,致罗皑岚 19 封,致罗念生 24 封,致孙大雨 5 封,共计 86 篇书信。

《番石榴集》(译诗集) 上海商务印书馆出版,为"文学研究会世界名著丛书"之一,罗念生、罗皑岚、柳无忌等编。

《永言集》(诗集) 上海时代图书公司出版,为"新诗库第一集第六种",赵景深编,但集名由朱湘生前自定,收诗 33 首,主要为写于 1926 年至 1927 年间的《草莽集》之外的作品。其中《尼语》、《秋风》、《墓园》、《今宵》、《寻》、《民意》、《围兜儿》、《白》、2 首叙事诗《团头女婿》和《八百罗汉》,是未在他处发表过的。

《〈团头女婿〉续》(诗) 《文艺(武昌)》第 2 卷第 5、6 期(收《永言集》)。

1937 年

《中书集》(散文评论集) 5 月商务印书馆再版。
《致罗香林、夏鼐》(书信) 《书林》第 1 卷第 2 期。

1939 年

《昭君出塞》(朱湘词,邱望湘谱曲) 《爵士歌选》第 2 期。

1940 年

《朱湘随笔》(散文评论集) 10 月上海三通书店发行,此书实际上是《中书集》的再版,篇目与《中书集》相同。

1943 年

《燕子》(诗歌) 《风雨谈》第 1 期(收《永言集》)。

1946 年

《赠赵曾俦》(旧体诗) 《茶话》第 6 期。

1947 年

《闻一多与〈死水〉》(论文)　7月《文艺复兴》第3卷第5号。
《朱湘遗札》(致顾一樵)　7月《文艺复兴》第3卷第5号。

1971 年

《朱湘随笔》(散文评论集)　大地出版社再版。

1977 年

《朱湘文选》　5月洪范书店印行。痖弦编,与《中书集》篇目相同,书前有柳无忌序《朱湘:诗人的诗人》。
《海外寄霓君》　8月洪范书店印行。
《朱湘文选》　12月洪范书店印行,较同年5月所出《朱湘文选》少7篇文章。

1978 年

《文学闲谈》　9月洪范书店印行,痖弦编,内容与原版《文学闲谈》相同,书前有柳无忌序。

1983 年

《草莽集》 人民文学出版社出版。

《朱湘书信集》 12月上海书店出版,"中国现代文学史参考资料"之一,据罗念生编《朱湘书信集》影印。

1983 年至 1985 年

《朱湘》(诗文选集) 三联书店香港分店与人民文学出版社联合出版,"中国现代作家选集"丛书之一,孙玉石编,书前有罗念生序。

1986 年

《中书集》 上海书店出版,按1937年5月再版本影印。

《朱湘散章》 5月湖南文艺出版社出版,封面题为"袖珍诗丛,新诗钩沉"。

《朱湘译诗集》 5月湖南人民出版社出版,罗念生作序,洪振国作《后记》。

1987 年

《朱湘诗选》 1月四川文艺出版社出版,此书由《夏天》、《草莽集》、《石门集》、《永言集》等4部诗集汇成,书前有周良沛序。

《朱湘书信二集》 3月安徽文艺出版社出版,为《海外寄霓君》与《朱湘书信集》的合集,并增补了致施蛰存信一封,对原《朱湘书信集》中删去的字句也做了补正与注释。书前有罗念生序,书后有穆杉、吴文《后记》。

1988 年

《朱湘卷》(诗集) 8月长江文艺出版社出版,"中国新诗库第一辑"之一,由周良沛编选,书前有周良沛序。

1992 年

《朱湘散文选集》 1月百花文艺出版社出版,"百花散文书系"之一,孙玉石写有《前言》。

《石门集》 12月上海书店出版,"中国现代文学史参考资料"丛书之一,据生活书店1934年初版影印。

1993 年

《中书集》 10月中国文联出版公司出版,"中国现代散文名家名作原版库"之一。

1994 年

《朱湘散文》(上下册) 4月中国广播电视出版社出版,"二十世纪中国文化名人文库"之一,收录了朱湘的全部散文作品,包括《中书集》、《文学闲谈》、《海外寄霓君》、《朱湘书信集》、《石门集·散文诗》以及一些散佚的散文作品,由蒲花塘、晓非编,并写有《序言》。

《朱湘诗全编》 10月浙江文艺出版社出版。较为全面地搜集了朱湘的全部诗歌作品,及一些集外散佚稿,并对部分曾刊载于报刊上的作品进行了校核,注明若干改动之处和原发表的情况。全书分四编,第一编为一般标题之作,第二编为叙事诗和讽喻诗,第三编为仿西方格律体诗,第四编为英文诗、散文诗和诗剧。吴方、越宁编。吴方写有《前言》。

《海外寄霓君》 10月河北教育出版社再版,"中国现代小品系列"之一。

1997年

《草莽集》 5月浙江文艺出版社出版,"中国新诗经典"之一。

1998年

《精读朱湘》 1月中国国际广播出版社出版,"名家精读文丛"之一,乐齐主编。

《等了许久的春天》 1月华夏出版社出版,"中国现代文学百家"之一,收录朱湘部分诗文。

《朱湘代表作》 1月华夏出版社出版,"中国现代文学百家"之一,由中国现代文学馆编,梦晨编选。

《草莽集》 5月人民文学出版社出版,"新文学碑林"之一。

1999年

《江行的晨暮》 内蒙古人民出版社出版,"中国现代文库"之一,收录朱湘部分诗文。

2000 年

《朱湘》 5月华夏出版社出版,"中国现代文学名著百部"之一,由中国现代文学馆编,梦晨编。

2001 年

《中国现代散文经典文库·朱湘卷》 3月印刷工业出版社出版。
《中书集》 11月中国戏剧出版社出版,"中国现代名家名作文库"之一。

2003 年

《北海纪游》 1月山东画报出版社出版,杨卫东、章汉亭摄影,"现当代名家游记散文摄影珍藏版丛书"之一。
《朱湘诗选》 3月长江文艺出版社出版。

2004 年

《朱湘散文选集》 8月百花文艺出版社再版。

2005 年

《朱湘》 1月中央民族大学出版社出版,"现代名家名作"之一,瑞峰主编。

《朱湘卷》 1月大众文艺出版社出版,"中国现代散文经典文库"之一。

2007 年

《葬我》 4月远方出版社出版。

《孤高的真情·朱湘书信集》 8月世纪出版集团、上海人民出版社出版,由陈子善编,除收录原《朱湘书信集》全部内容外,还收录朱湘轶信数通,非常珍贵,有致周作人1封,致顾一樵3封,致施蛰存1封,致曹葆华1封,致戴望舒1封,致罗皑岚2封,致闻一多1封,致梁实秋1封。陈子善写有《序言》。

2008 年

《朱湘代表作:废园》 10月华夏出版社出版,中国现代文学馆编,梦晨编选。

2009 年

《朱湘精品集》 4月世界图书出版公司(广东)出版。

《朱湘文集》 6月北京线装书局出版,"中国近现代名人文萃"之一,收入朱湘部分诗歌、散文、评论经、书信,书林主编。

《朱湘集》 辽宁人民出版社出版,"才子英年"之一,收入朱湘部分散文、评论、书信。

2010 年

《朱湘精品文集》 4月中国画报出版社出版。

2011 年

《文学闲谈》 岳麓书社出版,"民国学术文化名著"之一。

2012 年

《那些不舍的爱与孤独:朱湘情书选》 6月长江文艺出版社出版。

2014 年

《海外寄霓君》 1月北京师范大学出版社出版,"大家书斋"之一。
《朱湘卷》 3月汕头大学出版社出版,"中国现代散文经典文库"丛书之一。
《朱湘精品选》 3月中国书籍出版社出版,"中国书籍文学馆·大师经典"系列之一。

2015 年

《石门集》 1月上海书店出版社出版,"现代文学名著原版珍藏"系列之一。

《朱湘诗歌精品》 1月北方妇女儿童出版社出版,"中国文学名家精品"丛书之一。

2016 年

《贵族与平民》 1月中国文史出版社出版,"民国美文典藏文库"丛书之一。

《有好多话要藏在心底,专等一个人——朱湘情书精选》 5月中国文史出版社出版。

《徒步旅行者——朱湘集》 8月辽宁人民出版社出版。

2017 年

《星辰已不见,我要同你分别了——朱湘诗文精选》 1月中国文史出版社出版。

《朱湘全集》 1月安徽文艺出版社出版。

《江行的晨暮》 2月浙江人民美术出版社出版,"经典悦读"丛书之一。

《朱湘与他的诗》 11月济南出版社出版。

《朱湘诗全篇》 11月四川文艺出版社再版。

《专等一个人》(诗选) 11月四川人民出版社出版,"新月派小全集"丛书之一。

2018 年

《朱湘精品文集》 1月团结出版社出版。

《朱湘文学精品选》 1月现代出版社出版。

《朱湘经典作品集》 4月花山文艺出版社出版。

《等了许久的春天》(诗选) 8月浙江人民美术出版社出版。

《那些舍不得的爱与孤独——朱湘与霓君》 10月北京理工大学出版社出版。

《朱湘集外书信一封》(致胡适) 《现代中文学刊》2018年第5期。

2019 年

《朱湘诗全编》 3月四川文艺出版社再版,周良沛编。

参考文献

1. 朱氏宗谱.1917.

2. 太湖县志.1922.

3. 朱湘.夏天.上海:商务印书馆,1925.

4. 朱湘.草莽集.上海:开明书店,1927.

5. 朱湘.石门集.上海:商务印书馆,1934.

6. 朱湘.文学闲谈.上海:北新书局,1934.

7. 朱湘.中书集.上海:生活书店,1934.

8. 朱湘.海外寄霓君.上海:北新书局,1934.

9. 朱湘.番石榴集.上海:商务印书馆,1936.

10. 朱湘.永言集.上海:时代图书公司,1936.

11. 朱小沅口述,朱细林笔录.诗人朱湘之死.南北极,1984(169).

12. 罗念生编.二罗一柳忆朱湘.北京:生活·读书·新知三联书店,1985.

13. 孙玉石编.朱湘.北京:人民文学出版社,1985.

14. 政协安庆市文史资料研究委员会.安庆文史资料·安庆人物史料专辑.政协安庆市文史资料研究委员会,1986.

15. 朱湘译.朱湘译诗集.洪振国编.长沙:湖南人民出版社,1986.

16. 钱光培.现代诗人朱湘研究.北京:北京燕山出版社,1987.

17. 孙中田编.中国现代文学史.北京:高等教育出版社,1988.

18. 朱细林.诗人朱湘及其遗族的悲剧.联合报副刊,1988-05-06.

19. 秦贤次,王宏志编.诗人朱湘怀念集.中国台北:志文出版社,1990.

20. 梁实秋.梁实秋怀人丛录.北京:中国广播电视出版社,1991.

21. 丁瑞根.悲情诗人——朱湘.石家庄:花山文艺出版社,1992.

22. 顾毓琇.水木清华.北京:清华大学出版社,1994.

23. 蒲花塘,晓菲编.朱湘散文(上.下集).北京:中国广播电视出版社,1994.

24. 王家在.近十几年来朱湘研究概况.太湖文史资料,1994(6).

25. 闻黎明,侯菊坤编.闻一多年谱长编.武汉:湖北人民出版社,1994.

26. 吴方,越宁编.朱湘诗全编.杭州:浙江文艺出版社,1994.

27. 王伟,周红.朱湘·霓君.北京:中国青年出版社,1995.

28. 孙近仁编.孙大雨诗文集.石家庄:河北教育出版社,1996.

29. 王锦厚等编.饶孟侃诗文集.成都:四川大学出版社,1997.

30. 乐齐编.精读朱湘.北京:中国国际广播出版社,1998.

31. 孙基林.漂泊的生命·朱湘.济南:山东画报出版社,1998.

32. 王锦厚.闻一多与饶孟侃.成都:电子科技大学出版社,1999.

33. 周乾.民国时期的安徽大学//张召奎等主编.安徽重要历史事件丛书·教坛古今.合肥:安徽人民出版社,1999.

34. 韩石山.徐志摩传.北京:北京十月文艺出版社,2001.

35. 黄延复.水木清华——二三十年代清华校园文化.桂林:广西师范大学出版社,2001.

36. 黄延复.图说老清华.武汉:长江文艺出版社,2002.

37. 李平,胡忌编.赵景深印象.上海:学林出版社,2002.

38.张玲霞.清华校园文学论稿.北京:清华大学出版社,2002.

39.柳光辽等编.教授·学者·诗人——柳无忌.北京:社会科学文献出版社,2004.

40.罗念生.罗念生全集.上海:上海人民出版社,2004.

41.赵易林.赵景深的学术道路.太原:山西古籍出版社,2004.

42.张健初.皖省首府——老安庆.合肥:黄山书社,2005.

43.吴世勇编.沈从文年谱.天津:天津人民出版社,2006.

44.周乾.王星拱与省立安徽大学早期发展.江淮文史,2007(1).

45.安徽师范大学校史编写组.安徽师范大学校史.合肥:安徽人民出版社,2008.

46.管冠生.朱湘致友人信四通.鲁迅研究月刊,2009(12).

47.张邦卫.朱湘论稿.杭州:浙江工商大学出版社,2013.

48.陈越.朱湘清华时期行状及集外佚诗文钩沉.汉语言文学研究,2017(4).

49.龚明德.朱湘集外书信一封.现代中文学刊,2018(5).

50.金传胜,薛婧妍.朱湘史料考辨.现代中国文化与文学,2019(2).

51.司真真.新见佚文佚信与朱湘生平考述.周口师范学院学报,2019(1).